GERHARD SCHNEIDER

D1670336

Transfer

Ein Versuch
über das Anwenden
und Behalten
von Geschichtswissen

mit vielen praktischen Vorschlägen
und Beispielen

**WOCHEN
SCHAU
GESCHICHTE**

Bibliografische Information der Deutschen Bibliothek

Die Deutsche Bibliothek verzeichnet diese Publikation in der Deutschen Nationalbibliografie; detaillierte bibliografische Daten sind im Internet über http://dnb.ddb.de abrufbar.

Ulrich Mayer und Hans-Jürgen Pandel
in Freundschaft gewidmet

Die Reihe „Methoden Historischen Lernens"
wird herausgegeben von

Michele Barricelli
Peter Gautschi
Ulrich Mayer
Hans-Jürgen Pandel
Gerhard Schneider
Bernd Schönemann

Umschlaggestaltung: Ohl Design
Gedruckt auf chlorfrei gebleichtem Papier
Gesamtherstellung: Wochenschau Verlag
ISBN 978-3-89974531-3

Inhaltsverzeichnis

Vorwort

Vor einigen Jahren betreute ich eine Gruppe von Studierenden im Fachpraktikum Geschichte. Das Praktikum fand in der 9. Klasse einer Hauptschule in der Nähe von Freiburg statt. Ein Schüler, der mir gelegentlich durch ganz gute Beiträge aufgefallen war, hatte in der Folgezeit in seiner Mitarbeit deutlich nachgelassen und störte jetzt regelmäßig den Unterricht. Ich fragte ihn, warum er kein Interesse mehr zeige, vor allem jetzt, wo wir den Nationalsozialismus behandelten, uns also mit einem Thema beschäftigten, das doch ständig in aller Munde sei. „Ja, genau, das ist der Grund. Ich kann's schon nicht mehr hören, die Sache mit dem Hitler und mit den Juden." Steckte hinter dieser Äußerung etwas Substantielles? Hatte der Schüler vielleicht Filme über die NS-Zeit im Fernsehen gesehen? Oder plapperte er nur das nach, was er irgendwo aufgeschnappt hatte? Als weitere Begründung für sein Desinteresse schob er die Bemerkung nach, dass der Geschichtsunterricht ohnehin nur „alten Schrott" liefere, der „zu nichts zu gebrauchen" sei. Gott sei Dank habe er schon eine Lehrstelle, und als Schreiner brauche er „den ganzen Quatsch" ohnehin nicht. Dabei, das muss zur Ehrenrettung des Geschichtslehrers und meiner Praktikanten gesagt werden, waren beide – der Geschichtslehrer und die unterrichtenden Studierenden – in jeder Stunde bemüht, den Schülern den Nutzen des im Geschichtsunterricht Gelernten im Alltag deutlich zu machen, wie und was also Geschichtskenntnisse zum Verständnis dessen beitragen könnten, was gerade in der Öffentlichkeit diskutiert wird. Offensichtlich war der Transfer nicht oder nur selten gelungen, sei es, dass die Methode nicht stimmte oder die historischen Lerninhalte in den Augen der Schüler keinen erkennbaren Transfer hergaben.

Nicht in jedem Fall sind die Inhalte oder die Methode oder die Lehrperson daran „schuld", dass der Transfer nicht gelingt. Natürlich liegt die Ursache für das Scheitern auch in der Person der Schüler begründet, deren ganz persönlichen Bedürfnisse an Geschichte wir nicht erkennen oder nicht entsprechen, ganz abgesehen davon, dass man als Unterrichtende sich einfach auch eingestehen muss, dass es Schülerinnen und Schüler gibt, die mit Geschichte, salopp gesprochen, nichts am

Hut haben. Denn in der oben genannten Klasse gab es natürlich auch Schüler, die, wenn man von der von ihnen bezeugten Aufmerksamkeit ausgeht, aus dem Geschichtsunterricht durchaus etwas mitzunehmen schienen. Doch was und wie viel und für wie lange, darüber wissen wir fast nichts.

In diesem Bändchen werden Transfermöglichkeiten vorgeschlagen, wie sie im Geschichtsunterricht (vorwiegend der Sekundarstufe I) genutzt werden können.

Als das Manuskript dieses Buches schon abgeschlossen war, hat mir die Lektüre des faszinierenden Buches des israelischen Linguisten Guy Deutscher: Du Jane, ich Goethe. Eine Geschichte der Sprache (München 2008; zuerst engl. 2005) diese Unterlassung noch einmal deutlich vor Augen geführt. In diesem Buch findet sich ein langes Kapitel über Metaphern (S. 134-166), das hier nicht in extenso referiert werden muss. Nur so viel: Wer Metaphern verwendet, tut ja nichts anderes, als einen Begriff aus seinem natürlichen Umfeld in einen anderen zu verpflanzen, hinüberzutragen (gr. meta-phora; lat. Trans-fer). So wie Schüler mit dem fortschreitenden Spracherwerb lernen (müssen), dass – um nur ein Beispiel zu nennen – ein Redefluss nichts mit einem realen Fluss zu tun hat, wir vielmehr damit – neben anderem – etwas Abstraktes meinen, so müssen sie lernen, das im Geschichtsunterricht bei der Behandlung eines historischen Sachverhalts kondensierte und stark von diesem Sachverhalt abstrahierte Transferwissen „hinüberzutragen" auf einen neuen Sachverhalt, um es dort anzuwenden. Die Metapher ist, wie Deutscher schreibt, „ein wesentliches Werkzeug des Denkens, eine unentbehrliche Technik der Begriffsbildung, die es uns gestattet, abstrakte Begriffe unter dem Bild einfacherer konkreter Dinge zu denken" (S. 164). Sollten wir da nicht annehmen, dass der Transfer historischen Wissens (nicht nur im Geschichtsunterricht) eine solche Allgegenwart hat, oft ohne dass wir es merken?

Ich widme dieses Buch meinen Freunden Ulrich Mayer (Kassel/ Wetzlar) und Hans-Jürgen Pandel (Halle), von deren umfassenden Kenntnissen all dessen, was mit Geschichtslernen und Geschichtsunterricht in Theorie und Praxis zu tun hat, ich über Jahrzehnte hinweg profitiert habe und noch immer profitiere. Sie haben auch dieses Buch einer kritischen Durchsicht unterzogen.

Freiburg, im Mai 2009
Gerhard Schneider

I. Theoretischer Teil

Ein Buch über Transfer im Geschichtsunterricht zu schreiben, hat nur dann seine Berechtigung, wenn man von dessen Nutzen im Prozess des schulischen Lernens überzeugt ist und diesen Nutzen auch denjenigen, die den Lern- und Wissenstransfer im Geschichtsunterricht zu organisieren und zu verantworten haben, also den Lehrerinnen und Lehrern, ggf. auch den Schülerinnen und Schülern, einigermaßen plausibel machen kann. Von diesem Nutzen des Transfers bin ich überzeugt, auch wenn manches von dem, was ich in diesem Buch vorschlage und was sich in praktischen Unterrichtsversuchen bewährt hat, stark von Hoffnungen getragen ist, etwa von der Hoffnung, dass gelungene Transfers das Lernen und das Lösen von neuen Aufgaben erleichtern und ggf. auch beschleunigen, dass sie zur Vertiefung von Einsichten verhelfen, dass sie den Sinnbildungsprozess der Schüler unterstützen, dass sie zum Auf- und Ausbau des Geschichtsunterrichts beitragen, dass sie Schülerinnen und Schüler in perspektivischer Absicht in die Lage versetzen, sich später als Erwachsene angesichts der Allgegenwart von „Geschichte" in ihrem Alltag zu behaupten und ggf. auch einzumischen.

1. Stand der Forschung und Definitionen

In der geschichtsdidaktischen und -methodischen Literatur ist der Transfer bisher recht stiefmütterlich behandelt worden. Nur selten wird dort deutlich gemacht, worin Transferwissen bestehen könnte und in welchen thematischen Zusammenhängen es genutzt werden und wie dieses Transferwissen an späterer Stelle des Geschichtsunterrichts sinnvoll Verwendung finden könnte. Das mag damit zusammenhängen, dass das reine Faktenwissen sich ja nicht leicht übertragen lässt. Wenn im Geschichtsunterricht nicht kategoriale Erkenntnisse gewonnen werden, wenn nicht Strukturen sichtbar gemacht werden und diese zum gesicherten Wissensbestand der Schüler geworden sind, wenn nicht in einzelnen Unterrichtseinheiten die zu transferierenden Details in „sinnhafte Komplexe"[1] eingebunden und gespeichert werden, wird sich ein Transfer nur schwerlich herstellen lassen. Ein Transfer ist nur dann

---

1   Rainer Krieger: Transfer, in: Handbuch der Geschichtsdidaktik, hrsg. v. Klaus Bergmann u.a., Velber-Seelze 5. Aufl. 1997, S. 473.

möglich, wenn in zwei unterschiedlichen Unterrichtsinhalten ähnliche Strukturen und Relationen enthalten sind. „Nicht Einzelelemente, sondern die Struktur eines Problems wird in einer neuen Aufgabensituation wiedererkannt. (...) Strukturen (Ordnungen, Relationen, Regeln usw.) müssen aber zuvor aus Einzelfällen abstrahiert werden, um für künftige Probleme verfügbar zu sein."[2]

Dass Überlegungen zur Gestaltung des Transfers im Geschichtsunterricht kaum angestellt wurden, hängt auch damit zusammen, dass man dem Transfer in aller Regel nur ganz wenig Zeit meist am Ende einer Unterrichtsstunde zumisst. Oft wird in Artikulationsschemata[3] gar von einer Transferphase gesprochen, so als verfügten die Unterrichtenden im Unterrichtsverlauf tatsächlich über genügend Zeit, um Überlegungen anzustellen, welche spätere „Verwertung" oder „Anwendung" auch außerhalb der Schule der behandelnden Geschichtsstoff nahelegt.

Was Transfer ist, liest sich in einem Theoriebeitrag so: „In der psychologischen Lernforschung wird von Transfer gesprochen, wenn das Lernen einer Lernaufgabe A das Lernen einer Aufgabe B – oder allgemeiner: die Bearbeitung eines Problems B – beeinflußt. Ältere deutsche Begriffe für dieses Phänomen sind ,Lernübertragung' oder ,Mitübung'".[4] Eine andere Definitionen lautet ähnlich: „Transfer ist Lernübertragung, das Verfügbarmachen von Kenntnissen, Einsichten, Fähigkeiten, die in einem konkreten Lernzusammenhang A erworben wurden, für weitere Lernzusammenhänge B, C, D usw."[5] Hilbert Meyer spricht im Zusammenhang mit Transferleistungen auch von Vernetzungen, die als vertikaler und horizontaler Transfer organisiert werden können. Vertikaler Transfer liege dann vor, „wenn von basalen Kenntnissen aus ,hochgestiegen' wird zu anspruchsvolleren Fragen und hin und wieder zu Vorgriffen in der Ordnung des Lehrplans. Dies wird in Anlehnung an Robert M. Gagné auch als systematischer Wissensaufbau bzw. als kumulatives Lernen bezeichnet." Von horizontalem Transfer spricht man dann, „wenn erworbenes Wissen und Können aus dem einen in den anderen Bereich ,hinübergeschaufelt' und dort sinnvoll angewandt wird. Das wird auch als vernetztes Lernen bezeichnet." Gelingen diese Vernetzungen, wird also „Altes mit Neuem, Vertrautes mit Fremden, Konkretes mit Abstraktem, Beispielhaftes mit Gesetzmäßigem für alle nachvollziehbar verknüpft", dann würden Schüler „tatsächlich deutlich

2 Ebd.
3 Vgl. die Auflistung verschiedener Artikulationsschemata unter *http://www. dagmarwilde.de/fachseminar/artikulation.html* (27.2.2008)
4 Krieger: Transfer (wie Anm. 1), S. 472.
5 Joachim Rohlfes: Geschichte und ihre Didaktik, 3. Aufl. Göttingen 2005, S. 150.

besser" lernen.[6] Betrachtet man Gagnés Modell des Lernens („Nine Events of Instruction"), so wird dort auf der dritten Stufe, nachdem der Unterrichtende die Aufmerksamkeit der Schüler gewonnen und er sie über die Ziele seines Unterrichts informiert hat, das Vorwissen der Lernenden aktiviert („stimulate recall of prior learning"). Ohne dass dies ausdrücklich erwähnt wird, handelt es sich hier um früher fixiertes Transferwissen, das jetzt abgerufen wird. Nachdem weitere Stufen des Lernens durchlaufen sind, geht es auf der neunten und letzten Stufe um Erweiterung und Festigung des Transferwissens („enhance retention transfer").[7]

In einem verbreiteten Lehrbuch der pädagogischen Psychologie ist das, was Transfer bedeutet, unter der Überschrift „Lernen als Wissenserwerb" subsumiert: „Lernen im Sinne des Wissenserwerbs ist ein bereichsspezifischer, komplexer und mehrstufiger Prozess, der die Teilprozesse des *Verstehens, Speicherns* und *Abrufens* einschließt und unter der Voraussetzung, dass diese drei genannten Prozesse günstig verlaufen, auch zum *Gebrauch* (dem sog. *Transfer*) des erworbenen Wissens führen kann."[8] Der Lernpsychologe August Flammer unterscheidet einen engeren und weiteren Transferbegriff.[9] Transfer im weiteren Sinne liege vor, wann immer einmal Gelerntes in neuen Lernsituationen angewendet wird. Von Transfer im engeren Sinne spricht er, wenn das früher Gelernte eine deutliche Verhaltensänderung bei den Schülern bewirkt hat.

Liest man diese Begriffserklärungen, hat es den Anschein, als sei mit „Transfer" ausschließlich die Übertragung von früher gelernten historischen Sachverhalten und bereits angebahnten methodischen Fertigkeiten auf spätere Lernsituationen oder auf zeitgleich etwa in anderen Unterrichtsfächern stattfindende Lernsituationen gemeint. In einem soeben erschienenen allgemein pädagogischen, praktischen Ratgeber „für die Hand der Lehrer" wird unter dem Stichwort „Transferübungen" den Unterrichtenden empfohlen, dass im Unterricht auch Aufgaben gestellt werden sollten, „bei denen die Schüler ihr erworbenes Wissen und ihre

---

6   Hilbert Meyer: Leitfaden Unterrichtsvorbereitung, Berlin 2007, S. 202. – Robert M. Gagné: Die Bedingungen des menschlichen Lernens, Hannover u.a., 2. Aufl. 1970, S. 238) unterscheidet zwischen lateralem und vertikalem Transfer; unter lateralem Transfer versteht er die Anwendung dessen, was früher gelernt wurde, auf neue Lerngegenstände von gleicher Komplexität; vertikaler Transfer meint die Übertragung bzw. das Anwenden von gelernten einfachen Fähigkeiten auf das Erlernen komplexerer Fähigkeiten (s. hierzu unten die Bemerkungen zum Methodentransfer).

7   Robert M. Gagné (wie Anm. 6).

8   Andreas Krapp/Bernd Weidenmann (Hrsg.): Pädagogische Psychologie. Ein Lehrbuch, 4., vollständig überarb. Aufl. Weinheim 2001, S. 164.

9   August Flammer: Transfer und Korrelation, Weinheim 1970, S. 14.

erworbenen Fähigkeiten an realen Gegebenheiten testen können. Meist steht in der Schule am Ende eines Themas die Klassenarbeit. Die Schüler lernen dafür, und damit ist das Thema für sie abgehakt. Wenn Sie Zeit dafür finden, können Sie ja mal einen anderen Themenabschluss finden und vor der Klassenarbeit Anwendungsaufgaben einsetzen."[10]

Transfer meint aber mehr als die bloße Fähigkeit, ältere Wissensbestände *in Lern- und Testsituationen* zu reaktivieren, um „ja mal" ein paar Anwendungsaufgaben anzuhängen. Auch den Einheitlichen Prüfungsanforderungen in der Abiturprüfung (EPA), die die Kultusministerkonferenz am 10. Februar 2005 beschlossen hat und die „spätestens zur Abiturprüfung im Jahre 2008 umzusetzen" seien, scheint ein nur eingeschränktes Verständnis von Transfer zugrunde zu liegen. Dort heißt es in den Erläuterungen zum Anorderungsbereich II, dieser „umfasst das selbständige Erklären, Bearbeiten und Ordnen bekannter Inhalte und das angemessene Anwenden gelernter Inhalte und Methoden auf andere Sachverhalte (Reorganisation und Transfer)."[11] Denn all diesen Definitionen fehlt ein wichtiger Aspekt: der Transfer des Gelernten auf Sachverhalte, denen Schüler (und sie als spätere Erwachsene) außerhalb der Schule begegnen und auf deren Rückwirkung auf das Geschichtsbewusstsein der Schüler (und späteren Erwachsenen).

Ich schlage daher folgende erweiterte Definition vor, die dem Alltagsverständnis von Transfer, so wie er sich unter Lehrern eingebürgert hat, entspricht. Dieses Verständnis von Transfer geht ein Stück weit über das hinaus, was die Lernpsychologie unter Transfer versteht.

> Unter Transfer (lat. *transferre:* hinüberübertragen; engl. *transfer:* Übertragung) versteht man die Reaktivierung und Übertragung von bereits Gelerntem und das An- und Verwenden von Kenntnissen, Einsichten, Fähigkeiten, Fertigkeiten, die in früheren Unterrichtszusammenhängen erworben wurden, in neuen Lern- und außerschulischen Lebenszusammenhängen.

Eine ergänzende Bemerkung erscheint hierzu notwendig: Vom eigentlichen Wortsinn her bedeutet Transfer zwar so viel wie „Übertragung" bzw. „etwas hinüberübertragen". Im Geschichtsunterricht wie in allen anderen Unterrichtsfächern auch meint „Transfer" aber nicht ausschließlich das Hinüberübertragen von Wissensbeständen in einen neuen (anderen) Lernzusammenhang, sondern auch das Zurückgreifen auf Kenntnisse und Fertigkeiten. Beim Lernen neuer Sachverhalte wird also nicht nur

---

10 Franziska Perels/Bernhard Schmitz/Kirsten van de Loo: Training für Unterricht – Training im Unterricht. Moderne Methoden machen Schule, Göttingen 2007, S.22.

11 Ich zitierte die EPA nach der ins Internet gestellten Version; dort S. 6 (5.8. 2008)

etwas „hinübergetragen", sondern immer auch etwas „herübergeholt".[12] Während das „Hinübergetragene", also das Transferwissen im eigentlichen Wortsinne, nahezu ausschließlich im Geschichtsunterricht angeeignet wurde, trifft dies auf das „Herübergeholte" nicht in jedem Fall zu. Denn zum Zeitpunkt des späteren Lernaktes, bei denen Transferwissen „herüber- oder zurückgeholt" werden soll, ist meist eine bestimmte Zeit vergangen – oft mehrere Wochen, gelegentlich sogar ein ganzes Schuljahr. Da Transferwissen ja nicht nur im Geschichtsunterricht späterer Jahrgangsstufen, sondern auch noch im späteren Leben aktiviert werden soll, können Jahre vergangenen sein, bis die ehemaligen Schüler jetzt als Erwachsene auf das einst angelegte Transferwissen zurückgreifen. In dieser Zeit haben Schüler/Erwachsene in anderen Zusammenhängen bewusst oder unbewusst und auch außer- und nachschulisch neues Wissen erworben. Vielfach werden sie dabei, ohne dass sie sich dessen bewusst sind, Transferwissen aus der Schulzeit verwendet haben. Das ursprüngliche Transferwissen wurde dadurch angereichert, sodass sich spätere Lern- und Verstehensakte nicht ausschließlich auf Transferwissen, das in der Schule erworben wurde, beziehen müssen. Welches Wissen aber auf solche Weise von Schülern angeeignet wurde, ist den Unterrichtenden in den meisten Fällen nicht bekannt. Dies stellt sich erst im Zuge des Lernens heraus. Daraus ergibt sich ein weiteres Problem: Während der Lehrer weiß, was er im zurückliegenden Unterricht als Transferwissen festgehalten hat (und was folglich die Schüler parat haben sollten), sind ihm Umfang, Differenziertheit und Tiefe des außerschulisch erworbenen Wissens, das ja nicht bei allen Schülern in gleichem Maße vorhanden ist, meist unbekannt.

Überhaupt sind Transfereffekte – also ob, wann und wie Schüler ihr Transferwissen nutzen – kaum voraussagbar und noch weniger zu planen. Das soll aber nicht heißen, dass der Aufbau solchen Wissens und solcher Fertigkeiten erst gar nicht angestrebt wird. Wenn z.B. zu Beginn einer neuen Unterrichtseinheit der Lehrer die Vorkenntnisse der Schüler zu dem neuen Lerninhalt in Erfahrung zu bringen versucht (Brainstorming), kann er feststellen, über welches ältere Wissen die Schüler (noch) verfügen bzw. was sie sich außerschulisch an Wissen zu dem neuen Thema angeeignet haben. Soviel kann auf jeden Fall gesagt werden: Wenn Schüler gelernt haben, wie man erfolgreich lernt, werden sie gelernte und von ihnen als nützlich erkannte Lernstrategien immer wieder verwenden.

Die erweiterte Definition bringt es mit sich, dass Überschneidungen

---

12 Auf diesen Sachverhalt haben auch Krapp/Weidenmann (wie Anm. 8), S. 197, hingewiesen.

mit dem stattfinden, was in der Geschichtsdidaktik als „Gegenwartsbezug" bezeichnet wird und seit langem unbestrittene Forderung an
einen zukunftsorientierten Geschichtsunterricht ist. Auch mit den einst
beliebten, später aber in Misskredit geratenen historischen Längsschnitten[13] gibt es eine gemeinsame Schnittmenge. Beides ist erwünscht; beide
Unterrichtsprinzipien, Gegenwartsbezug wie Längsschnitte, orientieren
auf Gegenwart und Zukunft, legen das Augenmerk auf Wandel in der
Zeit.

2. Vier Formen des Transfers

Es lassen sich vier unterschiedliche Formen von Transfer unterscheiden,
wobei zu betonen ist, dass die nachstehend aufgeführten Transfertypen
und -möglichkeiten im Geschichtsunterricht nur in den seltensten Fällen als „reine" Formen auftauchen. Zwar wäre es wünschens- und sicher
auch lohnenswert, wenn im Geschichtsunterricht gelegentlich bestimmte Unterrichtsmethoden wie etwa Quellenarbeit systematisch und im
Anspruchsniveau ansteigend geübt werden könnten; doch fehlt hierzu
meistens die Zeit. Üblicherweise wird Transferwissen im Verbund aktiviert. Wer z.B. den Transfer begrifflich-kategorialen Wissens praktizieren
möchte, kommt ohne eine stetig differenziertere Analyse entsprechender
Unterrichtsmaterialien nicht aus, bedarf also des Methodentransfers.
Dabei wird das Anspruchsniveau für Transfers graduell gesteigert. So
wird es – etwa was Methodenkompetenz angeht – in der Grundschule
sehr elementar sein. Auf den dort erreichten Kenntnisstand und die dort
erreichten Fähigkeiten aufbauend, wird es schrittweise und behutsam
ausgebaut. Zum Beispiel: Ein im Fortgang des Geschichtsunterrichts
an verschiedenen historischen Revolutionen gewonnenes (erweitertes)
Verständnis des Revolutionsbegriffs ist nur zu erzielen, wenn Schüler
gleichzeitig in der Lage sind, immer schwierigere Quellen oder Passagen
aus wissenschaftlichen Abhandlungen zu interpretieren, wobei auf ältere
Fertigkeiten der Textinterpretation zurückgegriffen wird. Und mit dem
vertieften Verständnis dessen, was „Revolution" (als Gattungsbegriff)
bedeutet, eröffnet sich den Lernenden auch die Möglichkeit, diesen
Begriff so, wie er in ihrer heutigen Lebenswelt gebraucht wird, besser
zu verstehen. Das heißt also, dass alle nachstehenden Transferformen

---

13   Ein Indiz dafür, dass Längsschnitte aus der Mode gekommen sind, ist das
     Weglassen des Stichworts „Längsschnitte, Querschnitte" in der 5. Auflage des
     Handbuchs der Geschichtsdidaktik (1997), nachdem es zuvor in allen älteren
     Auflagen vorhanden gewesen war. Im neuen Wörterbuch Geschichtsdidak-
     tik (Schwalbach/Ts. 2. Aufl. 2009) sind die „Längsschnitte" wieder enthalten
     (Stichwort „Darstellungsprinzipien").

in der Praxis des Geschichtsunterrichts nur selten isoliert vorkommen, vielmehr meist miteinander verbunden praktiziert werden. Was den Erfolg angeht, muss ehrlicherweise eingeräumt werden, dass Transfers nur bei günstigem Verlauf des Lernprozesses bzw. des Wissenserwerbs im Geschichtsunterricht gelingen (können), d.h., wenn Wissensstrukturen aufgebaut werden, die es den Lernenden erleichtern, einmal erworbenes Wissen in neuen (anderen) Lernzusammenhängen abzurufen und anzuwenden. Dass es sich hierbei nicht ausschließlich um einen kognitiven Prozess handelt, sondern „auch emotionale, motivationale und persönlichkeitsbezogene Faktoren eine Rolle spielen",[14] hat die Lernpsychologie hinlänglich nachgewiesen.

2.1. Methodentransfer

Am einfachsten zu praktizieren ist der Methodentransfer,[15] der dazu beitragen soll, die „logischen Figuren historischen Denkens"[16] zu erlernen. Auf dem Feld der Lern- und Sozialformen kann auf eingeübte Praktiken etwa des Gruppenunterrichts, der Quellen- und Bildinterpretation, des Lesens und Interpretierens einer Graphik oder Karte, des Auffindens und Auswertens von Fachliteratur immer wieder zurückgegriffen und diese ggf. verfeinert und intensiviert werden. Dies gilt auch für themenbezogene Recherchen in Archiven und Bibliotheken sowie in Datenbanken und im Internet, die von der Grundschule bis in die gymnasiale Oberstufe allmählich intensiviert, vertieft und ausgedehnt werden können, bis die Schüler imstande sind, diese Möglichkeiten der Informationsaneignung selbstständig und selbstverständlich, dabei von Anfang an und zunehmend auch kritisch zu nutzen. Auch was die Zeitzeugenbefragung angeht, wird man mit einfachen Versuchen beginnen, indem schon in der Grundschule etwa Eltern und Großeltern nach ihren Schulerfahrungen, nach ihren Freizeitbeschäftigungen usw. befragt werden; erst in höheren Klassen, wenn die Schüler bereits erste Erfahrungen mit der Problematik erinnerter Geschichte von Zeitzeugen gesammelt haben, wird man auch fremde Personen – ggf. auch zu umstrittenen Themen – kompetent interviewen können. Transferwissen, das von den Schülern im Umgang mit Unterrichtsmedien angeeignet wurde, soll in der Regel in einem diachronen Prozess in späteren

---

14 Krapp/Weidenmann (wie Anm. 8), S. 165; vgl. auch ebd., S. 196.

15 Vgl. hiermit auch Michael Riekenberg: Der Vergleich, in: Handbuch Methoden im Geschichtsunterricht, hrsg. v. Ulrich Mayer u.a., Schwalbach/Ts. 2. Aufl. 2007, S. 279ff.

16 Bodo von Borries: Notwendige Bestandsaufnahme nach 30 Jahren? In: GWU 50 (1999), S. 277.

Lernzusammenhängen wieder aufgegriffen und verwendet werden. Es ist aber auch in synchronen Zusammenhängen abrufbar, wenn etwa eine schriftliche Quelle mit einem Bild verglichen wird, das denselben Sachverhalt wie die Quelle darstellt.

Sozialformen spielen im Hinblick auf den Methodentransfer eine wichtige Rolle, weil das Vertrautsein der Schüler etwa mit Gruppenarbeit sie für ihr späteres Berufsleben teamfähig macht – eine Qualifikation, die heute eine nicht unbedeutende Rolle bei der Vergabe von Arbeitsplätzen spielt. Unumstritten und deutlich nachweisbar ist die Bedeutung von Transferwissen, das im Geschichtsunterricht im Umgang mit Medien aller Art angeeignet wurde. Wenn Schüler im Geschichtsunterricht gelernt haben, dass Bilder oft Propagandazwecken dienten, sei es, dass sie Herrschaft legitimierten, oder sei es – wie die Ausstellung „Bilder, die lügen,[17] dokumentiert hat –, dass sie die Bevölkerung manipulieren sollten, werden sie diese Kenntnisse auch in ihrem Alltagsleben abrufen können. In noch stärkerem Maße gilt dies etwa für Politikerkarikaturen, die in oft verzerrter, zugespitzter Form eine Botschaft, eine einseitige Ansicht transportieren wollen.[18] Ob ein Politiker oder eine Politikerin auf einem Bild freundlich oder gar hässlich dargestellt wird, kann für deren Imagebildung von nachhaltiger Bedeutung sein. Dass dabei der gewählte Ausschnitt, der Blickwinkel der Kamera, die Beleuchtung usw. eine Rolle spielen, lernt der Schüler im Geschichtsunterricht, wenngleich nicht nur dort.

Methodentransfer ist auch deshalb wichtig, weil sich die Schülerrolle in den letzten Jahrzehnten verändert hat; die Schüler werden nicht mehr belehrt, sondern sind vielmehr zumindest zeitweise selbständig handelnder Akteure im Unterrichtsgeschehen. Folglich müssen sie bei jedem späteren Lerngegenstand in der Lage sein, möglichst selbständig die bereits gelernten Unterrichtsmethoden anzuwenden. Denn wenn es gelingt, Schüler in ihrem Vermögen, Texte, Graphiken, Karten und Bilder zu interpretieren, so zu fördern, dass sie in der Lage sind, immer komplexere Unterrichtsmedien zu lesen und zu verstehen, kann der Unterricht zügiger und intensiver betrieben werden. Auch der Grad der Selbsttätigkeit der Schüler im Geschichtsunterricht hängt von ihrer fortschreitenden Methodenkompetenz ab.

---

17 Bilder, die lügen. Begleitband zur Ausstellung der Stiftung Haus der Geschichte der Bundesrepublik Deutschland, Bonn 2003; ferner: Stefan Germer/Michael F. Zimmermann (Hrsg.): Bilder der Macht. Macht der Bilder. Zeitgeschichte in Darstellungen des 19. Jahrhunderts, München/Berlin 1997.

18 Vgl. etwa den Ausstellungsband mit dem sprechenden Titel: Bild als Waffe. Mittel und Motive der Karikatur in fünf Jahrhunderten, hrsg. v. Gerhard Langemeyer u.a., München 1984.

2.2. Ereignis- bzw. inhaltsbezogener Transfer

Im Vergleich zu Methodentransfers bereiten ereignis- und inhaltsbezogene Transfers größere Schwierigkeiten. Gemeint ist damit eine Transferform, die auf strukturelle Ähnlichkeit und Vergleichbarkeit sowie auf die Wechselbeziehung und Wechselwirkung von Ereignissen abhebt.[19] Sie in den Geschichtsunterricht sinnvoll einzubauen, verlangt von den Unterrichtenden nicht nur umfassende fachliche Kenntnisse, sondern auch ein hohes Maß an Sensibilität. Ein solcher Transfer soll sich schließlich nicht in einem mehr oder weniger platten Verweis auf frühere oder spätere ähnliche historische Vorgänge erschöpfen. Dabei ist den Schülern deutlich zu machen, dass die Einmaligkeit historischer Vorgänge allenfalls Analogien und Vergleiche zulässt, nicht aber die deckungsgleiche Übertragung von Gelerntem auf einen neuen Sachverhalt. Jedes Ereignis, so sehr es einem älteren oder jüngeren Vorgänger- oder Nachfolgeereignis entsprechen mag, ist einmalig und einzigartig. Insofern ist ein ereignisbezogener Transfer eigentlich nicht möglich. Wie die neuere Transferforschung festgestellt hat, kommt es auf Analogien an, „die eine ähnliche Tiefenstruktur gemeinsam haben, nicht notwendigerweise aber einen gemeinsamen spezifischen Inhalt."[20] Dies macht, wie oben bereits erwähnt, die wechselseitige Verschränkung der hier vorgestellten Transferformen deutlich, insofern ein ereignisbezogener Transfer oft auch ein Transfer begrifflich-kategorialen Wissens sein kann.

Bei ereignisbezogenen Transfers muss die Konfiguration – man kann auch sagen: der Kontext – der beiden Lerngegenstände, die miteinander in Beziehung gesetzt werden, vergleichbar sein. Ist dies nicht der Fall, werden Schüler von sich aus kaum auf Transferwissen zurückgreifen. Oft wissen Schüler gar nicht, dass sie über transferierfähiges Wissen verfügen, weil sie historische Ereignisse als Einzelphänomene abgespeichert haben und ihnen im Unterricht allenfalls am Ende einer Unterrichtseinheit einige über das Einzelphänomen hinausgreifende allgemeine Gesichtspunkte vermittelt wurden („das Wichtigste" an der Tafel oder im Heft; von Schülern oder vom Lehrer erstellte schriftliche Zusammenfassungen). Bietet es sich bei der Behandlung eines neuen historischen Sachverhalts an, auf vergleichbare frühere Ereignisse zurückzugreifen, will also der Unterrichtende Transferwissen aktivieren, bedarf es oft längerer Ausführungen, um ältere Wissensbestände wieder ins Gedächtnis zurückzurufen. Dies leistet im Unterricht meist ein Bericht, der den ursprünglichen Sachverhalt wiederholt. Eine Text- oder Bildquelle, die

---

19 Vgl. hierzu auch Riekenberg (wie Anm. 15), S. 278f.
20 Krapp/Weidenmann (wie Anm. 8), S. 196.

zu Beginn einer neuen Unterrichtssequenz den ursprünglichen Sachverhalt in Erinnerung ruft, dürfte hier bessere Dienste leisten. Leichter als beim ereignis- und inhaltsbezogenen Transfer erkennen die Schüler beim Methodentransfer, dass die neue Aufgabe etwas mit einer älteren zu tun hat, besonders dann nämlich, wenn etwa – aufbauend auf Fertigkeiten der Quelleninterpretation, die an einfachen Quellen bereits erworben wurden – dieselbe Lernmethode im Unterricht aktiviert wird, nun allerdings in einer vertieften, verfeinerten Form.

Der ereignisbezogene Transfer ist trotz der offensichtlichen Schwierigkeiten, die er bereitet, außerordentlich wichtig und im Grunde unverzichtbar: Die Fülle der Detailinformationen, mit denen die Schüler im Laufe ihres Geschichtsunterrichts konfrontiert werden, machen das Lernen schwierig, zumal das Behalten von Detailwissen ja nur wenig mit Geschichtslernen zu tun hat. Entscheidend ist es, dass es den Schülern gelingt, kategoriale Einsichten zu gewinnen, denn nur diese ermöglichen es ihnen zu unterscheiden, was für späteres Lernen bzw. für ihr zukünftiges Leben wichtig und behaltenswürdig ist und was nicht. Ereignisbezogene Transfers sind daher ein Hilfsmittel, auf strukturell Ähnliches hinzuweisen, dieses wieder in Erinnerung zu rufen und aus dem früher Gelernten Profit zu ziehen. So sind z.B. Auseinandersetzungen zwischen Staat und Kirche in der Geschichte häufig (z.B. Investiturstreit, Reformation, „Kulturkampf", Kirche im Nationalsozialismus), sie sind aber nie identisch, verlaufen unterschiedlich, lassen unterschiedliche Trägergruppen und Interessenlagen erkennen und haben unterschiedliche Folgen. Bei der Behandlung der Verfassung der Weimarer Republik von 1919 oder des Grundgesetzes von 1949 wird man auf die Paulskirchenverfassung von 1848 zurückverweisen können,[21] um das damals Gelernte in Beziehung mit dem neuen Lerninhalt zu reaktivieren und zu wiederholen.

Eine viel grundsätzlichere Form des ereignisbezogenen Transfers liegt dann vor, wenn die Unterrichtenden den Blick der Schüler immer wieder auf das zu lenken verstehen, was Hans-Jürgen Pandel „Dimensionen historischer Wahrnehmung" nennt. Im Laufe des Geschichtsunterrichts werden nahezu in jeder Unterrichtsstunde solche „Dimensionen" angesprochen. Darüber zu räsonieren, ob Pandels Dimensionen vollständig sind – Pandel nennt Herrschaft, Wirtschaft, Kultur, Umwelt, Geschlecht

---

21 In den Einheitlichen Prüfungsanforderungen in der Abiturprüfung für das Fach Geschichte, die von der Kultusministerkonferenz am 10. Februar 2005 beschlossen wurden und deren Umsetzung spätestens in der Abiturprüfung 2008 erfolgen soll, wird ein solcher Transfer zwischen den Verfassungen von 1919 und 1848 näher ausgeführt; s. ebd., S. 29-32.

und Alltag[22] –, muss in unserem Zusammenhang nicht diskutiert werden. Festgehalten werden kann aber, dass in jeder Stunde, in der eine solche „Dimension" zur Sprache kommt (und das wird sehr oft der Fall sein), an das Vorwissen angeknüpft oder darauf aufgebaut werden kann. Die Bezeichnung „ereignisbezogene Transfers" wäre für diese Form des Transfers allerdings unzureichend, weil es hier ja nicht notwendig (nur) um Ereignisse gehen wird. Eine Bezeichnung wie „dimensionsbezogene Transfers" träfe die Sache wohl besser.

Man verbindet also mit dieser Form des Transfers immer die Hoffnung, dass der Transfer „älterer" Wissensbestände das Erlernen des neuen Unterrichtsinhalts erleichtern und ggf. beschleunigen könnte. Ein weiterer Grund, ja, geradezu eine Notwendigkeit, solche Transfers immer wieder in den Geschichtsunterricht zu integrieren, ist darin zu sehen, dass es beim derzeitigen Status des Geschichtsunterrichts auf allen Schulstufen und in allen Schulformen wegen des Zeitdrucks und der Fülle der zu behandelnden Inhalte kaum möglich ist, systematisch den älteren Unterrichtsstoff zu wiederholen. Ereignisbezogene Transfers könnten also immer auch als eine Art immanenter Wiederholung und als eine für Schüler stressfreie Form der Kenntnisüberprüfung genutzt werden.

2.3. Transfer begrifflich-kategorialen Wissens

Im Geschichtsunterricht werden sehr früh (eigentlich schon mit Beginn des ersten Geschichtsunterrichts in der fünften Jahrgangsstufe und auch schon im Heimat- und Sachunterricht der Grundschule) hochkomplexe Begriffe wie etwa Herrschaft, Verfassung, Revolution eingeführt, die zu diesem Zeitpunkt natürlich nur in einer sehr einfachen Form vermittelt werden können. Dies geschieht am besten so, dass man es beim ersten Auftauchen dessen, was mit diesen Begriffen bezeichnet wird, dabei belässt, das, was sich elementar verändert, konkret zu erarbeiten und zu beschreiben (s.u. S. 126 ff. das Beispiel „Revolution"). „Veränderung" (intendierte oder tatsächlich realisierte) wäre demnach ein Ziel oder besser: ein Kennzeichen von Revolutionen. Dabei kann diese durch eine Revolution herbeigeführte oder von ihr angestrebte Veränderung sowohl die Wiederherstellung früherer Verhältnisse als auch die Durchsetzung gänzlich neuer Verhältnisse zum Ziel haben. Man lernt

22 Hans-Jürgen Pandel: Didaktische Darstellungsprinzipien. Ein alter Sachverhalt im neuen Licht, in: Bilder – Wahrnehmungen – Konstruktionen. Reflexionen über Geschichte und historisches Lernen. Festschrift für Ulrich Mayer zum 65. Geburtstag, hrsg. v. Markus Bernhardt und Michael Sauer, Schwalbach/Ts. 2006, S. 152-168, hier: S. 154f.; s.a. unten den Abschnitt: Längsschnitt und Transfer.

also nicht nur einen neuen Sachverhalt, sondern gewinnt auch ein Kriterium, das sich beim Auftauchen eines anderen, aber ähnlichen, mit demselben Begriff bezeichneten Sachverhalts „anwenden", jedenfalls in Erinnerung rufen lässt.

Eine vertiefte und verfeinerte Klärung ihres Bedeutungsgehalts erfahren die genannten Begriffe bei ihrem Wiederauftauchen im späteren Geschichtsunterricht. Wurde beim ersten Auftauchen dieser Begriffe bereits Vorwissen erworben, sollte darauf aufgebaut und der Grad der Komplexität und der Abstraktion erhöht werden.[23] Das meint, dass Begriffe (oder beim Methodentransfer auch Operationen), die noch an ganz bestimmte Inhalte (der Revolutionsbegriff also etwa ausschließlich an die Französische Revolution von 1789) oder Techniken (Quelleninterpretation ausschließlich an die Interpretation von Textquellen) gebunden sind, davon immer mehr gelöst und verallgemeinert werden. So gelangt man – um bei den Beispielen zu bleiben – zu einem allgemeinen Verständnis von Revolution oder von Interpretation. Man spricht vom Transfer begrifflich-kategorialen Wissens, wenn etwa die an einer konkreten Revolution (z.B. der „Revolution" in der Jungsteinzeit) gewonnenen Einsichten und Erkenntnisse auf spätere Umwälzungen, also Revolutionen übertragen werden und bei deren Interpretation zu neuen und vertieften Einsichten führen. Einschränkend ist zu bemerken, dass ein solches Unterfangen meist Hinweise auf beträchtliche Unterschiede vonnöten macht, sodass sich die Frage stellt, ob ein solcher Transfer überhaupt den oft beträchtlichen Zeitaufwand lohnt. Schon Begriffe wie „stecken gebliebene Revolution" oder „unvollendete Revolution" oder die Erkenntnis, dass Revolutionen von Menschengruppen getragen werden, die von Revolution zu Revolution einer jeweils anderen Schicht angehören, machen deutlich, dass die Gewinnung struktureller Einsichten über das, was man als „Wesen" einer Revolution bezeichnet, schwierig ist.

Zur Sicherung von begrifflich-kategorialem Transferwissen trägt ein neueres Geschichtslehrbuch dadurch bei, dass nach jedem Großkapitel, unter der Überschrift „Was war wichtig?" Begriffe aufgelistet werden, die auch in späteren Unterrichtszusammenhängen wichtig werden könnten. So werden dort nach dem Kapitel „Vom Wiener Kongress zur Revolution von 1848/49" die Begriffe Restauration, Legitimität, Staatenbund, Bundesstaat, Nationalismus, Liberalismus, Zensur, Vor-

---

23 Für Bruner steht „das fortwährende Erweitern und Vertiefen des Wissens in
     Form von grundlegenden, allgemeinen Begriffen" im Zentrum des ganzen Er-
     ziehungsprozesses; s. Jerome S. Bruner: Der Prozeß der Erziehung, Berlin/
     Düsseldorf 3. Aufl. 1973, S. 30.

zensur, Reaktion, Vormärz und Partei festgehalten[24] und kurz definiert – insgesamt ein gelungener Versuch, die Schüler erstmals mit Begriffen zu konfrontieren, die in der Zeit zwischen 1815 und 1848 Bedeutung erlangt und diese bis auf den heutigen Tag behalten haben.

Eine Variante dieser Transferform liegt dann vor, wenn Schülerinnen und Schüler ihr erworbenes begrifflich-kategoriales Wissen anwenden, um einen Reisebericht über die Französische Revolution schreiben, der den Berichten ähneln sollte, die Zeitgenossen als unmittelbare Augenzeugen der Revolution geschrieben haben.[25] Solche Berichte hatte etwa der Pädagoge Joachim Heinrich Campe aus Braunschweig verfasst, der sich im Juli 1789 mit seinem ehemaligen Schüler Wilhelm von Humboldt nach Paris aufgemacht hatte. Bei der Abfassung des Schülerberichts werden Quellen zum Beginn der Französischen Revolution genutzt, die im Unterricht vorher intensiv interpretiert worden waren. Mit echten Quellen zum Sturm auf die Bastille, aber auch mit selbst geschriebenen Kommentaren und Leitartikeln zu diesem Ereignis könnten Schüler die Titelseite einer (fiktiven) Zeitung herstellen, wie sie im Sommer 1789 in Deutschland hätte erscheinen sein können. Solche handlungsorientierte Experimente verlangen solides Transferwissen, ohne das sie scheitern müssten. Das Ergebnis dieser Experimente gibt dem Unterrichtenden nicht nur Aufschluss über den Kenntnisstand der Schüler; das hier genutzte Transferwissen wird auch für künftige Verwendungszwecke fest verankert.

2.4. Transfer von Wissen und Fertigkeiten zum Verständnis geschichtskultureller Gegebenheiten in der Lebenswelt der Schüler

„Das erste Ziel bei jedem Lernakt – über die Freude hinaus, die er bereiten mag – ist, daß er uns in der Zukunft dient."[26] Was hier ganz allgemein formuliert wird, gilt auch für den Geschichtsunterricht: Alles, was im Geschichtsunterricht gelernt wird, sollte im zukünftigen Leben der Schüler brauchbar sein und Anwendung finden können. Insofern erscheint es auf den ersten Blick unsinnig, wenn eine besondere Trans-

---

24 Das waren Zeiten 2. Unterrichtswerk für Geschichte an Gymnasien und Gesamtschulen Sekundarstufe I, Bamberg (Buchner-Verlag) 1998, S. 215. Auch in ANNO werden in den Zusammenfassungen wichtige Begriffe festgehalten, allerdings ohne diese zu erläutern.

25 Vgl. hierzu Karl Hammer: Deutsche Revolutionsreisende in Paris, in: Deutschland und die Französische Revolution, hrsg. v. Jürgen Voss (=Beihefte der Francia, Bd. 12), München/Zürich 1983, S. 26-42.

26 Bruner (wie Anm. 23), S. S. 30.

ferform genau dies zum Ziel hat. Wenn diese Transferform hier dennoch gesondert ausgewiesen wird, so geschieht dies aus dem einfachen Grund, dass in unserem Alltag historische Erinnerung in ganz unterschiedlicher Form präsent ist und Schülerinnen und Schüler im Geschichtsunterricht mehr, als dies bisher der Fall ist, hierfür aufnahmebereit gemacht werden müssten. Hier, in ihrer Lebenswelt, sollen Schülerinnen und Schüler (auch noch als Erwachsene) auf jene Wissensbestände und Fertigkeiten, die sie sich im Geschichtsunterricht angeeignet haben, zurückgreifen können, um die vielfältigen Artikulationen von Geschichtsbewusstsein im Leben unserer Gesellschaft, ferner alle Arten von „Geschichtspolitik" mit Verständnis und Genuss kompetent und kritisch wahrnehmen zu können. Für dieses Phänomen hat sich seit knapp zwei Jahrzehnten der Begriff Geschichtskultur eingebürgert.[27]

Die Gegenwart, in die die heutigen Schüler hineinwachsen und die bezüglich ihres Umgangs mit der Vergangenheit als „Zeitwende" (Dieter Langewiesche),[28] als „Epoche des Gedenkens" (Pierre Nora) bezeichnet wird, in der mit der Vergangenheit „Geschichtspolitik" bzw. „Vergangenheitspolitik"[29] betrieben wird und alle Arten von Erinnerungsgeschichten in den am häufigsten genutzten Medien (Fernsehen, Printmedien, Museen und Ausstellungen) – wahrscheinlich wie nie zuvor in der Vergangenheit – präsent sind, eine solche außerordentlich geschichtsgesättigte Gegenwart kann es sich nicht leisten, dass Menschen diesen Anmutungen ahnungslos ausgeliefert sind bzw. diesen gelegentlich auch zweifelhaften und umstrittenen Angeboten verständnislos gegenüberstehen. In großer Vielfalt begegnet uns „Geschichte in der Alltagswelt",[30] ganz abgesehen davon, dass wir uns im Urlaub, auf Reisen, in der Freizeit gerne von ihr verführen lassen, und historische Orte aufsuchen, weil die Begegnung mit ihnen außerordentlichen Genuss bereiten kann. Könnte dieser Genuss nicht noch dadurch gesteigert werden, dass das einst im Geschichtsunterricht angeeignete

---

27 Die Literatur zu Geschichtskultur ist inzwischen ziemlich unübersichtlich geworden; s. etwa den Abschnitt „Aspekte der Geschichtskultur" im Handbuch der Geschichtsdidaktik, hrsg. v. Klaus Bergmann u.a., Seelze-Velber 5. Aufl. 1997, S. 601ff. (dort auch auf S. 610f. die ältere Literatur); ferner zusammenfassend Hans-Jürgen Pandel: Geschichtskultur, in: Wörterbuch Geschichtsdidaktik, hrsg. v. Ulrich Mayer u.a., 2. Aufl. Schwalbach/Ts. 2009, S. 86f.

28 S. hierzu Dieter Langewiesche: Zeitwende. Geschichtsdenken heute, hrsg. v. Nikolaus Buschmann und Ute Planert, Göttingen 2008; dieser Sammelband enthält hierzu mehrere Beiträge.

29 Edgar Wolfrum: Geschichtspolitik in der Bundesrepublik Deutschland, Darmstadt 1999; vgl. auch Norbert Frei: Vergangenheitspolitik. Die Anfänge der Bundesrepublik Deutschland und die NS-Vergangenheit, München 1996.

30 Rolf Schörken: Geschichte in der Alltagswelt: Wie uns Geschichte begegnet und was wir mit ihr machen, Stuttgart 1981

Transferwissen bei solchen Begegnungen abgerufen wird? Oder ist es (falls man nicht von einem angeborenen „Schaudern vor dem Dunkel der Vergangenheit" ausgehen möchte)[31] nicht einfach so, dass erst das nur noch rudimentäre Geschichtswissen, das aus dem Geschichtsunterricht stammen mag, auf Geschichte in der Alltagswelt aufmerksam werden lässt? Auf die Möglichkeit des Transfers von Wissen, das man sich im Geschichtsunterricht angeeignet hat, in das Alltagsleben sollte jedenfalls nicht verzichtet werden. Gelingen solche Transfers – bis zu welchem Maß dies der Fall ist, ist bislang noch nicht hinreichend erforscht worden –, entdecken Schüler bzw. Erwachsene, dass das, was sie (einst) im Geschichtsunterricht gelernt haben, in ihrer Lebenswelt von Relevanz ist: Sie werden in die Lage versetzt, mit den oft hochgradig ideologischen geschichtspolitischen Angeboten sinnvoll umzugehen. Bei politisch weniger problematischen Angeboten – hierzu sind etwa die meisten Ausstellungen zu Themen aus der Geschichte zu zählen – ist das Vorhandensein von Transferwissen auch die Voraussetzung für kulturellen Genuss. Dass diese Wahrnehmung der Angebote der Kulturindustrie nun ihrerseits neues Transferwissen generiert, ist eine erfreuliche Begleiterscheinung. Dieses so erworbene vertiefte oder differenzierte neue Wissen fördert die Kompetenz der Laien, die in späteren oder anderen Kontexten abgerufen werden kann.

Transfer meint also Formen der Verwendung von Wissen, das im Geschichtsunterricht erworben wurde, zum Nutzen der Schüler im Unterricht und im Alltagsleben, von Wissen also, das Schülern auch dann noch von Nutzen sein und gebraucht werden kann, wenn sie die Schule längst verlassen haben. Je mehr Quellen und Materialien, die den Schülern auch im Alltag begegnen, im Geschichtsunterricht verwendet werden, umso mehr werden sie den Nutzen einer unterrichtlichen Beschäftigung mit solchen Quellen bzw. Medien erkennen. Generiert der Geschichtsunterricht solches Wissen, verschafft er sich Legitimität, und dies vor allem dann, wenn es sich um Wissen handelt, das *nur* im und durch den Geschichtsunterricht erworben werden kann. In das Alltagsleben der Schüler transferiertes Wissen, aus dem die Fähigkeit erwächst, sich mit den vielen Angeboten von Geschichte in der Öffentlichkeit auseinanderzusetzen, wird als wertvoll erachtet. Die Erfahrung, dass geschichtliches Wissen von Nutzen ist, kann positive Rückwirkungen auf die Wertschätzung des Geschichtsunterrichts haben und sich motivierend auf das Lernen im Unterricht auswirken.

---

31 S. hierzu das Kapitel „Das Dunkel der Vergangenheit" in dem in Anm. 30 genannten Buch von Schörken (dort, S. 20, das Zitat).

3. Transfer früher

„Transfer" ist in der Geschichtsdidaktik ein noch relativ neuer, unverbrauchter Begriff. Frühere Gesellschaften brauchten ihn (bzw. das, was mit ihm bezweckt werden sollte) nicht, denn der Geschichtsunterricht musste über lange Zeit keinen Nachweis seiner Notwendigkeit und seines Nutzens erbringen. Was in ihm, einem gesinnungsstiftenden Fach, gelernt wurde, galt eo ipso als wichtig und unumstritten. Als der moderne Geschichtsunterricht um die Wende vom 18. zum 19. Jahrhundert in den höheren Schulen als eigenständiges Fach etabliert wurde, bestand für die, die seine Einrichtung verfügten (also die Kultusbürokratien) und für die, die ihn erteilten (die Lehrerschaft) kein Zweifel, dass die Gesinnungen, die im Geschichtsunterricht ausgebildet wurden, zur Formung der zukünftigen Staatsbürger nützlich und notwendig sein würden. Auch dem Staat, der solche Gesinnung im Geschichtsunterricht vermittelte, war dies von Vorteil. Gelang es im Geschichtsunterricht die, wie es damals hieß, „Liebe zum angestammten Herrscherhaus" zu entfachen, konnte die Obrigkeit auf die meisten ihrer patriotisch gefestigten und gegebenenfalls freudig den Status quo verteidigenden Untertanen bauen. Ob dies den objektiven und subjektiven Interessen der Schüler entsprach, war ohne Belang und stellte sich als Frage (noch) nicht. Inhalte wurden von oben gesetzt und von Lehrern vermittelt. Man glaubte sicher sein zu können, dass die „richtigen" Inhalte schon auch die „richtigen" Denk- und Verhaltensweisen bei den Schülern erzeugen würden, und zwar so nachhaltig, dass die einmal im Geschichtsunterricht vermittelten Einsichten und Wertungen bis ins Erwachsenenalter hinein wirken würden. Und dies auch deshalb, weil sichergestellt war, dass die im Geschichtsunterricht vermittelten Kenntnisse, Werte und Gesinnungen nachschulisch, etwa durch politische Feste und Feiern oder in der Militärzeit, stets erneuert, gefestigt und ggf. auch modifiziert wurden. Hierzu drei Beispiele:

- Nachdem Preußen in den Schlachten von Jena und Auerstedt 1806 von den Truppen Napoleons besiegt worden war und zeitweise gar befürchtet werden musste, Preußen könnte als Staat von der Landkarte verschwinden, sollte die Erneuerung des Schulwesen, aber auch die Erneuerung der Unterrichtsinhalte (auch des Geschichtsunterrichts) dem Staat wieder aufhelfen. Im Geschichtsunterricht wurde das entstehende Nationalbewusstsein gefördert und später in der Zeit der vormärzlichen Reaktion in die erwünschten Bahnen kanalisiert.
- Ohne dass es darüber zu einer bemerkenswerten öffentlichen kritischen Auseinandersetzung gekommen wäre, konnte der Kaiser am

1. Mai 1889 in einer Ordre an das Staatsministerium fordern, „die Schule in ihren einzelnen Abstufungen nutzbar zu machen, um der Ausbreitung sozialistischer und kommunistischer Ideen entgegenzuwirken." Zu diesem Zweck sollte „die Schule durch Pflege der Gottesfurcht und der Liebe zum Vaterlande die Grundlage für eine gesunde Auffassung auch der staatlichen und gesellschaftlichen Verhältnisse"[32] schaffen. Hierzu beitragen sollten in erster Linie der Religionsunterricht und der Unterricht in vaterländischer Geschichte, also der Geschichtsunterricht.

- Als gegen Ende der 1890er Jahre Kaiser und Regierung unter breiter Zustimmung der Bevölkerung sich anschickten, Welt(macht)politik zu betreiben, um, wenn auch verspätet, „einen Platz an der Sonne" zu ergattern, war es selbstverständlich, dass auch die Lehrer aller Schulen in die Köpfe und Herzen der Schüler eine entsprechende Gesinnung einpflanzten. Die preußische Kultusbürokratie beauftragte einige hervorragende Schulmänner, sich als Gutachter darüber zu äußern, welche maritimen und kolonialen Unterrichtsinhalte auf welcher Altersstufe, auf welche Weise und in welchen Fächern in den Unterricht eingeführt werden könnten. Aber auch ohne staatlichen Auftrag haben viele Lehrer von sich aus solche Unterrichtsinhalte im Geschichtsunterricht behandelt und so dazu beizutragen versucht, dass die zukünftigen Bürger die Regierung bei ihren Bemühungen tatkräftig unterstützten, unter Einsatz riesiger Geldmittel eine schlagkräftige Flotte aufzubauen und Kolonien zu erwerben. Kritik an einer solchen Politik, die einen Krieg als politisches Mittel zur Durchsetzung dieser Ziele durchaus ins Kalkül zog, blieb ohne größere Wirkung.

Diese Beispiele sollen zeigen, dass das, was im Geschichtsunterricht gelernt wurde, schon immer – und das ist ja auch der Sinn des Lernens – einen Lebensbezug hatte und hat und angewendet werden will, dass also Geschichtswissen auch früher schon in den Alltag der Schüler und zukünftigen Erwachsenen transferiert wurde. Während früher aber, wie die drei Beispiele zeigen, der Geschichtsunterricht ganz überwiegend als affirmatives Instrument zur Ausbildung erwünschter Gesinnungen und Werte angesehen wurde, soll er heute zur Ausbildung eines demokratischen Geschichtsbewusstsein beitragen und Schüler in die Lage verset-

---

32 Zit. nach: Verhandlungen über Fragen des höheren Unterrichts, Berlin, 4. bis 17. Dezember 1890, Berlin 1891, S. 3f. – Zu den Einflussnahmen des Staates auf die Lehrpläne, s. a. Horst Kuss: Determinanten des Geschichtsunterrichts. Richtlinien und Lehrpläne in Zeiten des politischen und sozialen Wandels, in: Geschichtsunterricht im vereinten Deutschland, Teil II, hrsg. v. Hans Süssmuth, Baden-Baden 1991, S. 15-37.

zen, sich auch kritisch mit Problemen ihrer Gegenwart und ggf. auch mit Entscheidungen der Regierung auseinanderzusetzen.

Auch wenn der Begriff „Transfer" neueren Datums ist und erst in der zweiten Hälfte des 20. Jahrhunderts von der pädagogischen Psychologie eingeführt und begrifflich präzisiert wurde, kannte schon die alte Schulpädagogik Vorstufen dessen, was wir heute damit meinen. Man ging im späten 19. Jahrhundert unter Rückgriff auf Pädagogen seit Comenius von einem natürlichen Lern- und Wissenstrieb aus, der sich „schon früh im Kinde bemerkbar" mache. „Die [im Kinde, G.S.] vorhandenen Vorstellungen haben nämlich das Bestreben, sowohl unter einander als auch zu neuen Wahrnehmungen in Beziehung zu treten, woraus sich das Bedürfnis nach geistiger Thätigkeit entwickelt. „Vernetzung" nennt man so etwas heute, und es bedarf dazu natürlich des vorher angeeigneten Transferwissens. Man habe nur darauf zu achten, dass der Unterricht den „geistigen Bedürfnissen" des Kindes entspreche, es nicht „mit zu schweren und großen Stoffmengen" überfordere oder „durch Verfrühung des Unterrichts, durch Übergreifen desselben in höhere Gebiete und Unterrichtsstufen" eine „Abneigung gegen das Lernen" erzeuge.[33] Das, was in einzelnen Unterrichtseinheiten bei der Durcharbeitung des Stoffes nacheinander geschehen sollte und was man als „den naturgemäßen Gang der Entwickelung der Erkenntnis"[34] bezeichnete, wurde in der fast wie ein Gesetz verbindlich gemachten pädagogischen Theorie der Formalstufen für viele Lehrergenerationen fixiert. Diese Theorie wurde von dem Philosophen und Pädagogen Johann Friedrich Herbart (1776–1841) angebahnt und von den Pädagogen Tuiskon Ziller (1817–1882) in Leipzig und Wilhelm Rein (1847–1929) in Jena weiterentwickelt. Von der Reformpädagogik wurde sie allerdings bekämpft. In diesen Formalstufen sind deutliche Spuren dessen zu finden, was wir heute unter Transfer verstehen. Entsprechend der damals verbreiteten und auch heute noch geltenden Überzeugung, „daß Begriffe ohne Anschauungen leer und andererseits Anschauungen ohne Begriffe blind, endlich aber Begriffe ohne mannigfache Anwendung tot und unfruchtbar" seien,[35] müssten in jeder Unterrichtseinheit beim Erkenntnisgewinn drei Stufen durchlaufen werden: die erste Stufe der Anschauung, die zweite Stufe der begrifflichen Erfassung und die dritte Stufe der Anwendung. Bereits in dieser frühen Fassung der

---

33 Sämtliche Zitate aus August Lomberg: Lerntrieb, Wissenstrieb, in: Encyklopädisches Handbuch der Pädagogik, hrsg. v. Wilhelm Rein, 4. Bd., Langensalza 1897, S. 515f.

34 Karl Just: Formal-Stufen, in: Encyclopädisches Handbuch (wie Anm. 33), 2. Bd., Langensalza 1896, S. 284.

35 Just (wie Anm. 34), S. 282, nach Immanuel Kant: Kritik der reinen Vernunft.

Formalstufen wird betont, „daß Neues nur dann zuverlässig von dem Geiste aufgenommen und angeeignet wird, wenn es in Beziehung steht zu dem schon vorhandenen Gedankenkreise".

Diese Erkenntnis führte dazu, dass die Stufe der Anschauung in zwei Unterstufen zerlegt wurde, nämlich „in die Analyse, welche die bereits vorhandenen Vorstellungen, die zu dem neuen Stoffe in Beziehung stehen oder in ihm enthalten sind, weckt, klärt und ordnet, und die Synthese, welche durch Darbietung des Neuen das schon vorhandene Wissen ergänzt, berichtigt, erweitert und vertieft." Auch die Stufe des Begriffs hat man in zwei Unterstufen zerlegt, „in die Association, welcher die Bildung der Begriffe obliegt, und das System, welches das erworbene begriffliche Wissen ordnet und mit dem Zusammengehörigen nach dem Vorbilde der Wissenschaft verbindet." Diese sich schon den Zeitgenossen kaum von selbst erschließende Begrifflichkeit hat Wilhelm Rein durch deutsche Begriffe ersetzt: 1. Vorbereitung, 2. Darbietung, 3. Verknüpfung, 4. Ordnung (oder Zusammenfassung), 5. Anwendung. Auch wenn der Psychologisierung des Lernvorgangs damals wohl mehr Bedeutung beigemessen wurde als heute, der Gedanke der Vernetzung von erworbenem Wissen mit neuem Wissen, um dieses auszubauen, weist bereits auf „Transfer" hin, ganz abgesehen davon, dass sich auf der Stufe der Anwendung der Nutzen dessen, was gelernt wurde, erweisen sollte.

Seitdem es in der Öffentlichkeit Diskussionen um die Legitimation einzelner Unterrichtsfächer gibt – und der Geschichtsunterricht war hiervon in den siebziger Jahren stark betroffen –, spielt Transferwissen, das der Unterricht generiert, oft ohne dass dies explizit erwähnt wird, eine gewichtige Rolle. Gelingt es, den spezifischen Nutzen eines Faches für die Gesellschaft und für die in ihr lebenden Menschen nachweisen zu können, ist der Bestand eines Unterrichtsfaches gesichert. Nicht so beim Geschichtsunterricht. Zwar wird kaum jemand bestreiten, dass Kenntnisse der neueren Geschichte ab der Französischen Revolution oder ab der Aufklärung für Menschen der Gegenwart unverzichtbar sind, aber für die Epochen davor, also für das Mittelalter und die Antike sieht das ganz anders aus. Es erstaunt daher nicht, dass in vielen, vor allem auch unterrichtspraktischen Schriften Transfermöglichkeiten dessen dargelegt werden, was diese Epochen an Wissen für das Leben hervorzubringen imstande sind. Dabei werden nicht etwa, wie dies noch in der jüngeren Vergangenheit vielfach der Fall gewesen ist, Wissensbestände der Antike und des Mittelalters beschworen, die gleichsam zum ewigen Bestand unserer Kultur gehörten. Thomas Martin Buck hat jüngst deutlich gemacht, wie verbreitet und vielfältig Mittelaltervorstellungen und

-bezüge in unserer Gegenwart sind und wie sinnvoll und notwendig es daher ist, das historische Mittelalter kennen zu lernen.[36]

Manch andere scheinen in ihrem Bemühen, die Aktualität ihres Unterrichtsstoffes zu demonstrieren, über das Ziel hinausgeschossen zu sein. Ohne den Begriff Transfer zu verwenden, wird in einem Beitrag der Zeitschrift „Geschichte lernen"[37] deutlich zu machen versucht, wie sich der Aufbau von immer differenzierterem Wissen über einen früh in den Geschichtsunterricht eingeführten Sachverhalt vollziehen könnte. In dem Aufsatz geht es um die bundesstaatlichen Organisationen in der griechischen Staatenwelt vom 5. bis zum 3. vorchristlichen Jahrhundert. Als vergleichbare Bündnisse mit einer Art Repräsentativsystem werden nacheinander der Delisch-Attische Seebund, der Boiotische Bund und der Achäische Bund beschrieben. Sodann wird gezeigt, wie diese Bünde, vor allem aber der Achäische Bund, „bei der Entwicklung republikanisch ausgerichteter politischer Theorien in der Frühen Neuzeit", vor allem bei Montesquieu (1748), als Modell einer „république fédérative", also eines Bundesstaates, rezipiert werden. Weitere hundertfünfzig Jahre später wird auf die griechischen Bundesstaaten auch in den „Federalist Papers" verwiesen. Das sind die 85 Artikel, die in den Jahren 1787 und 1788 in New Yorker Zeitungen zur Verteidigung der noch nicht in Kraft getretenen Verfassung der USA erschienen sind. Ein sehr weit reichender Arbeitsauftrag („Diskutieren Sie anhand der Quelle [gemeint ist eine Polybios-Quelle über die Verfassung des Achäischen Bundes] die Grundprobleme bundesstaatlicher Organisationen und berücksichtigen Sie dabei auch aktuelle Entwicklungen im europäischen Einigungsprozess") lässt die Überzeugung der Verfasser erkennen, dass Schüler an ihrem Beispiel ein Grundprinzip unserer heutigen bundesrepublikanischen und europäischen Verfassungswirklichkeit in seinen Anfängen und in seinem Wiederauftauchen im 17. und 18. Jahrhundert studieren sollen. Ob dies allerdings möglich und auf diese Weise sinnvoll ist, erscheint doch zweifelhaft. Denn von den „Federalist Papers" bis zum europäischen Einigungsprozess ist es ein zu großer Schritt, als dass Schüler in der Lage wäre, das, was sie bei der Besprechung der „Federalist Papers" gelernt haben, als solches Transferwissen zu erkennen, das sie auch bei der Behandlung des europäischen Einigungsprozesses verwenden könnten. Denn notwendiges Transferwissen kann von Schülern dann

---

36 Thomas Martin Buck: Mittelalter und Moderne. Plädoyer für eine qualitative Erneuerung des Mittelalter-Unterrichts an der Schule, Schwalbach 2008.

37 Antonie Beck/Hans Beck: Alternativen zur Polis. Die griechischen Bundesstaaten und ihre Rezeption im politischen Denken der Frühen Neuzeit, in: Geschichte lernen Heft 75 (2000), S. 50-54; dort auch die nachfolgenden Zitate.

nur schwer aktiviert werden, wenn zwischen den Sachverhalten, die im Geschichtsunterricht behandelt werden, und bei deren Behandlung Transferwissen aktiviert werden soll, ein zu großer zeitlicher Abstand oder eine zu große Sachdifferenz besteht. Dies ist ein allgemeiner Befund, der nicht nur für das hier ausführlich vorgestellte Beispiel gilt. Darüber hinaus bin ich der Überzeugung, dass diese Unterrichtsvorschläge an der aktuellen Schulrealität vorbeizielen. Die Antike spielt selbst im gymnasialen Geschichtsunterricht nur noch eine marginale Rolle, und nähme man die Vorschläge als Anregung für eine Einführung in „Grundprobleme bundesstaatlicher Organisationen", dann wird man hier wohl andere (d.h. näher liegende) Bezüge herstellen und nicht auf den „Federalist" oder auf Montesquieu rekurrieren. Auch im Abitur dürfte die Antike kaum vorkommen.[38] Man mag dies beklagen, aber es führt kein Weg an dem Befund vorbei, dass allgemein die Ansicht vertreten wird, die Antike habe ein Aktualitätsdefizit. Dem widerspricht aber das ungebrochene Interesse vieler Deutscher (und zwar nicht nur solcher aus der bildungsbürgerlichen Schicht) an den Stätten des klassischen Griechenland. Jedes Jahr fahren viele Tausende Menschen nach Griechenland und in die Türkei, um antike Überreste zu bestaunen. Noch traut sich aber niemand zu sagen, dass ein wesentlicher Beitrag eines Geschichtsunterrichts über das antike Griechenland auch darin bestehen sollte, Urlauber auf ihre Urlaubsziele vorzubereiten.

Bis in die Geschichtslehrbücher hinein ist die Tendenz nachzuweisen, die Aktualität des Unterrichtsstoffes vor Augen zu führen. Ohne den Begriff Transfer zu nennen, verweisen die Auftaktseiten, mit denen seit ungefähr 20 Jahren in den meisten Schulbüchern ein neues Großkapitel eingeleitet wird, auf Transfermöglichkeiten.[39] Einige zufällige Beispiele: Auf der Auftaktseite eines Klett-Schulbuches zum Kapitel „Die griechischen Wurzeln Europas"[40] ist unter einer Rekonstruktionszeichnung der Akropolis das Brandenburger Tor in Berlin zu sehen, um den Schülern zu verdeutlichen, dass griechische Bauwerke noch nach zweitausend Jahren modernen Bauten als Vorbild dienten. Unter der Überschrift „Das Mittelalter – fern und doch nah?" wird in diese Epoche mit Ab-

---

38   „Die Abiturprüfung im Fach Geschichte soll nach Maßgabe länderspezifischer Regelungen berücksichtigen [es folgt eine Auflistung verschiedener Forderungen, darunter:] verschiedene Epochen: Altertum, Mittelalter, Frühe Neuzeit, Zeitgeschichte." Aus: Beschlüsse der Kultusministerkonferenz, Einheitliche Prüfungsanforderungen in der Abiturprüfung, Geschichte, S. 4 (=Beschluss in der Fassung vom 10. 2. 2005); *http://www.kmk.org/doc/beschl/196-13_EPA-Geschichte-Entversion-formatiert.pdf* (10. 9. 2008)

39   Sicher wäre es sinnvoll, wenn in den Schulbüchern im Anschluss an jedes Großkapitel das hier gewonnene Transferwissen ausgewiesen würde.

40   Geschichte und Geschehen 1/2, Leipzig 2005 (Klett), S. 77.

bildungen eingeführt, die Ritterspielzeug aus dem Jahr 2000, ein Ritterturnier im Jahr 1999 und eine Szene aus einem Computerspiel (hier ist eine mittelalterliche Burg zu sehen) zeigen.[41] Das Kapitel „Menschen im historischen Raum: Jäger, Sammler, Ackerbauern, Viehzüchter", das der Frühgeschichte der Menschheit gewidmet ist,[42] zeigt auf einer Fotografie eine Gruppe von Frauen der Kalahari-Buschleute in Afrika beim Sammeln und Ausgraben von Wurzeln. Die Fotografie ist neueren Datums und dokumentiert die Fortdauer archaischen Lebens bis heute; dies ermöglicht der modernen Forschung, das Leben der Menschen in urgeschichtlicher Zeit zu rekonstruieren. Andere Schulbücher verzichten auf den Auftaktseiten auf Bezüge der genannten Art; sie verlegen den Gegenwartsbezug des historischen Themas in spezielle Rubriken, die am Ende eines Großkapitels eingeschoben werden. In dem Lehrwerk ANNO wird dem Großkapitel „Herrschaft und Kirche im Mittelalter", das dann mit einem Unterkapitel zum Karolingerreich einsetzt, auf einer Doppelseite unter der Überschrift „Der Islam heute – eine Weltreligion" über die Verbreitung des Islams in der Welt von heute berichtet und ein mit Fotografien illustrierter Zeitungsausschnitt aus dem Jahr 1991 über ein Freitagsgebet der Muslime in einer deutschen Stadt inseriert.[43] In dem Lehrwerk „Wir machen Geschichte" gibt es die Rubrik „Werkzeugkiste". Hier wird jeweils zum Schluss eines Kapitels auf einer Doppelseite gezeigt, wie Forscher arbeiten, welche Wege z.B. die experimentelle Archäologie einschlägt, um Erkenntnisse über die Vergangenheit zu gewinnen,[44] wie man Spuren der Vergangenheit in einer modernen Stadt erkundet, wie man das Modell einer Burg herstellt usw. Wie begrifflich-kategoriales Transferwissen im Geschichtslehrbuch gesichert werden kann, habe ich bereits weiter oben beschrieben.

Im Geschichtsunterricht selbst ist Transfer oft ein Zufallsgeschäft. Bei Unterrichtsbeobachtungen ist mir oft aufgefallen, dass Transfers situativ und ohne vertiefte Vorbereitung in den Unterrichtsverlauf eingefügt wurden: Im Kontext einer Lehrsequenz scheint dem Lehrenden ganz plötzlich in den Sinn gekommen zu sein, dass sich hier eine Anmerkung zu bereits früher Gelerntem (Methode wie Inhalte) ganz gut anbieten würde. Solche beiläufigen Hinweise sind sicher nicht grundsätzlich zu

---

41 Forum Geschichte 2, Berlin 2001 (Cornelsen), S. 8f.
42 Wir machen Geschichte, Band 1, Frankfurt 1997 (Diesterweg), S. 10-11.
43 ANNO 1 Ausgabe für Niedersachsen: Von der Antike bis zum späten Mittelalter, Braunschweig 1997 (Westermann), S. 160-161.
44 Dokumentiert wird ein Experiment aus dem Jahr 1985, als acht Männer in römischer Legionärsausrüstung einen Fußmarsch von Verona über die Alpen nach Augsburg unternahmen (s. Wir machen Geschichte, Band 1, Frankfurt 1997, S.164f.).

verwerfen – ganz im Gegenteil! Meist lockern sie den Unterricht auf und können anregend wirken. Dauerhaft im Gedächtnis der Schüler werden solche assoziativen Bemerkungen aber nur selten verankert. Daher ist festzuhalten: Ein Transfer ist nur dann sinnvoll und wirkt sich nur dann positiv auf die Lern- und Behaltensleistung der Schüler aus, wenn ihm im Rahmen einer Unterrichtseinheit oder einer Unterrichtsstunde eine gewisse Bedeutung eingeräumt wird. Und dies verlangt Planung, Übung und ein gewisses Maß an Zeit.

4. Wechselbeziehung des Transfers mit anderen Prinzipien des Lernens

4.1. Transfer und entdeckend-forschendes Lernen

Fähigkeiten des Problemlösens können bei einem Transfer im Rahmen des entdeckenden und forschenden Lernens besonders gut eingeübt werden. In diesem Lernverfahren ist er geradezu genuiner Bestandteil der Lernkonzeption, „da hier die Schüler selbständig Lösungsstrategien vorschlagen und überprüfen müssen",[45] indem sie von einer Frage oder Hypothese ausgehen und dann deren Beantwortung bzw. Bestätigung oder Zurückweisung in einem meist an außerschulischen bzw. historischen Lernorten betriebenen selbstorganisierten Explorations- oder Erkundungsvorhaben (=Arbeitsphase) suchen. Der Transfer integriert das Gelernte in das Alltagswissen der Schülerinnen und Schüler und macht es in alltäglichen Lebens- und Arbeitszusammenhängen abrufbar. Im Transfer des Gelernten in die Lebenswelt der Schüler weitet sich deren politisches Bewusstsein; sie kommen zu Einsichten, die ihnen nicht möglich gewesen wären, hätten sie sich nicht zuvor den historischen Sachverhalt in einem Explorationsprozess weitgehend selbstständig erschlossen – zweifellos ein Ertrag selbsterworbenen Transferwissens. Die Ergebnisse des Geschichtswettbewerbs des Bundespräsidenten haben gezeigt, wie Schüler das von ihnen erarbeitete Wissen nutzten, um sich – jetzt als „Experten" in Lokalgeschichte – sachkundig in die Lokalpolitik einmischten. So sorgten sie dafür, dass Gedenktafeln für längst vergessene Personen des lokalen Widerstands gegen den Nationalsozialismus an einem geeigneten Ort angebracht wurden, dass Ausstellungen wichtige lokale Sachverhalte in Erinnerung riefen, dass Überlegungen zur Sanierung alter, erhaltungswürdiger Wohnquartiere angestellt wurden usw.[46]

---

45 Krieger (wie Anm. 1), S. 474.
46 Vgl. etwa Lothar Dittmer/Detlef Siegfried (Hrsg.): Spurensucher. Ein Praxis-

Über den Ertrag des entdeckenden Lernens (von forschend-entdeckendem Lernen sprach man damals noch nicht) hat es vor gut einer Generation eine heftige Kontroverse gegeben.[47] Ausgehend von der Überzeugung, dass Schüler im Unterricht unmöglich auf alle Probleme im späteren Leben ausreichend vorbereitet werden können, hatte Jerome S. Bruner seinerzeit Merkmale des entdeckenden Lernens formuliert. Er hat Techniken empfohlen, die den Wissenserwerb der Schüler unterstützen und ihr Vermögen entwickeln sollten, auftauchende Probleme in späteren Lebenssituationen zu lösen. Da entdeckendes Lernen sich weitgehend in Eigenregie der Schüler vollzieht, sollen sie nach und nach dazu befähigt werden, Probleme zu erkennen, sie selbstständig anzugehen, zu analysieren und zu lösen (Problemlösefähigkeit). Im Fortgang des Lernprozesses machen sie die Erfahrung, „wie man durch Bewältigung einer partikularen Lernaufgabe auch andere Tätigkeiten besser beherrschen lernt"[48]. Schüler sollen also lernen, wie man sinnvoll und mit Erfolg lernt.[49] Wenn Schüler die Struktur einer Aufgabe bzw. eines Problems erkennen und verstehen, werden sie in der Lage sein, andere (neue) Sachverhalte darauf zu beziehen. Jedes neue Wissen wird also mit dem in Verbindung gebracht, was bereits früher oder in zeitgleichen anderen Zusammenhängen gelernt wurde (Vernetzung). Aus der Vielfalt der Einzelfälle leiten Schüler Gemeinsamkeiten ab; auch wenn Geschichtsereignisse einmalig und einzigartig sind und sich Gesetzmäßigkeiten aus dem Geschichtsablauf nicht ableiten lassen (alle Versuche, solche Gesetze zu beweisen, hat die Geschichte selbst widerlegt), so werden Schüler doch Analogien, Ähnlichkeiten formulieren und Strukturen erkennen können. „Das Lehren und Lernen von Strukturen steht mehr als das bloße Beherrschen von Fakten und Techniken im Mittelpunkt des klassischen Transferproblems. Bei einem Lernvorgang dieser Art spielt vieles eine Rolle, nicht zuletzt unterstützende Gewohnheiten und Fertigkeiten, die den aktiven Gebrauch des Stoffes ermöglichen, den man zu verstehen gelernt hat. Wenn früheres Lernen späteres Lernen erleichtern soll, dann muß es ein allgemeines Bild ergeben, das die Beziehungen zwischen den früher und den später begegnenden Dingen deutlich

---

buch für historische Projektarbeit, Weinheim/Basel 1997, vor allem S.176ff. (in der ergänzten 2. Aufl., Hamburg 2005, S. 221ff.).

47 Vgl. hierzu Rohlfes (wie Anm. 5), S. 140.

48 Bruner (wie Anm. 23), S. 20. Zum entdeckenden Lernen nach Bruner s..a. zusammenfassend: Walter Edelmann: Lernpsychologie, Weinheim 6. Aufl. 2000, S. 141ff.

49 „…daß durch angemessenes Lernen tatsächlich ein massiver allgemeiner Transfer erreicht werden kann, sogar bis zu dem Grade, daß ein Lernen unter optimalen Bedingungen einen dazu führt ‚zu lernen, wie man lernt'" (Bruner, ebd.).

macht."[50] Auf dem Gebiet der Geschichtswissenschaft hat Hans-Ulrich Wehler in seiner fünfbändigen „Deutschen Gesellschaftsgeschichte" (Band 5 ist im Herbst 2008 erschienen) solche „allgemeine Strukturbedingungen und Entwicklungsprozesse" der Wirtschaft, der sozialen Ungleichheit, der politischen Herrschaft und der Kultur benannt und alle Bände nach diesem Gliederungsprinzip geschrieben.[51] Vergleichbare strukturgeschichtliche Ansätze hat es auch in der Geschichtsdidaktik gegeben, ohne dass sie sich allerdings durchgesetzt hätten.[52]

Den Verfechtern des entdeckenden Lernens (Bruner, Roth) hat David Ausubel sein Konzept des stärker rezeptiven Lernens gegenübergestellt. Auch Ausubel ist überzeugt davon, dass Schüler Methoden lernen sollten, weil sie dies in die Lage versetze, aufbauend auf die erworbenen Kenntnisse zukünftige Aufgaben besser und schneller zu bewältigen. Entdeckendes Lernen hält er aber für einen zu zeitaufwendigen und unnötigen Umweg, zumal die Lernergebnisse beim stärker rezeptiven Lernen keine signifikant schlechteren Ergebnisse erbringen würden. In gewissem Sinne bestreitet Ausubel die Notwendigkeit eines Methodentransfers, um später erfolgreich zu lernen. Der Lehrer würde aufgrund seiner fachlichen und methodischen Kompetenz die Sachverhalte ohnehin richtiger darstellen und vermitteln, als dies der Schüler könne, der sich auf dem Weg des Entdeckens nicht selten schiefe und unpräzise Kenntnisse aneignen würde. Folgte man Ausubel, wäre dies das Ende jeglicher Bemühung um die Herstellung von Transferwissen, das Schüler sich auf dem Weg des (forschend-)entdeckenden Lernen selbst erarbeiteten, jedenfalls zumindest, was Methodentransfer und ereignisbezogene Transfers angeht. Joachim Rohlfes ist zuzustimmen, wenn er schreibt: „Das entdeckende Lernverfahren bietet sich an, wo Methodenkenntnisse und -fertigkeiten zu erwerben sind und die Schüler Transferleistungen erbringen sollen. Ausubels Einwänden zum Trotz kann doch wohl schlecht daran gerüttelt werden, daß Arbeitsgänge, die man selbst ‚im Schweiße seines Angesichts' und im Clinch mit typischen Schwierigkeiten durchexerziert hat, fortan besser von der Hand gehen, als wenn man nur abstrakt erfasst hat, wofür sie gut sind und was es dabei zu beachten gilt."[53]

50 Bruner (Anm. 23), S. 25; zur „Wichtigkeit der Struktur", s.a. ebd., S. 30ff.
51 Vgl. hierzu die Einleitung im ersten Band der „Deutschen Gesellschaftsgeschichte" (München 1987, S. 6–34).
52 S. etwa die von der sog. Kieler Gruppe nach dem Regensburger Historikertag von 1972 erarbeiteten Vorschläge; Joachim Rohlfes/Karl-Ernst Jeismann (Hrsg.): Geschichtsunterricht. Inhalte und Ziele. Arbeitsergebnisse zweier Kommissionen, Stuttgart 1974 (=Beiheft zur Zeitschrift Geschichte in Wissenschaft und Unterricht).
53 Ebd.

4.2. Längsschnitt und Transfer

In der geschichtsmethodischen Literatur der 1950er und 60er Jahre wurden historische Längsschnitte als Prinzip zur Organisation und Vermittlung des historischen Stoffes vielfach empfohlen, im Geschichtsunterricht selbst allerdings wohl nur selten tatsächlich auch durchgeführt. Nachdem Längsschnitte ab den 1970er Jahren in Verruf geraten waren, weil mit ihnen meist nur *ein* Aspekt, *ein* Thema von allen Rahmengegebenheiten isoliert durch die Zeit hindurch verfolgt wurde („Vom Wildpfad zur Autobahn"; „Vom Kienspan zur Neonröhre"[54]) und alles, was links und rechts dieser Schneise liegt, weitgehend ausgeblendet blieb, gerieten Längsschnitte ins geschichtsdidaktische Abseits und schließlich in Vergessenheit. Versuche, den Längsschnitt zu „retten" (etwa von Karl-Ernst Jeismann und Heinz Dieter Schmid), sind weitgehend folgenlos geblieben, vielleicht auch deshalb, weil dem Längsschnitt nur wenig zugetraut wird, obwohl seinerzeit nicht ganz zu Unrecht behauptet wurde, der Längsschnitt sei brauchbar, um Kontinuität, Veränderung und Entwicklung eines Aspekt von begrenztem Umfang deutlich zu machen.[55]

Neuerdings erscheint dieser „alte Sachverhalt" in „neuem Licht". Neben anderen Darstellungsprinzipien wie „Querschnitt" und „Fall" ist der historische Längsschnitt eine von vielen möglichen Formen, „einen konkreten Sachverhalt, ein Problem, eine Kulturtechnik, eine Idee über Jahrzehnte, Jahrhunderte oder über Jahrtausende hinweg" darzustellen,[56] ohne dass die üblichen, aber in mancher Hinsicht auch problematischen Epochengrenzen eine Rolle spielten.[57] In Lehrplänen und Richtlinien gilt der Längsschnitt gegenüber der „Anordnung der Inhalte (nach) dem traditionellen Muster des chronologischen Durchgangs" gar als

---

54 Solche und weitere Beispiele bei Erhard Schmidt: Grundriß des Geschichtsunterrichts, 4. Aufl. Bochum o.J. [ca. 1970], S. 70f.

55 Heinz Dieter Schmid: Verfahrensweisen im Geschichtsunterricht, in: Geschichtsunterricht. Inhalte und Ziele (wie Anm. 52), S. 54-56; vgl. auch Rohlfes (wie Anm. 5), S. 237f., der bei Abwägung der Vor- und Nachteile den Längsschnitt schon vor über 20 Jahren als ein „unentbehrliches Element des historischen Lernens" bezeichnet hat; Hilke Günther-Arndt: Methodik des Geschichtsunterrichts, in: Geschichtsdidaktik. Praxishandbuch für die Sekundarstufe I und II, hrsg. v. Hilke Günther-Arndt, Berlin 2003 S. 160f.

56 Vgl. Pandel: Didaktische Darstellungsprinzipien (wie Anm. 22), S. 153.

57 Um nur ein Beispiel zu nennen: Die Zeit um 1500 wird gemeinhin als Epochenscheide zwischen (spätem) Mittelalter und (früher) Neuzeit genommen. Für die rechtliche und soziale Stellung der hörigen Bauern aber spielt diese Zäsur trotz des Bauernkrieges von 1524/25 keine bedeutende Rolle. Erst die sog. Bauernbefreiung zu Beginn des 19. Jahrhunderts verändert die Stellung der hörigen Bauern grundsätzlich und dauerhaft.

einer der „alternative(n) Thementypen".[58] Allerdings taucht er dort oft nur in der Form eines Lückenfüllers auf, um die älteren Epochen der Geschichte, die aus dem Geschichtsunterricht vor allem auf der Oberstufe der Gymnasien gestrichen zu werden drohen, gleichsam im Schnelldurchlauf bewältigen zu können. Dabei wäre der Längsschnitt besonders gut geeignet, „epochenübergreifende Sichtweisen" zu vermitteln und „Raum für Narrativität" zu schaffen.[59]

Jeder Versuch, Schülern mit Hilfe eines Längsschnitts Ereignisse, Sachverhalte, Probleme, Ideen usw. in ihrer Weiterwirkung und ihrem Wandel durch Epochen hindurch zu vermitteln, also deren „longue durée" („lange Dauer")[60] darzustellen, muss sich, will er erfolgreich sein, auf Transfers stützen.

4.3. Transfer und Gegenwartsbezug

Ein Längsschnitt, so er denn wohl begründet ist, findet seinen Endpunkt in der Gegenwart. Ist diese Perspektive nicht beabsichtigt, wird man eher von einem Vergleich (siehe hierzu den Abschnitt S. 35ff.) sprechen. Sicher kann man mit guten Gründen einen Vergleich zwischen zwei Phänomenen in der Geschichte vornehmen, ohne dass man diesen Vergleich auf ähnliche Phänomene in der Gegenwart ausdehnt. Bei Längsschnitten sollte die Gegenwartsperspektive aber immer einbezogen werden. Ein Transfer historischen Wissens in die Lebenswelt der Schüler hat einen Gegenwartsbezug des Gelernten zur notwendigen Voraussetzung. Gegenwartsbezug heißt also immer auch Übertragung und Anwendung von Geschichtswissen auf gegenwärtige Sachverhalte. Dies gilt in gewisser Weise auch für wohl alle Methoden, die im Geschichtsunterricht gelernt werden. Die Fähigkeit, historische Quellen (Texte wie Bilder) zu interpretieren, lässt sich etwa bei der Lektüre von Zeitungen anwenden oder versetzt die Schüler in die Lage, oft hoch konnotierte Bildplakate, mit denen heute Werbung betrieben wird, zu durchschauen. „Geschichte muß [gemeint ist im Geschichtsunterricht, G.S.] auf Gegenwart bezogen sein", hat Peter Schulz-Hageleit durchaus im Einklang mit den damals zerstrittenen, aber in dieser Hinsicht

---

58 Bernd Schönemann: Lehrpläne und Richtlinien, in: Geschichtsdidaktik (wie Anm. 55), S. 58.

59 Pandel, Didaktische Darstellungsprinzipien (wie Anm. 22, S. 162) liefert hierzu einige Beispiele.

60 Vgl. hierzu Fernand Braudel: Geschichte und Sozialwissenschaften. Die longue durée, in: Schrift und Materie der Geschichte. Vorschläge zu einer systematischen Aneignung historischer Prozesse, hrsg. v. Claudia Honegger (edition suhrkamp 814), Frankfurt am Main 1977, S. 47-85.

übereinstimmenden Repräsentanten der sich gerade entfaltenden neueren Geschichtsdidaktik postuliert.[61]

4.4. Transfer, Multiperspektivität und Kontroversität

Den Sinn von Multiperspektivität und Kontroversität,[62] zwei mittlerweile allgemein akzeptierte Forderungen an einen guten Geschichtsunterricht, lernen Schüler im Umgang mit historischen Quellen, in der Begegnung mit Zeitzeugen (Oral History), in der Auswertung wissenschaftlicher Literatur, beim Besuch außerschulischer Lernorte (Museen, Ausstellungen) kennen. Dabei ist die übliche Forderung nach Multiperspektivität im Geschichtsunterricht eine Kurzformel für das Gebot, die Schüler bei der Beschäftigung mit historischen Sachverhalten mit Zeugnissen aus der Vergangenheit zu konfrontieren, die unterschiedliche Sichtweisen auf ein und denselben Sachverhalt dokumentieren. Dies vor allem dann nötig, wenn diese umstritten sind oder durch die Beachtung mindestens einer weiteren Perspektive neue bzw. andere Einsichten ermöglichen. Der Begriff Kontroversität meint hingegen die Deutung historischer Phänomene durch spätere Betrachter. Mit Multiperspektivität sollen Schüler also darauf aufmerksam gemacht werden, dass bereits Zeitgenossen das von ihnen miterlebte, miterlittene oder mitgestaltete Geschehen unterschiedlich wahrgenommen und bewertet haben. Mit Kontroversität sollen sie überdies erfahren, dass historische Sachverhalte von Nicht-Zeitgenossen späterer Generationen ganz unterschiedlich, also kontrovers gedeutet wurden, und zwar kontrovers im Hinblick auf die ursprünglichen Zeitgenossen, aber auch kontrovers untereinander. Vielleicht verschafft der Ertrag, den Schüler aus der Beschäftigung mit kontroversen Quellen und mit multiperspektivischen Sichtweisen vergangener Wirklichkeit gewinnen, am besten die Erkenntnis, dass „Geschichte" ein Konstrukt ist, dass also das, was wir als Geschichte bezeichnen, Sichtweisen vergangener Wirklichkeit sind und dass wir die vergangene Wirklichkeit selbst nie mehr so wiederherstellen können, „wie sie eigentlich gewesen" ist. Zugleich werden Schüler urteils- und kritikfähig. Diese Erkenntnis sollten sie als Trans-

---

61 Peter Schulz-Hageleit: Der Gegenwartsbezug im Geschichtsunterricht, in: Westermanns Pädagogische Beiträge 10/1977, S. 402.

62 Der Begriff „Multiperspektivität" wurde von Klaus Bergmann in die Geschichtsdidaktik eingeführt; s. hierzu zuletzt Klaus Bergmann: Multiperspektivität. Geschichte selber denken, Schwalbach 2. Aufl. 2008 (zuerst 2000); der Begriff „Kontroversität" im Sinne von Deutung historischer Phänomene durch spätere Betrachter stammt von Bodo von Borries; s. ders.: Geschichte lernen – mit heutigen Schulbüchern? In: GWU 34 (1983), S. 558ff.

ferwissen bis ins Erwachsenenalter bewahren. Sie werden dadurch in die Lage versetzt, mit jener „Geschichte" angemessen umzugehen, mit der sie täglich in ihrer Lebenswelt konfrontiert werden.[63]

4.5. Transfer und Vergleich

Wann immer Lehrer im Geschichtsunterricht sich um Generierung von Transferwissen bemühen bzw. auf Transferwissen zurückgreifen, wird der Vergleich als „Verfahren der Erkenntnisgewinnung" (Hans-Jürgen Pandel) bedeutsam. In der geschichtsdidaktischen Literatur spielt er eigenartigerweise keine große Rolle,[64] obwohl in nahezu jeder Geschichtsstunde „verglichen" wird. Auch im Alltag werden ständig (teilweise sehr krude) Vergleiche von gegenwärtigen Sachverhalten mit älteren gezogen. Ich erinnere mich an die Zeit der Studentenbewegung, als viele besorgte Bürger die „Umtriebe" der Studenten mit für sie vergleichbaren „Umtrieben" in der Frühphase bzw. der Spätphase der Weimarer Republik (beides kam vor) in Beziehung setzten und dabei – das war ja ihre Besorgnis – immer auch das Ende der Weimarer Republik im Auge hatten. An der Beschäftigung mit solchen Vergleichen hätte sich seinerzeit für Schüler und Studenten Transferwissen als brauchbar erweisen können. Andere Vergleiche, die im Geschichtsunterricht ständig vorkommen, setzen etwa lokale mit regionalen, regionale mit nationalen, nationale mit globalen, frühere mit späteren Gegebenheiten und Entwicklungen in Beziehung. Die Lebensverhältnisse sozialer Klassen und Gruppen (Adel-Bauern-Bürger), Kulturen, politische Systeme usw. werden diachron und synchron miteinander verglichen, historische Persönlichkeiten hinsichtlich ihrer Bedeutung einander gegenübergestellt, politische Umbrüche hinsichtlich ihrer Wirkung als Zäsur überprüft. Vergleiche zielen nicht in jedem Fall auf Kontraste oder Gegensätze, auch Ähnlichkeiten werden einander gegenübergestellt. Wer im Geschichtsunterricht solche Vergleiche vornimmt, hofft auf das Vorhandensein von Transferwissen, an das er anknüpfen kann. Ist dies nicht vorhanden und fehlt bei den Schülern ein Mindestmaß an Abstraktionsvermögen, sodass sie nicht in der Lage sind, das den Vergleichsgegenständen jeweils Besondere oder aber das beiden Sachverhalten Gemeinsame zu entdecken, geht der Vergleich ins Leere. Welche Spuren der mittelalterlichen Stadt lassen sich heute noch finden? Wie vollzog

---

63 In Klaus Bergmanns Buch (s. Anm. 62) werden hierzu S. 195ff. zahlreiche unterrichtspraktische Beispiele vorgestellt.

64 S. etwa Riekenberg, Vergleich (wie Anm. 15) S. 269-285; Pandel: Didaktische Darstellungsprinzipien (wie Anm. 22), S. 163f.; bereits früher: Rohlfes (wie Anm. 5), S. 241f.

sich die Nationalstaatsbildung in Deutschland und wie in Italien? Was war beiden Prozessen gemeinsam? Worin unterschieden sich diese Prozesse von jenen etwa in Frankreich oder England? Die Industrielle Revolution in England und in Deutschland – was war beiden gemeinsam? Worin unterschieden sie sich? Der Erste Weltkrieg im Vergleich zu allen früheren Kriegen – was war anders? Gab es einen deutschen Sonderweg? Wie sah dann der europäische Normalweg aus? Vergleiche haben mit Längsschnitten ein gemeinsames Defizit: Man läuft immer Gefahr, dass die zu vergleichenden Sachverhalte isoliert betrachtet, also aus ihrem Kontext herausgelöst werden und dieser verloren geht. Dennoch: Bei der Betrachtung des jeweils anderen Sachverhalts oder der jeweils anderen Person kann auf Transferwissen, das bei der unterrichtlichen Beschäftigung mit dem einen Bezugsgegenstand oder der einen Person des Vergleiches erworben wurde, zurückgegriffen werden.

Im Geschichtsunterricht werden ständig Ereignisse, Personen, Ideen, Zeiten miteinander verglichen und Schüler zum Perspektivenwechsel – das ist eine Form des Vergleichs – aufgefordert. Dennoch wird das Vergleichen kaum je systematisch geübt – genau wie der Transfer, der ja, ohne dass das Eine mit dem Anderen verglichen bzw. in Beziehung gesetzt wird, nicht zustande kommen kann. Möglicherweise liegt dies daran, dass „der Vergleich keine exakte Methode (ist), weil die Regeln darüber, wie er durchgeführt wird, nicht eindeutig sind."[65] Gelegentlich aber kann man sich im Geschichtsunterricht beim Vergleichen bewährter und exakter Methoden durchaus bedienen. Ein Beispiel: Beim Vergleich der (schulischen) Erziehungsziele im Kaiserreich mit jenen der NS-Zeit kann es sinnvoll sein, Schüler entsprechende Abschnitte in Schulbüchern (Fibeln) jener Epochen miteinander vergleichen zu lassen. Dabei können von Schülern Methoden der Schulbuchanalyse (Raumanalyse, Frequenzanalyse, Inhaltsanalyse)[66] verwendet werden, um herauszufinden, was gleich und was anders ist. Das so aufgebaute Transferwissen kann später im Schuljahr dann helfen, die Gründe zu verstehen (im besten Fall sie sogar zu antizipieren), ob bzw. inwieweit es nach 1945 zur Veränderung der Erziehungsziele gekommen ist. Vergleich wie Transfer können nicht dem Zufall überlassen werden, etwa nach der Art, dass Lehrern (manchmal auch Schülern) assoziativ irgend etwas Vergleichbares einfällt und dies dann in die Frage gekleidet wird:

65 Riekenberg (wie Anm. 64), S. 270.
66 Hierzu zusammenfassend: Dietrich Scholle: Schulbuchanalyse, in: Handbuch der Geschichtsdidaktik (wie Anm.), S. 369-375; Peter Meyers: Methoden zur Analyse historisch-politischer Schulbücher, in: Studien zur Methodenproblematik wissenschaftlicher Schulbucharbeit, hrsg. v. E. Horst Schallenberger, Kastellaun 1976, S. 44-73.

„Vergleicht dies mal mit heute". Die Schülerantworten fallen dann entsprechend lapidar aus: „Heute ist es anders" (wahlweise „besser" oder „noch genauso"). Soll aus Vergleichen neues Transferwissen erwachsen oder soll im Vergleich Transferwissen zur Anwendung kommen, müssen die Unterrichtenden schon in der Unterrichtsvorbereitung genau planen, mit welchem Ziel und mit welcher Fragestellung (ggf. auch mit Hilfe welcher Medien) ein Vergleich, der mehr ist als eine bloße Gedankenassoziation oder Mutmaßung, in das Unterrichtsgeschehen eingebaut werden soll.

Diese Bemerkungen sollen auch darauf hinweisen, dass Transfer und Vergleich zwei unterschiedliche Operationen sind:[67] Beim Transfer werden Wissen und Fertigkeiten auf strukturell Ähnliches übertragen, zur Anwendung gebracht und in diesem Prozess gesteigert und ausgebaut. Dabei wird es oft auch zum Vergleich des früher Gelernten mit den neuen Anforderungen und Sachverhalten kommen. Ein solcher Vergleich ist aber nicht in jedem Fall die dazu notwendige Voraussetzung. Um dies an einem Beispiel deutlich zu machen: Nachdem in früheren Unterrichtszusammenhängen einfache Quellen auf einfache Art und Weise interpretiert wurden, werden diese Fertigkeiten später auf anspruchsvollere Quellen übertragen. Die Vergleichbarkeit der Quellen hinsichtlich ihres Anspruchsniveaus muss nicht gesondert thematisiert werden. Dies ist auch dann nicht erforderlich, wenn der Schüler bewusst oder unbewusst die Vorkenntnisse mit den neuen Anforderungen in Beziehung setzen wird und am Ende des neuerlichen Interpretationsvorgangs sein jetzt erreichtes Interpretationsvermögen mit dem früheren vergleichen wird, um sich seiner Lernprogression bewusst zu werden. Dieser Vergleich ist aber nicht entscheidend für das Gelingen des Transfers. Hierfür verantwortlich sind in erster Linie Erinnerungsvermögen und Behaltensleistung des Schülers, und diese sind abhängig davon, wie fest das ursprünglich akkumulierte Transferwissen in seinem Gedächtnis verankert wurde. Deutlich wird der Unterschied zwischen Vergleich und Transfer auch bei ereignis- oder inhaltsbezogenen Transfers. Wenn etwa in der Grundschule Themen wie „Wohnen früher und heute", „Sich Kleiden früher und heute" oder „Schule früher und heute" behandelt werden, kommt es auf das Vergleichen von früheren mit heutigen Lebenssituationen an. Auf Transferwissen, das zu diesem Zeitpunkt bei Schülern ja noch nicht vorhanden bzw. noch nicht grundgelegt worden ist, kann nicht zurückgegriffen werden.

---

67 S. hierzu auch: Riekenberg (wie Anm. 64), S. 271.

5. Akteure des Transfers und Schülerinteresse

Üblicherweise ist der Unterrichtende der Akteur, der den Transfer anbahnt. Auch wenn es von meisten Lehrenden angestrebt wird: Nur in den wenigstens Fällen werden die Schüler von sich aus einen Transfer herstellen. Das ist beim Methodentransfer von geringer Bedeutung, da dieser Transfer ohnehin quasi schleichend vollzogen wird. Denn in dem Maße, wie der Schüler älter wird und über immer mehr Kenntnisse, Einsichten und Fertigkeiten verfügt, ist er auch in der Lage, komplexere Lernmethoden anzuwenden: Die Interpretation von Texten wird tiefgründiger und differenzierter, die Texte selbst können anspruchsvoller sein, und der Schüler wird von sich aus in der Lage sein, Vergleiche herzustellen usw. Ob er sich dabei daran erinnert, dass er einmal in der Grundschule mit der Interpretation eines leichten Textes oder eines gut verständlichen Bildes angefangen hat, erscheint nicht wichtig, und man wird ihn wohl selten darauf hinweisen (müssen), dass er sich jetzt solcher Fertigkeiten bedient, deren Anfangsgründe er früher einmal gelernt hat. Beim Transfer begrifflich-kategorialen Wissens wird manchen Schülern wohl deutlich werden, dass ein jetzt im Unterricht auftauchender wichtiger Begriff oder ein Ereignis bzw. eine ähnliche Ereigniskonstellation bereits früher einmal im Unterricht verhandelt wurden. Bei ereignisbezogenen Transfers und bei einem Transfer des im Geschichtsunterricht Gelernten in die Lebenswelt des Schülers, also dessen Anwendung im Alltag, bedarf es wohl meist eines Impulses und Hinweises des Lehrers, damit der Schüler solche Zusammenhänge erkennt.

Ein Transfer kann als gelungen bezeichnet werden, wenn die Unterrichtenden die zu transferierenden Unterrichtsinhalte so auswählen und präsentieren, dass die Schüler deren Nutzen erkennen. Dies ist oft nicht der Fall, weil es den Lehrenden nicht immer möglich ist, die Interessen der Schüler in Erfahrung zu bringen, sei es, dass Schüler eine gewisse Scheu haben, diese zu artikulieren, sei es, dass sie ihnen (noch) nicht klar geworden sind. Schülerinteressen, die uns im Geschichtsunterricht begegnen, sind meist ephemer, erlahmen oft schnell oder werden durch andere ersetzt. Wenn Schülerinteressen aber so wenig beständig sind und durch äußere Einflüsse leicht verändert werden können, warum soll dann nicht auch der Geschichtsunterricht dazu in der Lage sein, solche zu induzieren, d.h. mit Hilfe des Lernangebots Interesse zu wecken?! Man kann Schülern aber nur dann auch entlegene Unterrichtsinhalte schmackhaft machen, wenn sie erkennen, welchen Nutzen sie daraus für ihr Leben ziehen können. Dabei ist unter Nutzen nicht nur der Verwertungsgesichtspunkt des Gelernten zu verstehen; die Unterrichtsinhalte sollen ihnen auch Spaß machen, Genuss bereiten, Abwechslung bieten und ggf. eine interessante Alternative zu all dem sein, was ihnen sonst in ihrem Alltag angeboten wird.

Von Schülerinteresse ist heute kaum noch die Rede. Heute spricht man von Schülerorientierung oder von Motivation. Die Geschichtsdidaktik hatte sich einst damit beholfen, von objektiven und subjektiven Schülerinteressen zu sprechen, und auch in Richtlinien wurden (und werden) solche objektiven Schülerinteressen antizipiert. In der Vergangenheit antworteten Lehrpläne oft auf Defizite, die man bei einer Gesellschaftsanalyse glaubte festgestellt zu haben. Diese Defizite sollten im Unterricht, auch im Geschichtsunterricht, behoben werden, wobei den Lehrplanmachern als Ziel eine erwünschte zukünftige Gesellschaft vor Augen stand. Hier ist nicht der Ort, über die Ziele zu handeln, die in Richtlinien offen formuliert oder verborgen transportiert werden. Nur so viel sei gesagt: Seit es Richtlinien für den Geschichtsunterricht gibt, enthalten diese implizite und explizite, offene und verdeckte Zielformulierungen. Sie verdeutlichen, was mit dem Geschichtsunterricht im Interesse des Staates und im Interesse der Schüler für die zukünftigen Erwachsenen erreicht werden soll.

Da der Geschichtsunterricht keine antiquarische Veranstaltung ist, in dem Geschichte um ihrer selbst willen vermittelt wird, ihm also immer eine über den Unterricht hinausweisende Perspektive eigen ist, müsste folglich jeder Unterrichtsinhalt daraufhin geprüft werden, was Schüler aus ihm für ihr Leben mitnehmen können. Und diese Gegenwarts- und Zukunftsperspektive des Geschichtsunterrichts sollte nicht nur die vermittelten Unterrichtsinhalte auszeichnen, sondern auch auf die im Geschichtsunterricht in immer komplexerer Form eingeübten Methoden zutreffen. Wenn also Schüler im Geschichtsunterricht nach und nach immer besser gelernt haben, unterschiedliche Quellen zu interpretieren, wird ihnen dies helfen (und ihr Interesse daran verstärken), auch die Alltagsmedien, mit denen sie täglich konfrontiert werden (Zeitungen, Fernsehen), besser zu verstehen und zu durchschauen. Wenn sie im (Geschichts-)Unterricht die besonderen Chancen von Gruppenarbeit in Erfahrung gebracht haben, werden sie später in ihrem beruflichen Alltag darauf zurückgreifen können und zur Teamarbeit, zur Kooperation und zur Kommunikation an ihrem Arbeitsplatz – alles unentbehrliche Qualifikationen eines Berufsanfängers – befähigt sein. Aber all dies ist Schülern in ihrer Schulzeit meist noch nicht einleuchtend, liegt oft noch jenseits ihrer Einsicht.

Subjektive Schülerinteressen sollten immer auch Lerninteressen sein. Allerdings sind „echte" Schülerinteressen nicht immer identisch mit dem, was der Lehrplan für den Geschichtsunterricht vorschreibt. Nur dann, wenn die Schüler an einer Sache interessiert sind, werden sie mit Freude und Ausdauer lernen. Es ist also Aufgabe der Unterrichtenden, den Geschichtsunterricht so zu gestalten, dass Schüler ihre Interessen entdecken bzw. solche mit der Zeit entwickeln. Positive Unterrichtserfahrungen schaffen neue Interessen und generieren Transferwissen.

6. Der Ort des Transfers in der Unterrichtsstunde und in der Unterrichtseinheit

Wenn er gelingen soll, verlangt der Transfer eingehende Planung. Mit ein paar assoziativen Bemerkungen hierzu ist es nicht getan. Sollen Schüler in der Lage sein, die vor allem im Ausland noch heute verbreitete Gleichsetzung von Preußentum und Militarismus mit geeigneten Argumenten zu entkräften, muss der Lehrer dieses Ziel schon dann im Auge haben, wenn etwa die Aufklärung in Deutschland, die Preußischen Reformen der Jahre nach 1806, die Gesellschaft des deutschen Kaiserreichs, der deutsche (militärische) Widerstand gegen Hitler usw. im Unterricht behandelt werden. Wie schwierig dies sein kann, zeigt das weiter unten ausführlicher behandelte Beispiel „Germanen". Als Unterrichtender möchte ich im Unterricht über die Germanen solche transferfähigen Kenntnisse herausarbeiten, auf die noch Schuljahre später zurückgegriffen werden kann, dann nämlich, wenn die völkische Ideologie der Nationalsozialisten und der damit zusammenhängende Germanenkult verhandelt werden. Nun ergibt sich aber dadurch eine gewisse Schwierigkeit, dass Schülerinnen und Schüler noch sehr jung sind, wenn die Germanen im Geschichtsunterricht erstmals „dran" sind (je nach Bundesland verschieden). Strukturelle Einsichten, auf die zurückgegriffen werden kann, wenn im 9. bzw. 10. Schuljahr der Nationalsozialismus behandelt wird, lassen sich schwerlich schon in so frühem Alter gewinnen. Wer dennoch auf solche Einsichten nicht verzichten möchte, muss genau planen, was er seinen sehr jungen Schülern zumuten kann und wie er solche Einsichten anbahnt.

Fast immer werden Transfers ans Ende einer Stunde in die sog. Transferphase gelegt, in der es gewissermaßen um die Nutzanwendung dessen geht, was gerade in der Stunde oder in der Unterrichtseinheit gelernt wurde. Dieses stereotype Vorgehen ist nicht in jedem Fall sinnvoll, denn Transfer ist keinesfalls ausschließlich an eine Unterrichtsphase gekoppelt. Was sich für einen Methodentransfer von selbst versteht, gilt auch für jeden anderen Transfertyp: In jeder Phase des Unterrichts bieten sich Möglichkeiten des Transfers; dieser muss nicht in jedem Fall explizit gemacht werden, sondern vollzieht sich oft beiläufig. Jeder Lehrer kennt das und praktiziert es, etwa wenn er während der Beschäftigung mit einem historischen Sachverhalt beiläufig die Frage stellt: „Und wie ist das heute?" Auch beim Medieneinsatz geschieht dies, ohne dass hier „Methodentransfer" explizit angesprochen wird. Dies ist etwa bei der Beschäftigung mit der 1848er Revolution der Fall: „Dieses Flugblatt erinnert uns daran, dass politische Agitation in revolutionären Zeiten schon früher mit Flugblättern und Flugschriften betrieben wurde" (Anspielung auf den Bauernkrieg oder auf die Französische Revolution). Natürlich wird am Ende einer Unterrichtseinheit das aktuell Gelernte dahingehend überprüft, ob es für einen Transfer in die Gegenwart taugt. Zugleich sollte man ggf. die Schüler auffordern zu überlegen, ob es in der Vergangenheit vergleichbare Konstellationen, Probleme, Entscheidungen, Verhaltensweisen usw. gegeben hat. Dieser retrospektive Transfer stellt den aktuellen Lerngegenstand nicht nur in einen größeren Zusammenhang und macht den Schülern bewusst, dass es sich beim Geschichtslernen nicht um unverbundene Einzelfakten geht; er macht auch deutlich, wie Schüler sich im Fortgang des Lernens in ihrer Kompetenz, Sachverhalte zu erschließen und zu verstehen, verbessert haben.

Beim Besuch sog. historischer Lernorte, also originaler Schauplätzen der Geschichte,[68] aber auch beim Besuch von Museen und Ausstellungen, den sog. außerschulischen Lernorten, können Schüler ihr Transferwissen anwenden und die Sachüberreste zum „Ausgang für das abstrahierende und beziehende Denken"[69] machen. Hier am historischen Ort wie am außerschulischen Lernort lässt sich ein doppelter Transfer realisieren: Das, was im Klassenzimmer gelernt und gefestigt wurde, erfährt jetzt eine Präzisierung, Vertiefung und Erweiterung, manchmal auch eine Emotionalisierung. Nicht immer vermag der Unterricht im Klassenzimmer dies in vergleichbarer Intensität zu leisten. Zugleich wird etwa beim Besuch von Museen und Ausstellungen neues Transferwissen aufgebaut, das beim späteren Besuch anderer Museen und Ausstellungen aktiviert werden kann.[70]

Natürlich gibt es auch fächerübergreifenden Transfer. Wenn im Deutschunterricht Gedichte interpretiert werden, können Kenntnisse aktiviert werden, die bereits bei der Interpretation historischer Quellen

---

68 Ulrich Mayer hat in seinem Aufsatz „Historische Orte als Lernorte" einen Katalog solcher historischer Lernorte zusammengestellt (in: Handbuch Methoden im Geschichtsunterricht [wie Anm. 15], S. 391f.).

69 Hans Glöckel: Geschichtsunterricht, Bad Heilbrunn 1973, S. 218.

70 Vgl. hierzu Maria Würfel: Projektarbeit mit „Herrn Eisele" im LTA [=Landesmuseum für Technik und Arbeit] Mannheim, in: Praxis Geschichte 5/2005, S. 21-25, v.a. S. 24.

erworben wurden. Kartenarbeit, wie sie im Geographieunterricht ständig geübt wird, verhilft zu Fertigkeiten, die auch im Geschichtsunterricht von Nutzen sind. Solche Synergieeffekte bleiben aber nicht auf einen Methodentransfer beschränkt; auch fächerübergreifende Inhaltstransfers sind möglich. Wenn im Deutschunterricht die Literatur des Vormärz behandelt wird, können Schüler das „anwenden", was sie aus der Behandlung derselben Epoche im Geschichtsunterricht behalten haben. In manchen Schulen wird im Deutschunterricht (meist gegen Ende der Sekundarstufe I) Reiner Kunzes Prosaband „Die wunderbaren Jahre" aus dem Jahr 1976 gelesen, in dem der Autor, der damals noch in der DDR lebte, heftig die dort herrschenden Verhältnisse kritisiert. Bei der Beschäftigung mit diesem Werk können Schüler auf Kenntnisse zurückgreifen, die sie meist zeitgleich im Geschichtsunterricht erwerben. Die Werkinterpretation römischer Autoren im Lateinunterricht profitiert von Kenntnissen, die die Schüler im Geschichtsunterricht erworben haben (et vice versa). In jedem Fall, also sowohl bei den genannten Methodentransfers als auch bei den Ereignistransfers, handelt es sich nicht um eine Einbahnstraße vom Geschichtsunterricht zum Deutsch- oder Geographieunterricht. Immer vollzieht sich der Transfer auch in umgekehrter Richtung. Besonders deutlich wird dies etwa bei Transfermöglichkeiten, die der Kunstunterricht bietet: Dort lernen die Schüler üblicherweise die verschiedenen Baustile kennen, die als solche im Geschichtsunterricht nur selten thematisiert werden. Um besser zu verstehen, wie Menschen in der mittelalterlichen Stadt im Schatten ihrer romanischen oder gotischen Kirche, ihres Münsters oder Doms lebten, können Kenntnisse und Einsichten verhelfen, die sie im Kunstunterricht gewonnen haben. Schüler erfahren, dass Barock und Rokoko Kunst- und Baustile des absolutistischen Zeitalters vor der Französischen Revolution gewesen sind.

Auch im Projekt, in dem Schüler weitgehend selbständig arbeiten und selbst gewählte Themen erforschen, bedienen sie sich des Transfers. In ihren Beiträgen zum Schülerwettbewerb Deutsche Geschichte um den Preis des Bundespräsidenten (jetzt: Geschichtswettbewerb des Bundespräsidenten) haben sie dies vielfach nachgewiesen. Sie verfeinern ihre Methodenkenntnisse; sie entdecken Zusammenhänge (Übereinstimmungen und Widersprüche) zwischen der allgemeinen Geschichte und der Geschichte ihrer Region und ihrer Kommune usw.

Eine Art Alltagstransfer stellt die Anwendung von Ereigniswissen bzw. von Methodenfertigkeiten bei der Lösung von Hausaufgaben oder in Tests dar. Oft erschöpfen sich die Hausaufgaben und Test aber in der schlichten Reproduktion dessen, was im Unterricht gelernt wurde.

Sinnvoller wäre es sicherlich, weiterführende Aufgaben zu stellen, die den Schülern die „Anwendungsqualität" des Gelernten vor Augen führen. Um ein Beispiel zu nennen: Nachdem im Unterricht die Merkmale einer mittelalterlichen Stadt (Mauern, Türme, Tore usw.) bekannt gemacht wurden, könnte die Hausaufgabe darin bestehen, Gebäude(reste) in der eigenen Stadt festzustellen, die vermuten lassen, dass sie aus dem Mittelalter stammen (Gründe für die Vermutung angeben!); sie könnten nachprüfen, in welchem Erhaltungszustand sich diese Bauwerke befinden, welche Funktion sie heute haben, ob sie erhalten oder gegebenenfalls restauriert werden sollten, welche (emotionale, touristische usw.) Bedeutung sie für die gegenwärtigen Bewohner haben usw.

Die genannten Transfers funktionieren aber nur dann (und dies gilt grundsätzlich für alle Unterrichtsfächer), wenn sie regelmäßig im Unterricht geübt werden, wenn Schülerinnen und Schüler also wissen, dass sie bei der Behandlung neuer Unterrichtsinhalte früher erworbene Kenntnisse und Fertigkeiten aktivieren sollen.

7. Transfer in anderen Fächern

Wie bereits mehrfach angedeutet, werden in den Didaktiken und unterrichtspraktischen Schriften der meisten anderen Unterrichtsfächer ebenfalls Überlegungen zum Transfer angestellt. Es ist hier nicht der Ort, ausführlich über das zu berichten, was in anderen Fächern geschieht. Auf ein interessantes Transfer-Experiment sei dennoch hingewiesen. Wenn ein Theaterregisseur ein klassisches Stück für heutige Zuschauer attraktiver und verständlicher machen will, löst er den Stoff aus seiner ursprünglichen Zeit und transferiert ihn – oft zum Missfallen des Theaterpublikums – in die Gegenwart. Ähnliches kann im Deutschunterricht gemacht werden, wie ein im Internet publiziertes Beispiel aus dem Deutschunterricht der 8. Klasse der Realschule Bad Wurzach dokumentiert.[71] Ausgangspunkt ist das Fontane-Gedicht „Die Brück' am Tay", genauer gesagt, der Zeitungsbericht, der Theodor Fontane zu seiner Geister-Ballade inspiriert hat. Der intendierte Transfer, nämlich die Abfassung eines Zeitungsberichts durch die Schüler, in dem Fontanes Gedicht in unsere Zeit verlegt wird, setzt dessen genaue Kenntnis voraus. „Die Umstände, welche die Handlung einer Erzählung aus

---

71 Das Beispiel findet sich im Internet unter: *http://www.krapp-gutknecht.de/ Produkte/Balladen/Ballade-Baenkellied-Moritate/BSP_Ballade-Einsatzmoeglichkeiten.pdf* (26.2.2008); dort auch die nachstehenden Zitate und weitere Beispiele, wie das für die schriftliche Realschul-Abschlussprüfung in Baden-Württemberg vorgesehene Thema „Produktiver Umgang mit Texten" realisiert werden könnte.

früherer Zeit beeinflussen, die Charaktere der Handelnden sowie deren Motive des Handelns müssen klar sein, bevor ich entscheiden kann, was heute gleich bzw. vergleichbar, ähnlich oder anders ist. Diese Arbeit schärft den Blick für das Veränderliche und für das Zeitlose in der Literatur, macht den Blick frei für ‚das ewig Menschliche‘ wie auch das für das vom Zeitgeist diktierte. Einen Transfer herzustellen schafft somit Transparenz für das Wesentliche, das Wichtige." Im Internet ist unter der Überschrift „Zugkatastrophe – Mindestens 103 Tote nach Brückeneinsturz" der von einem Schüler geschriebene Zeitungsbericht zu lesen, wie er aussehen könnte, wenn das in der Fontane-Ballade beschriebene Brücken-Unglück in Schottland heute passieren würde. Hierzu schreibt (wohl) der Lehrer: „Eine Neuerzählung – also der Transfer eines Erzähl-Gedichtes, einer Ballade, einer Moritat in eine Prosaerzählung, welche sich in unserer Zeit abspielt, hat den Vorteil der Identifikation mit den Vorgängen und den Figuren als Ich-Erzähler oder als auktorialer Erzähler. Die Schüler müssen sich also in die Figuren und in die Handlung hineinversetzen, merken unter Umständen schnell, was sie anders erzählen wollen oder müssen."

Könnte dieses m.E. gelungene Transferbeispiel Vorbild für vergleichbare Vorhaben im Geschichtsunterricht sein? Hier kann man Ereignisse der Vergangenheit nicht in die Gegenwart holen, um dann damit experimentell umzugehen. Um deutlich zu machen, was ich meine: Man kann zwar die Verhandlungen auf der Versailler Friedenskonferenz nach dem Ersten Weltkrieg oder die Beziehungen zwischen einem mittelalterlichen Grundherrn und einem hörigen Bauern in einem Rollenspiel zur Darstellung bringen, aber man kann weder die Ergebnisse, wie sie im Versailler Vertrag festgeschrieben wurden, noch die Rechtsverhältnisse, wie sie zwischen Grundherrn und hörigem Bauer im Mittelalter bestanden, verändern. Der Geschichtsunterricht ist nun mal kein Wunschkonzert, sondern hat es mit Fakten zu tun, die die Geschichtswissenschaft ermittelt, diskutiert und in aller Regel im Konsens festgestellt hat. Ex post an diesen Fakten etwas zu ändern, ist nicht möglich. Wie historische Ereignisse durch die Schüler in Berichtsform dargestellt werden können, zeigen das oben beschriebene Balladen-Beispiel und das Beispiel des Sturms auf die Bastille (S. 19).

Auch dürfte unbestritten sein, dass es im Unterricht oft, wenngleich meist ungeplant, zu horizontalem Transfer kommt. Wenn im Deutschunterricht ein Gedicht interpretiert wird, dann kann sich dies positiv auf die Interpretationskompetenz der Schüler auswirken: Der Geschichtsunterricht würde hiervon zweifellos profitieren. Ähnliches gilt für den Kunstunterricht: Wenn dort das Interpretieren von Bildern geübt wird, dürfte sich dies positiv auf die Fähigkeit der Schüler auswirken, Bilder, wie sie sich in großer Zahl in den Geschichtslehrbüchern finden, zu interpretieren. Es versteht sich von selbst, dass die Bildinterpretation im Geschichtsunterricht auch solche Sachverhalte zu erfassen versucht, die im Kunstunterricht keine oder nur eine geringe Rolle spielen. Weitere Beispiele – etwa aus dem Geographieunterricht (Kartenarbeit) oder Religionsunterricht – ließen sich leicht ergänzen.

8. Transfer und Geschichtspolitik

Schüler wie Erwachsene sind in ihrem Alltag von „Geschichte" umstellt. Der öffentliche Gebrauch und Verbrauch von Geschichte ist enorm. Geschichtsdeutungen und Geschichtsbilder in differenzierter Form, aber auch auf Stammtischniveau, begegnen ihnen täglich.

Einige Beispiele:
1. Viele Menschen, möglicherweise auch einige Schüler, haben die Sendung „Johannes B. Kerner" am 9. Oktober 2007 gesehen, in der der Moderator Kerner die Fernsehjournalistin und Buchautorin Eva Herman über einige ihrer Äußerungen zum Mutterbild der Nationalsozialisten und zu Hitlers Autobahnen befragte. Eva Herman: „Und wir müssen vor allem das Bild der Mutter in Deutschland auch wieder wertschätzen lernen, das leider ja mit dem Nationalsozialismus und der darauf folgenden 68er-Bewegung abgeschafft wurde. Mit den 68er wurde damals praktisch alles das, alles, was wir an Werten hatten, – es war 'ne grausame Zeit, das war ein völlig durchgeknallter, hochgefährlicher Politiker [Eva Herman meint Adolf Hitler, G.S.], der das deutsche Volk ins Verderben geführt hat, das wissen wir alle, – aber es ist damals eben auch das, was gut war, und das sind Werte, das sind Kinder, das sind Mütter, das sind Familien, das ist Zusammenhalt – das wurde abgeschafft. Es durfte nichts mehr stehen bleiben [...]"[72] Ein weiteres (angebliches) Zitat, wonach Eva Herman in der Kerner-Talkshow gesagt haben soll, „wenn man nicht über Familienwerte der Nazis reden dürfe, könne man auch nicht über die Autobahnen sprechen, die damals gebaut wurden", darf von der Deutschen-Presse-Agentur (dpa) nicht mehr verbreitet werden.
2. Anlässlich des Festgottesdienstes zur Einweihung des neuen Kölner Kunstmuseums Kolumba sagte Kardinal Meisner am 14. Juli

---

72 Eva Herman äußerte dies am 6. September 2007 in Berlin im Anschluss an die Vorstellung ihres Buches „Das Prinzip Arche Noah".

2007 im Kölner Dom: „Dort, wo die Kultur von der Gottesvereh-
rung abgekoppelt wird, erstarrt der Kultus im Ritualismus und die
Kultur entartet. Sie verliert ihre Mitte." Diese Wortwahl, die viele
Menschen an den NS-Begriff „Entartete Kunst" erinnerte, löste in
der Öffentlichkeit heftige und deutliche Kritik aus.

3. Guido Knopp, Autor zeithistorischer Bücher und Chef der größ-
ten Geschichtsredaktion Deutschlands und damit verantwortlich
für mittlerweile zahllose Fernsehdokumentationen vor allem zur
NS-Zeit, verglich den amerikanischen Schauspieler Tom Cruise,
der in einem Spielfilm den Hitler-Attentäter Graff Stauffenberg
verkörpert, mit Goebbels, dem Propagandachef des NS-Reiches,
und erinnerte in diesem Zusammenhang an Goebbels' Agitations-
rede im Berliner Sportpalast vom 18. Februar 1943 („Wollt ihr den
totalen Krieg...?").

4. In der Hannoverschen Allgemeinen Zeitung erschien im Februar
2008 unter der Überschrift „Straße nach Antisemiten benannt"
ein Artikel,[73] der über eine Debatte im Rat der Stadt Hannover in-
formierte. Worum ging es dabei? „Darf eine hannoversche Straße
nach einem Nationalsozialisten oder Rassisten benannt werden?
Diese Frage stellt sich inzwischen für drei Straßen im Stadtgebiet:
Die Lettow-Vorbeck-Allee in Badenstedt trägt den Namen eines
Generals, der 1906 einen Herero-Aufstand in Deutsch-Ostafrika
brutal niederschlug. Die Elkartallee in der Südstadt geht auf den
Stadtbaurat Karl Elkart zurück, dem vorgeworfen wird, während
der Nazizeit den Einsatz von Zwangsarbeitern organisiert und jüdischen Besitz konfisziert zu haben. Jetzt ist auch die Treitschkestraße
zum Stein des Anstoßes geworden. ‚Die Juden sind unser Unglück'
– dieser berüchtigte antisemitische Ausspruch geht auf den Histo-
riker Heinrich von Treitschke zurück, Namensgeber einer kleinen
Straße in Hainholz. [...] Mit der Namensgebung der Hainhölzer
Straße hatten die Nationalsozialisten 1938 einen ihrer geistigen
Wegbereiter geehrt. Treitschke hatte 1879 einen Aufsatz veröffentlicht, in dem er die Rassen-Ideologie der Nazis vorwegnahm. ‚Wir
wollen nicht, dass auf die Jahrtausende germanischer Gesittung ein
Zeitalter jüdischer Mischkultur folge', schrieb er. Als Fazit seiner

---

73 Hannoversche Allgemeine Zeitung Nr. 47 vom 25.2.2008; Badenstedt und
    Hainholz sind Stadtteile von Hannover. – Seit 2002/2003 streitet man in Ber-
    lin-Steglitz wegen der Umbenennung der dortigen Treitschkestraße (s. ver-
    schiedene Presseerklärungen der Aktion Sühnezeichen/Friedensdienste; ferner
    Berichte in verschiedenen Berliner Tageszeitungen im März 2007); im März
    2008 wurde in der Bezirksverordnetenversammlung entschieden, den Namen
    beizubehalten. Treitschke-Straßen gibt es in mehreren deutschen Städten.

Ausführungen formulierte Treitschke den Satz, der später zu einem Motto der nationalsozialistischen Propaganda wurde. Schon ab 1927 stand die Parole in großen Lettern auf jeder Titelseite des nationalsozialistischen Hetzblattes ‚Der Stürmer'. […]"

Die Beispiele zeigen: Wer immer dies will, kann sich der „Geschichte" bedienen: er kann sich damit munitionieren, um in Diskussionen über die scheinbar besseren Argumente zu verfügen; er kann Unwahrheiten oder Fehler[74] berichtigen und damit bewusst oder unbewusst gegen das verstoßen, was die Geschichtswissenschaft zweifelsfrei festgestellt hat bzw. was man gemeinhin als „political correctness" zu bezeichnen pflegt. Heute lebende Menschen können mit historischen Persönlichkeiten verglichen werden ohne jede Rücksicht auf Plausibilität. Historisch eindeutig konnotierte Begriffe werden in polemischer Absicht in aktuelle Diskussionen eingeführt. Natürlich weiß Kardinal Meisner, was er sagt, wenn er den belasteten Begriff „entartet" verwendet. Und wenn viele Menschen an diesem provozierenden Wortgebrauch im Zusammenhang mit Kultur heftig Kritik üben, dann dürfte der Kardinal dies sicher einkalkuliert haben. Was aber fangen Schüler damit an, was Erwachsene, die die Konnotation dieses Begriffes nicht kennen? Man bedient sich der Geschichte, um seiner Argumentation mehr Zuspitzung, mehr Gewicht zu verleihen. Politiker tun dies in ihren Reden, aber auch non-personale Institutionen wie etwa historische Ausstellungen „argumentieren" mit Geschichte. Selbst in der Werbung wird „Geschichte" verwendet, aber nicht jedes Produkt wird auf so elegante, wenngleich problematische Weise „historisch" beworben, wie dies in den manufactum-Katalogen geschieht.[75] Auf dem in seiner Vielfalt kaum noch zu überschauenden „Geschichtsmarkt"[76] – im Fernsehen, in den Printmedien, in Ausstellungen, aber auch im Kontext von Stadtjubiläen – wird mit Geschichte ein großes Publikum erreicht. Dessen Interesse lässt auf Bedürfnisse schließen, deren Ursachen wir nur erahnen können. Wie sollte da der Geschichtsunterricht, mit dem ja ein

---

74 Eine kleine Korrektur zu dem auszugsweise zitierten Zeitungsartikel: Lettow-Vorbeck war zwar an der Niederschlagung des Herero-Aufstandes beteiligt; dieser fand aber in Deutsch-Südwestafrika statt. In Deutsch-Ostafrika war Lettow-Vorbeck während des Ersten Weltkriegs Kommandeur der Schutztruppe und konnte Teile dieser Kolonie bis 1917 gegen große feindliche Übermacht halten.

75 S. hierzu Gerhard Schneider: Geschichte in der Werbung – „manufactum" als Beispiel, in: Vadim Oswalt/Hans-Jürgen Pandel (Hrsg.): Geschichtskultur. Die Anwesenheit von Vergangenheit in der Gegenwart, Schwalbach/Ts. 2009; dort ist auch die ältere Literatur zu diesem Thema nachgewiesen.

76 S. hierzu Dieter Langewiesche: Geschichtsschreibung und Geschichtsmarkt in Deutschland, in: Ders.: Zeitwende (wie Anm. 28), S. 9-17.

regelmäßiger Zugriff auf spätere Konsumenten von Geschichte möglich ist, hierauf nicht reagieren?! Und zwar sollte sich diese Bezugnahme nicht in jammernder Kritik erschöpfen,[77] dass in der oder jener Fernsehsendung oder bei dem oder jenem historischen Umzug etwas falsch präsentiert wurde oder dass irgendjemand Geschichte für seine Zwecke funktionalisiert habe. So sinnvoll die Behandlung solcher Fragen auch ist, ebenso sinnvoll wäre es, wenn in Geschichtsstunden jenseits dessen, was der Lehrplan gerade vorschreibt, zeitnah zu den Sendungen im Fernsehen oder zu Kontroversen, wie sie gerade in der Öffentlichkeit diskutiert werden, Bezug genommen werden könnte,[78] und zwar nicht nur, um „Fehler" oder Ungereimtheiten anzusprechen, sondern um Schüler (und damit zukünftige Erwachsene) im öffentlichen Umgang mit Geschichte fit zu machen. Dabei könnten dann auch solche Tatsachen angesprochen werden, die sonst nie im Geschichtsunterricht „drankommen", also etwa: Was bewegt Menschen, sich in ihrer Freizeit mit Geschichte zu beschäftigen? Welche ihrer Bedürfnisse werden befriedigt, wenn sie sich im Fernsehen eine Geschichtssendung (und zwar nicht nur solche zur Zeitgeschichte) ansehen?

Zu Beginn des Jahres 2008 habe ich in einem Seminar für Erst- und Zweitsemester die Frage gestellt, wer mit folgenden öffentlichen Kontroversen etwas anfangen könne: 1945: Zusammenbruch oder Befreiung (diskutiert seit 1985), Historikerstreit (1986/87), Streit um die Wehrmachtsausstellung (1995–1999), Goldhagen-Debatte (1996/97), Walser-Rede in der Paulskirche (1998), Hohmann-Rede zum Tag der Deutschen Einheit (2003), Diskussion um das Holocaust-Mahnmal in Berlin (nach langer Debatte im Mai 2005 eingeweiht). Das Ergebnis – wohlgemerkt: die Befragten waren Studierende des Faches Geschichte – war niederschmetternd. Mehrere der genannten Kontroversen waren gänzlich unbekannt. Über die kontroverse Einschätzung des Kriegsendes 1945 waren bei einigen Studierenden Kenntnisse vorhanden. Nach Rückfrage stellte sich heraus, dass bei der Behandlung des Zweiten Weltkriegs dieses Thema im Unterricht angesprochen worden war, einige von ihnen konnten sich erinnern, dass ihnen die Weizsäcker-Rede aus dem Jahr 1985 als Quellentext vorgelegen habe. Diese Umfrage unter den ca. fünfzig Seminarteilnehmern ist natürlich keinesfalls re-

---

77 Besonders „beliebt" und verbreitet ist Kritik an den Sendungen von Guido Knopp; gibt man bei Google „Guido Knopp Kritik" ein, erhält man Zehntausende von Treffern.

78 Vgl. hierzu auch Gerhard Schneider: Neue Inhalte für ein altes Unterrichtsfach. Überlegungen zu einem alternativen Curriculum Geschichte in der Sekundarstufe I, in: Neue geschichtsdidaktische Positionen, hrsg. v. Marko Demantowsky und Bernd Schönemann, Bochum 2002, S. 119-141.

präsentativ; und zu berücksichtigen ist auch, dass die Studierenden – im Durchschnitt 21 Jahre alt – zum Zeitpunkt, da diese Kontroversen die öffentlichen Medien beschäftigten, noch nicht geboren oder noch sehr jung waren (Ausnahme: Hohmann-Rede). Ein Indiz liefert das Ergebnis der Umfrage aber doch: Im Geschichtsunterricht hat man es versäumt, die Schüler mit solchen Kontroversen zu konfrontieren, die die Öffentlichkeit bewegen/erregen.

Die Schüler sollten in ihr Erwachsenenleben als Transferwissen nicht nur Geschichtskenntnisse mitnehmen; sie sollten auch über anwendbares Methodenwissen verfügen, um offensichtliche Manipulationen, wie sie etwa in TV-Geschichtsdokumentationen vorkommen, zu durchschauen.[79]

9. Der Ertrag von Transfers

Der Transfer im Geschichtsunterricht ist Teil eines nicht zufälligen, sondern methodisch geplanten Lernvorgangs. Er steht in enger Beziehung zu anderen Prinzipien des Geschichtslernens wie dem Gegenwartsbezug, dem Vergleich, der Handlungsorientierung, der Wiederholung u.a. Es ist eine Binsenweisheit, dass ein Transfer nur dann funktionieren kann, wenn ein Lerngegenstand bei der Erstbegegnung fest in den Köpfen der Schüler verankert bzw. eine Lernmethode sicher eingeübt wurde. Je allgemeiner oder – besser gesagt – je kategorialer ein Unterrichtsergebnis gefasst und mit Anschauung versehen wird, umso eher kann es in späteren Unterrichtszusammenhängen wieder aktiviert und mit neuen Details ergänzt werden. Dies vollzieht sich in einem langsamen und notwendig geplanten Prozess. Sicher wird man Schüler in der Grundschule nur mit einfachen Quellen konfrontieren und diese auf einfache Weise interpretieren. Grundeinsichten sollten aber schon hier erworben und im Fortgang des Unterrichts immer weiter differenziert werden (progressive Differenzierung). „Dort, wo etwas nicht sehr solide gelernt und eingeübt worden ist, gibt es nichts zu transferieren!"[80] Nur das Wissen und die Fertigkeiten, die dem Schüler zum dauerhaften Besitz werden, können später bei Bedarf auch wieder abgerufen werden. Allerdings sollte die neue Lernsituation, der neue Lerngegenstand oder die neuen Lernschritte für den Schüler erkennbar Ähnlichkeit mit der ursprünglichen Lernsituation, dem ursprünglichen Lerngegenstand und

---

79 Man hat solche Manipulationen Guido Knopp vorgeworfen, der in seine Filmquellen Elemente montiert hat (etwa eine Hand, die ein Dokument unterschreibt), die im historischen Ausgangsmaterial nicht vorhanden waren.
80 Krapp/Weidenmann (wie Anm. 8), S. 196.

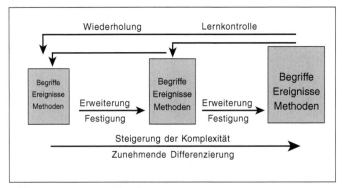

Abb. 1: Der Ertrag von Transfers

den ursprünglichen Lernschritten aufweisen. Immer wieder kommt es vor, dass Schüler in späteren oder anderen Lernzusammenhängen nicht wissen, welche Möglichkeiten des Transfers von Wissen aus älteren Lernzusammenhängen sie anwenden könnten, weil sie den Zusammenhang bzw. die Analogie(n) und Ähnlichkeit(en) zwischen dem bereits früher Gelerntem und dem neuen Lerngegenstand oder zwischen dem Ausgangsproblem und dem neuen Problem nicht entdecken. Meist liegt dies daran, dass es im Geschichtsunterricht versäumt wird, diejenigen Ergebnisse einer Unterrichtseinheit oder -stunde zu fixieren, die als Transferwissen bei der Beschäftigung mit anderen Lerngegenständen wieder aktiviert werden sollen. Hinweise nach der Art „Das, was wir hier an der Tafel (im Heft, auf dem Arbeitspapier) festgehalten haben, werden wir später wieder gebrauchen können" helfen meist nicht weiter, weil ein solcher Hinweis ohne Anknüpfung an einen historischen Inhalt in die Leere geht.

Verfügen Schüler über Transferwissen, und sei es noch so rudimentär, werden sie manchen Unterrichtsgegenstand eher interessant finden als in solchen Fällen, in denen der Unterrichtsgegenstand gänzlich fremd und beim Schüler keine Assoziation auslöst. Den Schülern bleibt dann alles, was im Geschichtsunterricht gelernt wird, fremd, ein Einzelfaktum, ohne Bindung zu anderen Inhalten. Solche zahllosen Einzelfakten können nicht dauerhaft behalten werden. Transferwissen hilft mit, Zusammenhänge herzustellen, die kaum ein Schüler von sich aus herzustellen in der Lage ist. Dies wird aber dann möglich, wenn der Schüler im Zuge einer Transferleistung das entdeckt, was Peter Schulz-Hageleit[81] in einem

---

81 Peter Schulz-Hageleit: Grundzüge geschichtlichen und geschichtsdidaktischen Denkens, Frankfurt/M. u.a. 2002, S. 44ff.

ganz anderen Kontext als Resonanz, als „Widerhall eines Ereignisses oder Strukturzusammenhanges" bezeichnet hat.

Zwar wird manchmal behauptet, dass das Fremde einen besonderen Reiz auf Schüler ausübe. In aller Regel ist dieses Fremde aber nie absolut fremd. Wenn Schüler das Fremde als interessant empfinden, setzen sie es mit ihrem vagen Vorverständnis in Beziehung. Jeder Lehrer hat dies im Laufe seiner Tätigkeit vielfach erfahren, etwa wenn im Geschichtsunterricht die frühen Hochkulturen behandelt werden. Von Pyramiden haben Schüler in den meisten Fällen keine substantiellen Kenntnisse, sie haben davon aber schon gehört oder haben Abbildungen von ihnen gesehen. Eine gewisse vage Vorstellung ist in ihren Köpfen. Jetzt wollen sie es genauer wissen. Wenn die 1848er Revolution im Geschichtsunterricht Thema ist, könnten sich Schüler deshalb dafür interessieren, weil sie wissen wollen, ob diese Revolution genau so viele Opfer forderte und genau so blutig war wie die Französische Revolution von 1789. Möglicherweise hatten sie auch davon gehört, dass es in ihrer Gemeinde im Jahr 1848 eine kleine Revolte eines Teils der Bevölkerung gegeben hat. Schüler wissen, dass in ihrer Klasse Protestanten, Katholiken und auch Muslime sitzen. Wenigstens die protestantischen Kinder werden den Namen Luther bereits gehört haben. Wenn sie in der 9. Hauptschul- oder der 10. Realschulklasse die Nachkriegsgeschichte behandeln, wissen die Schüler etwa aus der Familienüberlieferung, dass es damals in Mitteleuropa eine riesige Bevölkerungsbewegung gegeben hat und dass ihre Vorfahren möglicherweise Teil dieses Flüchtlingsstromes gewesen sind. Eignen sie sich in Geschichtsstunden, in denen diese Themen behandelt werden, Transferwissen an, können sie damit dauerhaft Dinge (sich und anderen) erklären, von denen sie zuvor nur schemenhafte Vorstellungen hatten. Dabei ist Transfer kein ausschließlich kognitiver Prozess. Schüler, die sich für Geschichte interessieren, bauen Transferwissen vermutlich dauerhafter auf als solche, die Geschichte nicht mögen. Auch wenn es kein Trost ist: Dies gilt mutatis mutandis natürlich für alle Fächer und ist kein Spezifikum des Geschichtsunterrichts. Allerdings: Wir wissen zu wenig (jedenfalls nichts Sicheres) über das, was in den Köpfen der Schüler an historischen Kenntnissen vorhanden ist, über dessen Quantität, wie es entstanden ist, wie dies wirkt, wie sie es verwenden usw.

In einem seinerzeit grundlegenden Kompendium pädagogischer Forschung heißt es zum Ertrag des Transfers: „Das Prinzip der Übungsübertragung [gemeint ist Transfer, G.S.] spielt nicht zuletzt bei der Diskussion um die Gestaltung schulischer Lernprozesse eine wichtige Rolle, zielt doch der Unterricht im allgemeinen darauf ab, dem Schüler durch die Auswahl des Stoffes und die Art seiner Darbietung Wissen zu vermitteln, das über den behandelten Gegenstand hinausreicht. Wenn man von formaler Bildung spricht, setzt man diesen psychologischen Transfermechanismus voraus und vertraut seiner umfassenden Wirkung. Dabei sind unsere Kenntnisse seiner Funktion in komplexeren Bereichen des Wissenserwerbs noch so gering, daß man zur Zeit keineswegs in der Lage ist, mit einiger Sicherheit vorherzusagen, welche Art schulischer Lernaufgaben spätere Lernprozesse erleichtern wird."[82] Unsere Kenntnisse über den Ertrag und die Wirkung von Transfers sind seit dieser Zeit nicht wesentlich größer geworden. Speziell für den Geschichtsunterricht liegen keine Erkenntnisse vor, die auf entsprechenden Messungen einer möglichst großen Probanden-Zahl beruhen würden. Nach wie vor beruhen Äußerungen hierzu auf „gefühlten" Erkenntnissen und Eindrücken, wie sie von Lehrenden gelegentlich geäußert werden: „Ich bin ziemlich sicher, dass meinen Schülern heute etwas aufgegangen ist, was sie ihr Leben lang nicht vergessen werden." Lehrer selbst können solche Annahmen aus nahe liegenden Gründen nicht überprüfen, denn üblicherweise verlieren sie ihre Schüler oft schon nach einem Schuljahr bzw. nach Beendigung der Schule aus den Augen. Möglicherweise wird die auch in unserem Fach gerade intensiv angelaufene Diskussion um Kompetenzen hier neue, weiterführende Ergebnisse bringen.

Die Schwierigkeit, etwas über den Ertrag von Transfers auszusagen, liegt auch daran, dass – anders als etwa beim Experiment – die späteren Lernarrangements nie mit den früheren deckungsgleich sind und auch die Schüler Einflüssen von außen unterliegen, die in späteren Lernsituationen hemmend wie fördernd zur Wirkung kommen können. Diese Unwägsamkeiten haben zur Folge, dass der Lehrer nahezu in jedem Fall davon ausgehen muss, dass er beim vermeintlich umstandslosen Rückgriff auf älteres Vergleichswissen bei den Schülern auf Unverständnis stößt. Erst mehr oder weniger ausführliche (und zeitraubende) Erläuterungen bewirken, dass Schüler sich an Vorwissen erinnern, das der Lehrer als sicher verankert geglaubt hatte. Auch wenn dieses unerfreuliche Phänomen Lehrern tagtäglich begegnet, sollen sie sich nicht davon abhalten lassen, auf Transfermöglichkeiten hinzuweisen und solche zu praktizieren! Sicher zu sein scheint indes, dass sich Schüler nur an solche älteren Lernerträge erinnern, die sich aus irgendeinem Grund in ihr Gedächtnis eingeprägt haben. Das kann daran liegen, dass Schüler mit einem Begriff, einer Person oder einem Ereignis ein persönliches Interesse verbinden, dass sie bei deren ersten Auftauchen besonders betroffen waren, oder

---

82 Klaus Foppa: Lernen und Lerntheorien, in: Handbuch pädagogischer Grundbegriffe, hrsg. v. Josef Speck und Gerhard Wehle, Bd. II, München 1970, S.49.

dass sie seit der ersten Beschäftigung mit ihnen in ihrem Alltag deren „Nutzen" oder deren Bedeutung erkannt haben.

Die Ursachen für das Behalten wie für das Verlernen und Vergessen bleiben weitgehend Vermutungen. Zudem – ebenfalls eine altbekannte Tatsache – ist es ja meistens nicht so, dass alle Schüler alles vergessen bzw. verlernen. Fast immer wird der eine oder andere Schüler sich an früher erfahrene Sachverhalte und an früher eingeübte Methoden erinnern. Von einem für alle Schüler immer gleichen Ertrag des Gelernten auszugehen, wäre töricht. Tatsache ist jedoch, dass das Verlernen und Vergessen abgeschwächt, die Stabilität des Behaltens also gestärkt wird, wenn mit Hilfe von Transfers alte Wissensbestände immer wieder in Erinnerung gerufen werden. Insofern tritt das Abrufen von Transferwissen an die Stelle von Wiederholungen und Wiederholungsstunden, wie sie früher einmal üblich waren, heute aber mit guten Gründen aufgegeben wurden.[83] Gerade die Unterschiedlichkeit in der individuellen Behaltensleistung macht es so schwer, den Erfolg eines für eine bestimmte Unterrichtssequenz eingeplanten Transfers vorauszusetzen. Lehrerflexibilität ist gefordert, denn situativ kann sich im Unterricht immer etwas anderes einstellen als das, was der Lehrer geplant hatte. „Geplantes Lehrerverhalten" und „erwartetes Schülerverhalten" – in Unterrichtsentwürfen von Referendaren gängige Rubriken – sollten nicht mehr sein als Anhaltspunkte, die je nach eintretender Unterrichtssituation modifiziert werden. Dies gilt auch für die modischeren Begriffe „Schülerhandlungen" oder „Schülertätigkeiten". Optimismus muss sein, aber die Zuversicht des Lehrers, von einer vorausschauenden Planbarkeit dessen ausgehen zu können, was im Unterricht geschehen kann und auf was dort aufgebaut werden könnte, dürfte im Schulalltag oft erschüttert werden.

Etwas anders verhält es sich bei Methodentransfers und beim Transfer begrifflich-kategorialen Wissens. Hier können die Unterrichtenden im Fortgang ihres Geschichtsunterrichts immer wieder von neuem feststellen, ob bzw. in welchem Umfang bei späteren Unterrichtsvorhaben auf früher erworbenes Wissen und auf bereits eingeübte Fertigkeiten aufgebaut werden kann.

---

83 Die noch jüngst von Waldemar Grosch vorgeschlagene Art und Weise der mündlichen Wiederholung halte ich für entbehrlich. Das immer wieder an sinnvollen Unterrichtsinhalten praktizierte Aktivieren von Transferwissen erscheint mir eine zeitgemäßere Form der Wiederholung; s. Waldemar Grosch: Evaluation, Lernkontrolle und Leistungsbeurteilung, in: Geschichtsdidaktik. Praxishandbuch für die Sekundarstufe I und II (wie Anm. 55), S.215. Vgl. aber ders.: Üben, Hausaufgaben, Wiederholen, in: Handbuch Methoden im Geschichtsunterricht (wie Anm. 15), S. 686-701.

10. Bestehende Defizite

So sehr in geschichtsdidaktischen Veröffentlichungen immer wieder ein Transfer, wenn schon nicht in jeder Unterrichtsstunde, so doch in jeder Unterrichtseinheit, gefordert wird, so offensichtlich ist das fast vollständige Fehlen praktischer Beispiele, wie etwa die zu transferierenden Kenntnisse usw. aussehen könnten und wie sich dieses Transferieren bewerkstelligen lasse. Selbst bei solchen Autoren, die sehr genaue Vorstellungen von Unterricht haben, bleiben die konkreten Beispiele für Transfers recht allgemein. Bei Wolfgang Hug, der Transfer als „Vollzug von Analogieleistungen" versteht, sollen Schüler demnach „zur Festigung einer Information oder Erkenntnis diese auf analoge Fälle anwenden" können, also „Hitlers Machtergreifung" z.B. mit derjenigen der italienischen Faschisten vergleichen, dabei Gelerntes reproduzieren und in Beziehung zu einem anderen Lernobjekt bringen. Sie können auch bei der Erläuterung von Begriffen oder systematischen Zusammenhängen Beispiele suchen und dabei die Analogie zwischen Begriff bzw. Prinzip und konkretem Fall aufzeigen." Zum Methodentransfer schreibt Hug weiter: „Wenn Schüler z.B. eine mittelalterliche Miniatur untersucht und interpretiert haben, können sie die gleichen Fragen, Beobachtungsaspekte und Analyseschritte auf andere Beispiele der Buchmalerei des Mittelalters anwenden und das Gelernte in der Übertragung festigen."[84] Bei Joachim Rohlfes finden sich ebenfalls ein paar praktische Beispiele, wobei er die Integration des Gelernten „in mehr systematische Zusammenhänge" für anspruchsvoller hält als den eher problemlos zu organisierenden Methodentransfer; so könnte „die Proklamation des uneingeschränkten U-Boot-Krieges 1917 als Markstein auf dem Weg der USA in den Ersten Weltkrieg" angesehen, „die Reichsverfassung von 1849 innerhalb der Geschichte der Menschenrechtskodifizierung" betrachtet und schließlich „die Pariser Kommune als Verwirklichung des Rätegedankens" betrachtet werden.[85] An anderer Stelle nennt Rohlfes ein Beispiel für Methodentransfer: „Wer eine Thukydides-Stelle ideologiekritisch untersucht hat, muß dies auch in bezug auf einen Ranke-Text können; wer sich mit dem Westfälischen Frieden beschäftigt hat, soll in der Lage sein, das dabei erworbene Wissen etwa für eine Betrachtung des Wiener Kongresses zu aktivieren."[86]

Auch in unterrichtspraktischen Schriften zum Geschichtsunterricht ist dem Thema „Transfer" bisher nur wenig Beachtung geschenkt

---

84 Wolfgang Hug: Geschichtsunterricht in der Praxis der Sekundarstufe I. Befragungen, Analysen und Perspektiven, Frankfurt u.a. 1977, S. 117.

85 Rohlfes (wie Anm. 5), S. 231.

86 Ebd., S. 359.

worden. Dies trifft auch auf die unterrichtspraktischen Zeitschriften „Geschichte lernen", „Praxis Geschichte" und „Geschichte betrifft uns" zu, wo Hinweise auf Transfers kaum Erwähnung finden. Sie erschöpfen sich meist darin, dass in den Rubriken „Hinweise zum Unterricht" (Geschichte lernen) oder „Das Thema im Unterricht" (Praxis Geschichte) unter „Zusammenfassung" oder am Ende der Vorschläge ein Auftrag formuliert wird, der auf „Anwendung" der in dem betreffenden Artikel vermittelten Kenntnisse abzielt. Einige Beispiele: Ein Beitrag befasst sich mit dem Gedenken an Albert Leo Schlageter in der Zeit der Weimarer Republik – Schlageter war als Freikorpskämpfer während der Ruhrbesetzung an Sabotageakten beteiligt und danach von einem französischen Militärgericht zum Tode verurteilt und hingerichtet worden. In diesem Beitrag lauten die beiden Arbeitsaufträge für den Schluss der Stunde: „Formuliert einen kurzen Eintrag für ein Lexikon, in dem die wichtigsten Informationen über Albert Leo Schlageter enthalten sind" und „Diskutiert, wie man in Zukunft mit dem Gedenken an Schlageter umgehen sollte. Wie beurteilt ihr in diesem Zusammenhang die Rolle der vorhandenen Denkmäler?"[87] In einem anderen Beitrag, in dem es um die Lebensführung im antiken Athen geht, sollen die in der Beschäftigung mit dem Thema gewonnenen Erkenntnisse mit dem „heutzutage zumindest in Mitteleuropa weitgehend gesicherten Angebot an Lebensmitteln" verglichen werden. Und weiter heißt es dort: „Wenn Schülerinnen und Schüler die Lebensverhältnisse der Armen und Bettler in Athen kennenlernen, können sie ihre Vorstellungen über Armut in der eigenen Lebenswelt überprüfen". Die Arbeitsaufträge sind entsprechend formuliert: „Vergleicht die Lebensumstände der Bettler, der Armen und der Reichen in Athen. Vergleicht sie auch mit unseren gesellschaftlichen Verhältnissen heute." Und: „Beschreibt die Verhaltensweisen von Käufern und Verkäufern und vergleicht sie mit heutigen Verhältnissen."[88] Von ähnlichem Zuschnitt sind die Arbeitsaufträge in einem Beitrag zum altgriechischen Münzwesen. Dort heißt es: „Erläutert die Funktionen, die die Bilder auf Münzen heute erfüllen. Stellt Vergleiche zwischen heutigen und den griechischen Münzen an. Entwerft eine Münze, die eure Heimatstadt prägen lassen könnte."[89] Diese Vorschläge sind gut gemeint, aber sie erschöpfen sich in einem bloßen Vergleich, über dessen Sinnhaftigkeit man streiten kann. Denn

---

87 Elke Fleiter: „Held des Vaterlandes". Albert Leo Schlageter und das Gedenken an ihn, in: Geschichte lernen Heft 77 (2000), S. 20.

88 Jörg Spielvogel: Lebensunterhalt und Versorgung der Bürger Athens, in: Geschichte lernen Heft 75 (2000), S. 25.

89 Martin Biastoch: Mythos und Münze. Die Polis und das Geld, in: Geschichte lernen Heft 75 (2000), S. 35.

solche Arbeitsaufgaben lassen nicht erkennen, warum die Schüler denn die Armut in der Antike mit unserer heutigen Armut, eine antike Münze mit heutigen Münzen vergleichen sollen, wo doch etwa die Armut, die infolge der Industriellen Revolution im 19. Jahrhundert entstand, oder Kurant- oder Gedenkmünzen des Kaiserreichs den heutigen Gegebenheiten sehr viel näher als die Münzen aus der Antike sind.

Auch wenn die impliziten Hinweise auf Transferwissen nicht weiter ausgearbeitet werden, ist der Artikel über das Hambacher Fest von 1832 in der Zeitschrift „Praxis Geschichte"[90] ein gelungenes Beispiel dafür, wie Transferwissen aktiviert werden kann. Der Verfasser deutet zumindest an, bei welchen später im Geschichtsunterricht zu behandelnden Themen Wissen, das im Zusammenhang mit dem Hambacher Fest erworben wurde, abgerufen werden kann. Er charakterisiert das Hambacher Fest als „Etappe auf dem Weg zur Revolution von 1848/1849"; zugleich sei es ein „wichtiger Wegstein der beiden deutschen Republiken von 1919 und 1949, die nach ihren historischen Wurzeln suchen." Auch die (allerdings sprachlich etwas verunglückte) Zielformulierung macht deutlich, wie wichtig dem Autor die Vermittlung solcher Kenntnisse über das Hambacher Fest ist, die Schülern auch in ihrem Alltag von Nutzen sein könnten. „Die Schülerinnen und Schüler sollen die Umstände und Ziele des Hambacher Festes und seine historische Rolle für die Märzrevolution erschließen.

In einem weiteren Schritt können sie sich mit der Erinnerungskultur und der Rezeption des Festes auseinandersetzen." In den „Hinweisen für den Unterricht" macht der Autor deutlich, wie das am Thema „Hambacher Fest" gewonnene Wissen in späteren Unterrichtszusammenhängen „immer wieder abgerufen werden" kann. „Das Wissen um die Suche nach politischen Ausdrucksformen in Ausnahmesituationen" – die Zeitgenossen haben 1832 das harmlos erscheinende Fest als eine solche Ausdrucksform gewählt – versetzt die Schüler in die Lage, etwa die Vereine besser zu verstehen, die die politische Arbeiterschaft in der Zeit des Sozialistengesetzes (nach 1878) als unverdächtiges Forum ihrer Zusammengehörigkeit wählten. Schließlich empfiehlt der Autor, das Hambacher Fest im Unterricht nicht als isoliertes Ereignis des Jahres 1832 zu behandeln, sondern auch darüber nachzudenken, „unter welchen Intentionen die Erinnerung an das Hambacher Fest in der Folgezeit wachgehalten bzw. wann und mit welchen Motiven dieses aus der kollektiven Erinnerung zu verdrängen versucht wurde."

Es geht also um „erinnerungskulturelle Kompetenz", und hierzu ist

---

90 Ralph Erbar: Sperriger Gedächtnisort. Das Hambacher Fest von 1832, in: Praxis Geschichte 3/2006, S.16-20 (dort auch die nachfolgenden Zitate).

Transferwissen notwendig. Wie sonst sollte ein Schüler bzw. ein Erwachsener ermessen können, was der ehemalige Bundespräsident Scheel in seiner Festrede zur 150-Jahrfeier 1982 zum Ausdruck brachte, was die Bundespost im selben Jahr mit einer Gedenkbriefmarke zum selben Anlass bezweckte und diese ausdrücklich unter dem Signet „Europamarke" erscheinen ließ,[91] und schließlich, wie all die Feierlichkeiten zum Jubiläum im Jahr 2007 einzuschätzen sind.

Der Transfer zwischen dem einmal Gelernten und dem später hinzukommenden Stoff oder gar das schnelle Erfassen einer Situation außerhalb der Schule, in der das im Unterricht Gelernte angewendet bzw. verwendet werden kann, verläuft sicherlich komplizierter, als wir uns dies gemeinhin vorstellen. Tatsächlich wissen wir fast gar nichts über das, was von Schülern aus dem im Geschichtsunterricht Gelernten in ihrer Lebenswelt genutzt und benutzt wird, und wie sie dies tun. Es dürfte allerdings feststehen, dass erst dann von einem gelungenen Transfer gesprochen werden kann, wenn historische Kenntnisse und Erkenntnisse nicht nur in neuen Lernsituationen abgerufen werden, sondern auch im Alltagsleben der Schüler (und späteren Erwachsenen) eine Rolle spielen.

---

91 Ein Auszug aus der Rede Scheels und eine Abbildung der Briefmarke sind in dem in der vorstehenden Anmerkung zitierten Aufsatz (S. 20) wiedergegeben. Eine Gedenkbriefmarke erschien auch aus Anlass der 175jährigen Wiederkehr des Hambacher Festes im Jahr 2007. Der Text auf dem Markenheftchen lautet: „Am 27. Mai 1832 kamen in der Pfalz etwa 30.000 demokratische, liberale und republikanische Bürger aus allen Bevölkerungsschichten zu einer Kundgebung zusammen, die als ‚Hambacher Fest' in die Geschichte einging. Mit Fahnen in den heutigen National-Farben Schwarz-Rot-Gold zogen sie von Neustadt an der Weinstraße zum Hambacher Schloss. Hauptforderungen waren die nationale Einheit sowie grundrechtlich gesicherte Freiheits- und politische Bürgerrechte. Das Hambacher Fest gilt als eine der Geburtsstunden der Demokratie in Deutschland." S. hierzu auch das unten ausgeführte Beispiel einer Gedenkbriefmarke zur Goldenen Bulle (s. S. 168 ff.). Es wäre interessant zu erfahren, was ein Briefmarkenkäufer mit dieser komplexen historischen Unterweisung anfängt – falls er diesen Text auf dem Markenheftchen überhaupt wahrnimmt.

II. Praktischer Teil – Beispiele

1. Methodentransfer

Transferleistungen werden nicht nur auf dem Feld historischen Wissens, sondern auch auf dem Feld der Lern- und Sozialformen sowie der Unterrichtsmethoden erbracht. Das heißt konkret: Methodische Fähigkeiten, also einmal eingeübte Praktiken des Gruppenunterrichts, der Partnerarbeit, der Quelleninterpretation, des Rollenspiels, der Ideologiekritik, des Lesens einer Graphik oder einer historischen Karte usw. können bei der Behandlung jedes neuen Unterrichtsinhaltes meist ohne Probleme abgerufen werden. Die Schüler wissen, um ein Beispiel zu nennen, worauf es bei der Interpretation einer Quelle ankommt und wie die Quelleninterpretation am besten abzulaufen hat.[92] Dabei sollte allerdings darauf geachtet werden, dass die schon vorhandenen methodischen Fertigkeiten der Schülerinnen und Schüler durch deren neuerlichen Gebrauch nicht nur wieder in Erinnerung gerufen und damit gefestigt, sondern ggf. auch modifiziert und erweitert werden.

1.1. Quelleninterpretation

a) Textquellen

Schriftliche Quellen sind neben dem Schulbuch das wichtigste Medium des Geschichtsunterrichts. Für Hans-Jürgen Pandel, der die neueste Monographie zum Thema Quellen im Geschichtsunterricht vorgelegt hat, sind Quellen (nicht nur die schriftlichen) „Kern- und Bezugspunkt, um den herum sich Unterricht gruppiert".[93] Dies war, wie ein Blick in die Geschichte des Geschichtsunterrichts zeigt,[94] nicht immer so. Lange Zeit wurde mit Verweis auf die Entwicklungspsychologie behauptet, Quellen seien von Schülern erst ab einem bestimmten Lebensalter sinnvoll nutzbar. Dies hatte zur Konsequenz, dass Quellen im Geschichtsunterricht der Volks- und Realschulen kaum eingesetzt wur-

---

92 Vgl. hierzu das Rohlfes-Zitat, oben, Anm. 5.
93 Hans-Jürgen Pandel: Quelleninterpretation. Die schriftliche Quelle im Geschichtsunterricht, Schwalbach/Ts. 3. Aufl. 2006, S. 125.
94 Vgl. Gerhard Schneider: Zur Geschichte der Quellenbesetzung im Geschichtsunterricht, in: Ders. (Hrsg.): Die Quelle im Geschichtsunterricht, Donauwörth 1975, S. 9-57.

den. Die Geschichtserzählung alter Art[95] war dort das vorherrschende Medium. Dies änderte sich in den Jahren ab etwa 1970 grundlegend. Die Gründe für diesen Paradigmawechsel können hier nicht referiert werden. So viel ist aber festzuhalten: Trotz einiger Kontroversen[96] sind Quellen „als zentrales Element im Geschichtsunterricht akzeptiert."[97] Man kann daher nicht früh genug damit beginnen, „Quellen" im Geschichtsunterricht zu verwenden. Wenn ich hier „Quellen" in Anführungsstriche setze, so geschieht dies, weil es natürlich ein Unterschied ist, ob ich Quellen im Sachunterricht der Grundschule oder auf der gymnasialen Oberstufe einsetzen möchte. Der Lehrer muss wissen, welchen Schwierigkeitsgrad er seinen Schülern zumuten kann. Viel zu selten werden Quellen in dem Zustand im Unterricht verwendet, wie sie von der Fachwissenschaft aus Archiven gehoben wurden. In sicher mehr als neunzig von hundert Fällen sind sie „bearbeitet", d.h. zunächst einmal, dass sie nur ganz selten als Originale in den Unterricht gebracht werden (können). Fast immer sind sie in unsere Schrift transkribiert, übersetzt, mehr oder weniger stark gekürzt, mit Erläuterungen versehen, partiell ergänzt usw.

Dies ist in der Regel richtig und nützlich, weil Quellen sonst von Schülern nicht oder nur nach zeitraubenden Vorarbeiten benutzt werden können, sei es, dass Schüler, falls die Quelle eine Handschrift ist, die „deutsche Schrift" nicht lesen können, sei es, dass sie etwa bei älteren Zeitungen an der Frakturschrift scheitern, sei es, dass sie ohne Erläuterungen den Zusammenhang, aus dem die Quelle stammt, nicht kennen – ganz zu schweigen davon, dass der oft schlechte Erhaltungszustand eines Originals oder sein Wert es verbietet, dieses Dokument anderswo als im Archiv in die Hand zu nehmen.[98] In nicht wenigen Fällen sind Quellen als Originale auch gar nicht mehr verfügbar, weil sie durch irgendwelche Katastrophen verloren gegangen sind und wir nur noch über ältere Abschriften verfügen.

---

95 Vgl. Gerhard Schneider: Geschichtserzählung, in: Handbuch der Geschichtsdidaktik, hrsg. v. Klaus Bergmann u.a., 5. Aufl. Seelze-Velber 1997, S. 434-440.

96 S. etwa Gerhard Schoebe: Quellen, Quellen, Quellen… Polemik gegen ein verbreitetes Unterrichtskonzept, in: GWU 34 (1983), S. 298-317; Margarete Dörr: Quellen, Quellen, Quellen – und die Alternative? In. Ebd., S. 318-329; Joachim Rohlfes: Und noch einmal: Quellen, in: Ebd., S. 330-344.

97 Pandel, Quelleninterpretation (wie Anm. 93), S. 125; dort, S. 126f., auch die „Sieben Gründe für Quelleninterpretation".

98 Das heißt nicht, dass es bei der unterrichtlichen Beschäftigung mit bestimmten Themen nicht sinnvoll sein könnte, mit Schülern ein Archiv aufzusuchen. Bei einem Lokalprojekt mag dies sogar unumgänglich sein, um dort Originalquellen einzusehen; s. hierzu Thomas Lange: Archivarbeit, in: Handbuch Methoden im Geschichtsunterricht (wie Anm. 15), S. 446-460; Thomas Lange/ Thomas Lux: Historisches Lernen im Archiv, Schwalbach/Ts. 2004.

Bei der Interpretation von Textquellen werden sich bereits schon beim ersten Versuch ganz bestimmte Fragen ergeben, die bei jeder nachfolgenden Quelleninterpretation in identischer oder doch annähernd identischer Form immer wieder gestellt werden. Wird die Art und Weise, wie Quellen im Unterricht zu interpretieren sind, bereits bei der Erstbegegnung mit ihnen sicher eingeprägt, kann bei späteren Interpretationen darauf aufgebaut und Zeit eingespart werden. Eine Regelabfolge, nach der Quellen sinnvoll erschlossen werden können, erleichtert die Arbeit mit ihnen. Solche Fragenkataloge sind transferierbar. Es ist denkbar, sie im Klassenzimmer als Plakat aufzuhängen, um den Schülern auf diese Weise für eine längere Zeit die Schritte sinnvoller Quelleninterpretation vor Augen zu führen.

Interpretationsmodelle

Von den älteren Interpretationsmodellen hat das bereits in den 1970er Jahren veröffentlichte Modell von Wolfgang Hug wohl die weiteste Verbreitung und auch allgemeine Akzeptanz gefunden.

„1. Paraphrase: Was ist aus der Quelle zu erfahren? (Inhaltsangabe)
Aus welchen Teilen besteht sie? (Gliederung)
Was ist ihr Thema? (Überschrift)

Inhaltsanalyse: Was ist der Kern des Textes?
Was wird im Text behauptet oder widerlegt?
Welche Teilaspekte sind behandelt?

Begriffsanalyse: Welche Begriffe kommen mehrfach vor?
Welches sind die Schlüsselbegriffe?
Welchen Sinn gibt der Text diesen Begriffen?

Sachkritik: Enthält der Quellentext in sich Widersprüche?
Was konnte der Verfasser der Quelle wissen, was nicht?
Inwieweit ist der Text glaubwürdig?

Ideologiekritik: Wann, von wem und für wen ist der Text verfaßt worden?
Welchem Zweck sollte er (vermutlich) dienen?
Welchen Standort nimmt der Verfasser ein?"[99]

---

99 Hug (Anm. 84), S. 150; weitere Beispiele für Interpretationsschritte finden sich bei Gerhard Schneider: Die Arbeit mit schriftlichen Quellen, in: Handbuch Medien im Geschichtsunterricht, Schwalbach/Ts. 4. Aufl. 2007, S. 23ff., 26; ferner: Pandel, Quelleninterpretation (Anm. 93), S. 174ff., der weitere ältere Interpretationsmodelle von Rudolf Renz und Herbert Prokasky vorstellt; s.a. das Themenheft „Arbeit mit Textquellen" (= Geschichte lernen, Heft 46/1995).

Hans-Jürgen Pandel hat jüngst sein „schülerorientiertes Modell" der Quelleninterpretation vorgelegt. In Ergänzung zu den älteren Modellen, deren Wert Pandel durchaus anerkennt, konzentriert sich sein Modell „nicht ausschließlich auf den geschriebenen Text, sondern bezieht den gegenwärtigen Interpretationsprozeß mit ein."[100] Wie wichtig dieser Aspekt ist, verdeutlicht die schlichte Erkenntnis, dass es ein gewaltiger Unterschied ist, „ob eine antisemitische Quelle des 19. Jahrhunderts zur Zeit des Nationalsozialismus oder heute interpretiert wird."[101] Pandel schlägt folgende „Interpretationsregeln" vor:

„1. DIE HISTORISCHE FRAGE
- Leseabsicht festlegen: Was wollen wir wissen: autorenzentrierte, textzentrierte oder wirkungszentrierte Leseabsicht?
- Für welchen Zusammenhang suchen wir eine Antwort?

2. HEURISTIK
- Quellen suchen (z.B. bei Projektarbeit)
- Quellengattung feststellen und bewusst machen, welche Art von Aussagen zu erwarten sind
- Verstehenshilfen bereitstellen und nutzen (editorische Aufbereitung zur Kenntnis nehmen, Register des Buches; Wörterbücher, Historische Lexika etc.)
- Untersuchungseinheiten festlegen (worauf im Text zu achten ist: Begriffe, Emotionswörter, Wertungen, Topoi etc.)

3. KRITIK
- Handelt es sich um eine authentische Quelle?
- Überlieferungsweise feststellen (Manuskript, Druckfassung, Übersetzung, Zitat)
- Abfassungszeit mit der Zeit der berichteten Ereignisse vergleichen (was ist dazwischen geschehen?)
- Bestimmung des historischen Erfahrungs- und Handlungszusammenhangs

4. INTERPRETATION IM ENGEREN SINNE
- Den eigenen Standort und die eigene Perspektive beschreiben (zeitlich, räumlich, sozial etc.)

---

100 Pandel, Quelleninterpretation (wie Anm. 93), S. 180; dort auch die nachstehend zitierten Interpretationsregeln. Vgl. im übrigen auch ders.: Quelleninterpretation, in: Handbuch Methoden im Geschichtsunterricht (wie Anm. 15), S. 152-171
101 Pandel, Quelleninterpretation (wie Anm. 93), S. 181.

- Berücksichtigung des Wirkungszusammenhangs:
  a) Beim ersten Durchgang sind Wissen aus späterer Zeit und Kenntnisse des Fortganges nicht zugelassen
  b) Beim zweiten Durchgang späteres Wissen einbeziehen
- Übersetzende, analysierende, ideologiekritische Interpretation
- Handlungszusammenhänge herstellen
- Bedingungen für das Handeln benennen
- Motivationszusammenhänge des Schreibers ausfindig machen
- Sein Weltbild rekonstruieren
- Ideologietopographien (=ideologisch besetzte Begriffe) zu Rate ziehen;
- Unverzichtbar: eine kleine Geschichte aus Anfang, Mittelteil und Schluss erzählen (narrativieren)".

Natürlich wird man nicht bei der ersten Begegnung mit Textquellen versuchen, sogleich alle diese Fragen abzuarbeiten. Vielmehr wird es bei jüngeren Schülern, die erstmals eine Quelle interpretieren sollen, zunächst darum gehen, zu erläutern, was eine historische Quelle überhaupt ist, dann ferner einige Grundfragen an eine einfache Quelle zu richten, um so überhaupt einen Zugang zu ihr zu gewinnen. Erst nach und nach sollen die Schüler merken, dass man die in einer Quelle enthaltenen Informationen umso intensiver und umfassender ausschöpfen kann, je mehr Fragen man an eine Quelle zu stellen weiß. Bereits beim ersten Versuch einer Quelleninterpretation sollen die Schüler aber darauf hingewiesen werden, dass man Hilfsmittel wie Lexika und Sachwörterbücher heranziehen kann, um sich Informationen über Personen, Orte und Begriffe zu verschaffen, die in der betreffenden Quelle erwähnt werden. Später kann dann zusätzlich auf die Sekundärliteratur und auf das Internet als wichtige Hilfsmittel zur Vertiefung der Interpretation aufmerksam gemacht werden.

Stufung der Quelleninterpretation[102]
„Stufung" meint die allmähliche Steigerung des Informationsgehaltes und des Schwierigkeitsgrades der Quellen und ein stetige Steigerung der Fähigkeit, diese zu interpretieren. Auf jeder späteren Stufe soll das, was auf einer früheren Stufe gelernt wurde, abgerufen werden können. Auch wenn dies im Folgenden nicht eigens erwähnt wird, sind Fragen einer früheren Stufe oft auch auf der höheren Stufe sinnvoll und angemessen.

---

102 Vgl. hierzu auch Pandel, Quelleninterpretation (wie Anm. 93), S. 188ff., der drei Schwierigkeitsebenen der Quelleninterpretation beschreibt.

I. In der Grundschule

1. Eine einfache Quelle auswählen! „Einfach" meint: Die Quelle soll nicht sehr umfangreich sein und sprachlich wie inhaltlich nur geringe Schwierigkeiten aufweisen.

2. Es empfiehlt sich solche Quellen auszuwählen, die ein Ereignis schildern oder einen Sachverhalt ansprechen, der den Schülern die Möglichkeit eröffnet, ihn mit eigenen lebensweltlichen Erfahrungen in Beziehung zu setzen.

3. Solche Quellen sollen den Schülern in erster Linie den Erwerb von Kenntnissen über Vergangenes ermöglichen. Leitfragen könnten sein: Was geschah? Wer handelt? Wie ist etwas abgelaufen? Was meinst Du dazu? Welche Unterschiede zu heute fallen Dir auf?

II. In der Sekundarstufe I

1. Die Quellen werden länger und, was den Inhalt angeht, komplexer. Immer häufiger sollen Quellen im Volltext, also ohne Kürzungen, vorgelegt werden. Auch ein Vergleich zwischen zwei Quellen soll jetzt geübt werden.

2. Schüler sollen versuchen, die Quelle zu datieren.

3. Welche Absicht wird mit der Quelle verfolgt?

4. Versetze Dich in die Situation des oder der Handelnden. Wie ist die Haltung/die getroffene Entscheidung, über die die Quelle Auskunft gibt, zu beurteilen?

III. Am Ende der Sekundarstufe I und in der Sekundarstufe II[103]

1. Quellen können jetzt, wenn dies dem Erkenntnisgewinn dient, auch in der Originalsprache vorgelegt werden, wobei dies sowohl fremdsprachige Texte (englisch/französisch) meint als auch deutsche Texte in der Orthographie und Syntax früherer Jahrhunderte.

2. Welche Beziehungen zu anderen (älteren) Ereignissen und Sachverhalten werden in der Quelle implizit oder explizit hergestellt?

3. Welche Konsequenzen hat das, was in der Quelle angesprochen wird, für die Zukunft?

4. Entspricht das, was der Autor der Quelle berichtet, seinem tatsächlichen Kenntnisstand oder verschweigt er uns sein Mehrwissen?

5. Die Schüler können die Quellengattung des ihnen vorgelegten Textes benennen und wissen auch über deren besonderen Quellenwert Bescheid. Sie wissen, was sie an Informationen erwarten können,

---

103 Quellen für diese Schulstufen (dazu mit interpretierenden Essays) sind enthalten in: Gerhard Schneider (Hrsg.): Meine Quelle. Ein Lesebuch zur deutschen Geschichte des 19. und 20. Jahrhunderts, Schwalbach/Ts. 2008.

wenn sie etwa einen Vertragstext lesen, und dass ein privater Brief, ein autobiographischer Text (z.B. ein Tagebuch) demgegenüber andere Informationen liefert.

Die nachstehende Quelle (Abb. 2) kann schon in der Grundschule eingesetzt werden. An ihr können Grundkenntnisse der Quelleninterpretation gewonnen werden. Da es sich hier um eine faksimilierte Quelle handelt, die Quelle also in ihrem originalen Erscheinungsbild präsentiert wird, müssen die Schülerinnen und Schüler zunächst das Lesen der für sie ungewöhnlichen Schrift erlernen. Diese Fertigkeit sollte ein für allemal eingeübt werden, um sie bei späteren Interpretationen und bei der Lektüre älterer Bücher, die noch in dieser Schrift gedruckt sind, aktivieren zu können.

Beispiele für einfache Quellen

Klassen:	Knaben: I.	II.	Mädchen: I.	II.
Lehrgegenstände.	**Stundenzahl.**			
Religion	6	6	6	4
Lesen	4	10	4	8
Deutsche Sprache und Rechtschreiben	6	—	2	—
Schönschreiben	4	4	4	2
Rechnen	4	4	4	3
Formenlehre	2	—	—	—
Welt- und Vaterlandskunde	4	—	2	—
Gesang	2	2	2	1
Weibliche Handarbeiten	—	—	8	8

Abb. 2: Wochen-Lektionsplan für eine 4-klassige Kommunal-Armenschule in Berlin 1827

Erläuterungen:
Die römischen Zahlen I. und II. unter den Wörtern „Knaben" und „Mädchen" zeigen an, dass die Klassen 1 bis 4 (= I.) und 5 bis 8 (= II.) jeweils gemeinsam unterrichtet wurden.
Die Dauer einer Unterrichtsstunde betrug damals 60 Minuten.
Es wurde an sechs Tagen in der Woche unterrichtet.

Aus: Hilfe Schule: Ein Bilder-Lese-Buch über Schule und Alltag. Von der Armenschule zur Gesamtschule, 1827 bis heute, hrsg. v. einer Arbeitsgruppe Pädagogisches Museum, Berlin 1981, S. 30.

Gegenüber dieser Quelle hat die Folgende einen komplizierteren Aufbau. Es wurde bewusst ein vergleichbarer Inhalt (=Stundentafel) gewählt, damit es den Schülern leichter fällt, an dieser etwas komplexeren Quelle ihre vorher erworbenen Kenntnisse anzuwenden und zu vertiefen.

Gruppen[2]	Montag.	Dienstag.	Mittwoch.	Donnerstag.	Freitag.	Sonnabend.
1.	I. Gſch. d.R.G.[3] II.} Schriftliche III.} Uebung.	I. Religion. II.} Schriftliche III.} Uebung.	I. Bibelleſen. II.} Zeichnen. III.}	I. Gſch. d.R.G. II.} Schriftliche III.} Uebung.	I. Religion. II.} Schriftliche III.} Uebung.	I. Bibelleſen. II.} Zeichnen. III.}
2.	I. Schriftl. Ueb. II.} ½ Bibl. Gſch. III.} ½ Leſen u. Gſch.	I. Schriftl. Ueb. II.} ½ Bibl. Gſch. III.} ½ Leſen u. Gſch.	I. Schriftl. Ueb. II.} ½ Anſchauung III.} ½ Leſen u. Gſch.	I. Schriftl. Ueb. II.} ½ Bibl. Gſch. III.} ½ Leſen u. Gſch.	I. Schriftl. Ueb. II.} ½ Bibl. Gſch. III.} ½ Leſen u. Gſch.	I. Schriftl. Ueb. II.} ½ Anſchauung III.} ½ Leſen u. Gſch.
3.	I. II. III. Rechnen.	I. II. III. Rechnen.	I. II. III. Rechnen.	I. II. III. Rechnen.	I. II. III. Rechnen.	I. II.} Geſang.
4.	I. Leſen u. Spr. II.} Schriftliche III.} Uebung.	I. Weltkunde.[5] II.} Schriftliche III.} Uebung.	I. Schriftl. Ueb. II.} ½ Anſchauung III.} ½ Leſen u. Gſch.	I. Leſen u. Spr. II.} Schriftliche III.} Uebung.	I. Zeichnen. II.} Leſen u. Spr. III.} Schriftl. Ueb.	Handarbeiten
5.	I. Zeichnen. II.} ½ Anſchauung[4] III.} ½ Leſen u. Gſch.	I. Schriftl. Ueb. II.} Sprüche und III.} Lieder.[6]	Handarbeiten[8]	I. Schriftl. Ueb. II.} ½ Anſchauung III.} ½ Leſen u. Gſch.	I. II. III. Rechnen.	
6.	I. Schriftl. Ueb. II. Leſen u. Spr. III. Schriftl. Ueb.	I. II. III. Turnen.[7]	I. II. Rechnen.	I. Weltkunde. II.} Schriftliche III.} Uebung.	I. II. III. Turnen.	

1 Unmittelbar heißt, dass von drei Gruppen in einem Klassenzimmer (z. B. Gruppe I = 1.–3. Schuljahr, Gruppe II = 4.–6. Schuljahr, Gruppe III = 7.–8. Schuljahr) jeweils eine direkt vom Lehrer unterrichtet wurde. Die beiden anderen Gruppen wurden dann mit schriftlichen Aufgaben still beschäftigt.

2 Stunden zu je 60 Minuten: 1–3 vormittags, 4–6 nachmittags

3 Geschichte des Reiches Gottes = Biblische Geschichte sowie Kirchen- und allgemeine Geschichte

4 vorbereitender Sprach- und Weltkundeunterricht

5 Grundkenntnisse in Geschichte, Geographie, Biologie, Physik, Chemie und Technologie

6 Bibelsprüche und Kirchenlieder

7 Turnen für Jungen

8 Handarbeiten für Mädchen

Abb. 3: Aus den Grundlinien für die Lehrpläne der evangelischen Volks-schulen des Herzogtums Oldenburg vom 20. Juni 1859 (gültig bis 1905)

Aus: Sammlungen der Gesetze, Verordnungen und Bekanntmachungen etc., welche das evangelische Volksschulwesen des Herzogtums Olden-burg betreffen, hrsg. v. F. Lahrssen, 5. Aufl., Oldenburg 1901, S. 99; zit. nach Geschichtsbuch 3, Neue Ausgabe, hrsg. v. Hilke Günther-Arndt und Jürgen Kocka, Berlin 1997, S. 104.

Beispiel für eine anspruchsvolle Textquelle
Um die nachstehend zitierte Textquelle in ihrer ganzen Tragweite interpretieren zu können, müssen Schülerinnen und Schüler über eingehende Methodenkenntnisse und zugleich über gründliches Wissen aus früheren Geschichtsstunden verfügen.

Was der Weltkrieg der Zukunft des deutschen Volkes bedeutet, das schon jetzt, da wir noch im heißen Waffengang stehen, voll zu übersehen, ist nicht wohl möglich. Eines aber läßt sich schon gegenwärtig unerschütterlich feststellen: Bei allem unsäglichen Leid und Elend, das er dem E i n z e l n e n auferlegt, hat der Krieg Erscheinungen gezeitigt, Werte an den Tag gebracht, die für die Entwicklung des V o l k s g a n z e n von höchster Bedeutung sind, Werte, die neben düsterem Unglück wie lichter Gewinn stehen, die uns das Schwere leichter tragen lassen und die, wenn wir auf die Zukunft unserer Entwicklung sehen, uns Glück verheißende Zeichen einer innerlich gesunden, kraftvollen Fortentwicklung unseres Staatslebens sind.

Die Verwöhnung eines fast vierundvierzigjährigen Friedens, die Epoche eines unvergleichlichen wirtschaftlichen Aufschwungs und Wohlstandes in allen Volksschichten, sind auf die Lebensauffassung und Lebenshaltung unseres Volkes nicht ohne nachhaltigen Einfluß geblieben; sie haben uns mehr und mehr in die materialistische Richtung abgedrängt, haben zur Verflachung des Geistes- und Gemütslebens, zu starker Betonung des Genusses und des eigenen Ich, zur Überbewertung des Individuums und der Sonderinteressen, zu rücksichtslosem Sichausleben, zur Gleichgültigkeit und Kälte gegen den Mitmenschen und zu politischen und sozialen Spaltungen tiefer Art geführt.

Von dem, was uns band, hat uns der Krieg mit einem Schlage befreit. Auf den Ruf des Vaterlandes sehen wir hoch und niedrig in freudiger Selbstverleugnung zu den Fahnen eilen; Eigensucht und Eigennutz sind abgestreift, der Einzelne wächst, erhoben durch das gemeinsame Ziel, weit über sich hinaus, fühlt jetzt, wie sehr er der Allgemeinheit gehört, nur als Glied des Ganzen einen Wert hat, begibt sich in straffe Zucht und Entbehrung; die gegenseitige Achtung der Einzelnen wie ganzer Klassen der Bevölkerung und ihr Verständnis voneinander steigt; alte Vorurteile werden gestürzt, und menschlich schöne Eigenschaften, das Mitempfinden mit fremdem Glück und Leid, die Brüderlichkeit, werden wieder gepflegt, wir erleben den Zusammenschluß aller Volksschichten, das Verstummen aller inneren Gegensätze.

Die Wurzeln solcher sittlichen Kräfte lagen immer tief in der germanischen Volksseele; dort haben sie ihre beste Nahrung auf dem deutschen Hause,

der Volksschule und der allgemeinen Wehrpflicht, diesen bewährten Fundamenten unseres Staates, gezogen; im schweren Wetter unserer Zeit treiben sie nun auf das herrlichste aus. [...]
Die Entfaltung des sittlichen Gehaltes unserer Nation ist der große Gewinn der Zeit; ihn zu hegen und zu mehren, ist das Vermächtnis an unsere Jugend.

Berlin.
Ober-Bürgermeister Wermut
Wirklicher Geheimer Rat

Aus: Georg Gellert: Das Eiserne Buch. Die führenden Männer und Frauen zum Weltkrieg 1914/15, Hamburg o.J.[1915], S. 19-21.

Über welches methodische Transferwissen sollten die Schülerinnen und Schüler verfügen, wenn ihnen diese Quelle zur Interpretation vorgelegt wird? Sie sollten in der Lage sein,

- die Schrift (gotische Fraktur) mühelos zu lesen;
- festzustellen, dass der Text ihnen nicht vollständig vorgelegt wird; sie fragen daher nach, wie groß das fehlende Stück im Verhältnis zum Gesamtumfang des Textes ist, was darin ausgesagt ist und warum der Unterrichtende diesen Teil weggelassen hat;
- sich mit Hilfe des Internets oder eines Lexikons Informationen über den Verfasser dieses Textes verschaffen;
- den Text aufgrund der in ihm genannten Anhaltspunkte („Weltkrieg", „Verwöhnung eines fast vierundvierzigjährigen Friedens") zu datieren;
- ihr Vorwissen über das Kaiserreich vor allem bei der Interpretation der Aussagen im zweiten Abschnitt anzuwenden;
- zu erkennen, dass in diesem Text völkische Ideen, wie sie in den Jahrzehnten zuvor sich entwickelt haben, enthalten sind.

Nachdem sie diese Quelle interpretiert haben, sollten Schüler in der Lage sein, ihrem Transferwissen folgende neue Kenntnisse und Fertigkeiten hinzuzufügen:

- Der ideologische Gehalt einer Quelle lässt sich an der Sprache festmachen:
  – „Verwöhnung eines fast vierundvierzigjährigen Friedens";
  – Aufschwung und Wohlstand als Ursache für „Verflachung des Geistes- und Gemütslebens", für Ausbildung eines von Wermuth als negativ bezeichneten Individualismus, für „rücksichtsloses Sichausleben", für soziale Kälte usw.;
  – „Zusammenschluß aller Volksschichten" als von Wermuth erwünschte Alternative.

- Der Erscheinungsort einer Quelle und der Titel des Buches, aus dem eine Quelle entnommen wird, geben oft Aufschluss über deren Zweck.
- Der Titel des Buches „Das Eiserne Buch" korrespondiert mit Äußerungen von Zeitgenossen, die vom Ersten Weltkrieg als „Eiserner Zeit" sprachen. Der Titel erinnert auch an das Eiserne Kreuz, *die* deutsche Kriegsauszeichnung schlechthin. Sie wurde ursprünglich vom preußischen König Friedrich Wilhelm III. zu Beginn des Befreiungskrieges am 10. März 1813 sowohl für besondere „Tapferkeit vor dem Feind" als auch für „zivile" Verdienste im Krieg verliehen und in den späteren Kriegen 1870/71, 1914–1918 und 1939–1945 immer wieder erneuert.
- Manche Formulierungen Wermuths tauchen später im Unterricht über den Ersten Weltkrieg und den Nationalsozialismus wieder auf und werden dann besser und leichter verstanden; z.B. der „Zusammenschluß aller Volksschichten" für „Volksgemeinschaft", „Eigensucht und Eigennutz werden abgestreift" für „Du bist nichts, dein Volk ist alles".

b) Bildquellen

Auch für die Interpretation von Bildern, die mehr sind als bloße Illustrationen, lässt sich ein transferierbarer Fragenkatalog erstellen.[104] Wie im Falle der Textquellen empfiehlt es sich auch hier, bereits beim ersten Interpretieren von Bildern damit zu beginnen und mit dem Fortgang des Unterrichts diesen zu ergänzen oder zu modifizieren. Zwei Beispiele für solche Kataloge[105] werden hier vorgestellt, wobei der bzw. die Unterrichtende entscheiden muss, welcher Katalog bevorzugt wird bzw. der jeweiligen Lerngruppe zuzutrauen ist. Diese Kataloge haben hier jedenfalls nicht die Funktion einer Vorschrift; es kann sich als sinnvoll erweisen, wenn sie in den einzelnen Klassen nach den je eigenen Bedürfnissen und Notwendigkeiten modifiziert oder miteinander kombiniert werden. In modifizierter Form können diese Fragenkataloge auch auf die Interpretation von Denkmälern angewendet werden.

---

104 Ältere Vorschläge werden in der neuesten Monographie zur Bildinterpretation im Geschichtsunterricht referiert von Hans-Jürgen Pandel: Bildinterpretation. Die Bildquelle im Geschichtsunterricht, Bd. I, Schwalbach/Ts. 2008, S. 113f.), s. ferner auch Herwig Buntz: Die Arbeit mit Bildquellen im Geschichtsunterricht, in: Praxis Geschichte 2/2002, S. 4f. und Elisabeth Erdmann: Bilder sehen lernen, in: ebd., S. 6-11.
105 Vgl. hierzu auch Pandel, Bildinterpretation (wie Anm. 104), S.113f.

„I. Betrachtung und Beschreibung
Fragen zum Bildinhalt
• Welches Thema bzw. welchen Inhalt hat der Künstler gewählt?
• Welche Gegenstände oder Einzelthemen sind dargestellt?
• Wie sind diese Gegenstände oder Szenen angeordnet? Was steht im Mittelpunkt, was am Rand, was im Vorder-, Mittel- oder Hintergrund?
• Welche Stimmung vermittelt das Bild?
• Lässt sich der Standpunkt des Künstlers aus dem Bild erschließen? Welche Perspektive hat er gewählt?
• Wie groß ist seine Nähe oder Distanz zum Bild?
Fragen zur Form des Bildes
• Wie ist das Bild aufgebaut?
• Welcher Ausschnitt bzw. welcher Raum ist auf dem Bild dargestellt?
• Welche Linien oder Flächen werden besonders betont?
• Wie wird die Farbe in dem Bild verwendet?
Fragen zum Bild als Gegenstand
• Welches Format hat das Original?
• Welches Material (Holz, Leinwand, Papier) und welche künstlerische Technik (Ölmalerei, Holzschnitt, Fresko) wurden verwendet?
• Für welchen Ort war das Bild ursprünglich bestimmt (z.B. Kirche, Schloss, Rathaus, Buch-, Zeitschriftenillustration)?"[106]

Nachstehendes Bildinterpretationsschema stammt von dem Kunsthistoriker Erwin Panofsky (1892–1968).[107] Dieses Modell betont weniger

---

106 Staatsinstitut für Schulpädagogik und Bildungsforschung, Abt. Gymnasien, München (Hrsg.): Geschichtsbilder. Historisches Lernen mit Bildern und Karikaturen. Handreichung für den Geschichtsunterricht am Gymnasium, Donauwörth 2001, S. 17. – Die „Fragen zum Bild als Gegenstand" erscheinen mir problematisch, da in der Regel Schüler kaum in der Lage sein dürften, aus einer ihnen vorgelegten Abbildung Antworten hierüber entnehmen zu können. Hierzu bedürfte es zeitraubender Recherchen, auf die im Geschichtsunterricht in der Regel verzichtet wird.

107 Es wird hier in Anlehnung an den Aufsatz von Klaus Bergmann/Gerhard Schneider: Das Bild, in: Handbuch Medien im Geschichtsunterricht, hrsg. v. Hans-Jürgen Pandel und Gerhard Schneider, Schwalbach/Ts. 4. Aufl. 2007, S. 250f., zitiert, dort, S. 249f.; weitere Beispiele für Bildinterpretationsschemata; Vgl. jetzt auch die Vorschläge von Pandel, Bildinterpretation (wie Anm. 104), S. 119ff. (ebenfalls im Anschluss an Panofsky). Nach Pandel vollzieht sich die Bildinterpretation „in Schritten und hat dabei vier Ebenen zu durchschreiten, auf denen verschiedene Sinnschichten erschlossen werden müssen: Erscheinungssinn, Bedeutungssinn, Dokumentensinn und Erzählsinn" (ebd., S. 119), vgl. ferner: Michael Sauer: Bilder im Geschichtsunterricht, Seelze-Velber 2000, S. 16.

das Nacheinander einer Folge von Interpretationsschritten, als vielmehr die Verzahnung wichtiger Aspekte der Bilderarbeitung in einer Arbeitsphase: Von der Ikonographie (d.h. der Bildbeschreibung) zur Ikonologie (d.h. der Bildinterpretation oder besser der Frage nach der Bedeutung des auf dem Bild Dargestellten). Dieser Schritt ist anspruchsvoll und muss im Unterricht geübt werden, denn bei vielen Bildern bedarf es interpretatorischer Anstrengungen, um den oft verborgenen Sinn des Dargestellten zu erschließen.

Wer jemals eine Karikatur im Unterricht eingesetzt hat, weiß, wie schwer sich Schüler tun, deren Sinn zu erschließen, vor allem dann, wenn zwischen Zeitpunkt des ersten Erscheinens der Karikatur und deren jetziger Interpretation bereits längere Zeit vergangen ist. Das liegt nicht nur an der Zuspitzung, die der Karikatur wesensgemäß ist, sondern auch an ihrer ganz besonderen Bildsprache und an ihrer Aktualität. Gerade letztere macht deren Erfassung durch Schüler besonders schwer, weil diese die aktuellen Bezüge und Anspielungen nicht kennen (können).

VORIKONOGRAPHISCHE BILDBETRACHTUNG

Schüler sollen auf dieser Ebene die Bildelemente beschreiben und benennen, die sie sehen und ihren „ersten Eindruck", den das Bild auf sie macht, artikulieren, das heißt also: spontane Äußerungen der Zustimmung oder der Ablehnung, der Verblüffung, des Befremdens; Bemerkungen über die Wirkungen der Farben, über den Eindruck, den die verschieden groß dargestellten Personen machen, deren Platzierung im Zentrum oder im Vorder- oder Hintergrund; Wirkung der etwa auf einem Gemälde erkennbaren unterschiedlichen Beleuchtung der Szene auf den Betrachter; vorläufige Äußerungen über den Bildsinn und den möglichen Erklärungsbeitrag des Bildes für den historischen Unterrichtsgegenstand. Diese Artikulationen sind aufschlussreich für die Einstellung der Betrachter, ihrer Gestimmtheit bzw. Vorurteile. Da Vorwissen der Schüler auf dieser Ebene noch nicht erforderlich ist, können auch Schüler der Grundschule diese Leistungen erbringen.

IKONOGRAPHISCHE BESCHREIBUNG

Systematische Erschließung des Bildinhalts: Was wird dargestellt? Erschließung der ikonographischen Struktur des Bildes: Mit welchen bildlichen Mitteln wird ein historischer Sachverhalt vermittelt oder eine Aussage propagiert? Wie wird dargestellt (verwendete Farben, Symbole, Komposition)?

- Inwieweit oder aufgrund welcher Anhaltspunkte ist der Gehalt des Bildes als Ausdruck von Gedanken- und Empfindungskomplexen einer bestimmten Gesellschaftsschicht oder -klasse zu interpretieren?
- Welche Absichten verfolgen der Autor, der Veranlasser oder Auftraggeber des Bildes? Was sind die Beweggründe des Autors eines Bildes, sich ggf. den Wünschen eines Auftraggebers zu beugen? Was sind die Gründe des Auftraggebers, das Bild so malen zu lassen, wie wir es heute sehen? Was drückt der Maler, der Photograph mit seinem Bild möglicherweise unbewusst aus?
- Wie wurde das Bild von Zeitgenossen oder nachfolgenden Generationen genutzt?
- Welche Bedeutung hatte das auf dem Bild dargestellte Thema zur Zeit der Entstehung des Bildes?
- Wie wurde das Bild von den zeitgenössischen Betrachtern wahrgenommen und wie änderte sich seine Rezeption seitdem?

Abb. 4: Der „Hexenschuss"

Aus: Ulrich Molitor: Tractatus de lamiis et phitonicis mulieribus, Ulm um 1489; das Bild erschien auch mit annähernd derselben bildlichen Darstellung in der deutschen Übersetzung des Buches: Von den Unholden oder Hexen, Augsburg 1508. Das Werk wurde bis 1600 über 20mal aufgelegt.[108]

Ulrich Molitor (*um 1442 in Konstanz, + 1507 in Konstanz) war ein studierter Jurist und Doktor des Kirchenrechts
Diese Abbildung wie auch Abb. 5 und 6 (S. 75) sind im Internet zugänglich.

Die Abbildung 4 soll im Zusammenhang mit der Behandlung der spätmittelalterlich/frühneuzeitlichen Hexenverfolgung[109] verwendet werden und zwar zu einem Zeitpunkt, da die Schüler bereits einiges über „Hexen" erfahren haben. Auf den ersten Blick dürfte die Beschreibung des Bildes den Schülern keine Schwierigkeiten bereiten. Zwei Personen, eine – wie es scheint junge – Frau und ein älterer Mann, stehen sich gegenüber. Die Frau ist etwas kleiner dargestellt als der Mann. Während sie ein langes, vielleicht vornehmes Gewand trägt, ist die Kleidung des Mannes schlicht, sein rechter Strumpf scheint zerrissen. Er trägt eine Art Kappe als Kopfbedeckung. Die Frau hält einen Bogen mit eingelegtem Pfeil auf den rechten Fuß des Mannes gerichtet, wobei auffällt, dass der Pfeil eher wie eine Rute aussieht. Das Gesicht des Mannes ist verzerrt; offensichtlich hat er Schmerzen. Er hebt sein rechtes Bein und die Arme, so als sei er in etwas hineingetreten. Die Frau scheint zu lächeln. Seinen rechten Schuh hat der Mann ausgezogen; er liegt vor ihm auf dem Boden, wie wenn er ihn von sich geschleudert hätte. Auf die Darstellung des Ortes, an dem es zu der Begegnung der beiden Personen kommt, scheint es dem Künstler nicht angekommen zu sein, denn die Landschaft ist nur grob angedeutet: Man sieht oberhalb der Personen Felsen und ein paar Häuser, direkt zu ihren Füßen ein paar Grasbüschel.

Mit der Frage, welche Beziehung zwischen den beiden Personen wohl bestehen mag, wird zur Interpretation des Bildes übergeleitet. Diese bereitet den Schülern meist beträchtliche Schwierigkeiten, größere jedenfalls als die Interpretation von Texten. Das liegt sicher nur zum Teil daran, dass Textinterpretationen häufiger geübt werden als Bildinterpretationen. Vor allem die auf Bildern häufig vorkommenden Symbole und Konnotati-

---

108 Zum Inhalt des Buches von Molitor s. die knappe Zusammenfassung bei Helmut Brackert: „Unglückliche, was hast du gehofft?!" Zu den Hexenbüchern des 15. bis 17. Jahrhunderts, in: Aus der Zeit der Verzweiflung. Zur Genese und Aktualität des Hexenbildes, Frankfurt/M. 1977 (zahlreiche weitere Auflagen), S. 143-146.
109 Zur ersten Einführung in das Thema „Hexen", s. den Basisartikel von Sönke Lorenz und H.C. Erik Midelfort: Hexen und Hexenprozesse. Ein historischer Überblick, in: Praxis Geschichte 4/1991, S. 4-12.

onen erklären sich nicht von selbst; sie müssen einfach gelernt werden. Dass eine Taube oder ein Ölzweig für Frieden, der Fuchs für Schläue, die rote Farbe für Revolution, aber auch für Liebe, der Lorbeerkranz für Sieg steht, ist in unserem kulturellen Gedächtnis zwar fest verankert, für Schüler aber noch nicht abrufbar. Und können von ihnen „nicht durch Nachdenken oder Alltagserfahrungen entschlüsselt werden."[110] Hier muss den Schülern entsprechende Literatur zum Nachschlagen[111] empfohlen werden, damit sie bei der Erschließung der Bildelemente nach und nach immer kompetenter werden.

Das vorliegende Bild scheint solche Symbole nicht zu enthalten. Um die „Beziehung" zwischen den beiden Personen zu entschlüsseln, muss der Lehrer helfen. Er kann auf den bereits behandelten Unterrichtsstoff verweisen: Um wen könnte es sich bei der weiblichen Person handeln? Nachdem sie bereits einiges über „Hexen" erfahren haben, werden sie hierauf die nahe liegende Antwort schnell finden. Doch was hat die „Hexe" vor bzw. was hat sie dem armen Manne bereits angetan? Die Schüler haben im vorausgehenden Unterricht von verschiedenen Taten gehört, die man den „Hexen" angedichtet hat:[112] Teufelsbuhlschaft, also Geschlechtsverkehr mit dem Teufel, alle Arten von Zaubereien, vor allem Schadenszauber. Könnte hier ein solcher Schadenszauber abgebildet sein und wenn ja, welcher? Tatsächlich dargestellt ist der sog. Hexenschuss. Dass hier der Pfeil der „Hexe" auf das Bein zielt, hängt damit zusammen, dass man diese Art Hexenzauber damals auch als Beinschuss bezeichnete. Als ein Nebenergebnis dieser historischen Interpretation erhalten die Schüler eine Erklärung für die meist stechenden Rückenschmerzen in der Lenden-Kreuzbeinregion (Lumbalgie), für die sich in der Umgangssprache die Bezeichnung „Hexenschuss" erhalten hat.

Die Frage nach der Wirkung dieses Bildes und nach der Reichweite seiner Rezeption sollte zumindest gestellt werden, auch wenn sich aus dem Bild selbst hierfür keine Antwort finden lässt. Der Hinweis in der Bildunterschrift (der Lehrer muss entscheiden, ob er den Schülern das Bild mit oder ohne Bildunterschrift vorlegt) kann durch weitere Recherchen ergänzt werden.[113] Schließlich sollen Schüler fragen, wofür dieses

110 Pandel: Bildinterpretation (wie Anm. 104), S. 117.
111 Udo Becker: Lexikon der Symbole, Freiburg 1992; Claire Gibson: Zeichen und Symbole – Ursprung, Geschichte, Bedeutung, Köln 2005; Arnold Rabbow (Hrsg.): dtv-Lexikon politischer Symbole, München 1970 vgl. hierzu auch Pandel, Bildinterpretation (wie Anm. 104), S. 123ff.
112 S. hierzu: Jakob Sprenger/Heinrich Institoris: Der Hexenhammer (Malleus maleficarum), München 1982 (zuerst erschienen wahrscheinlich in Speyer 1486 und bis ins 17. Jahrhundert 29mal wieder aufgelegt).
113 Zum Stichwort „Ulrich Molitor" finden sich im Internet zahlreiche Hinweise.

Bild für uns Heutige steht. Was ist – wie Pandel es genannt hat – sein Dokumentensinn? Das Bild drückt aus, wie Menschen des späten 15. Jahrhunderts sich etwas, was sich ihnen nicht ohne weiteres erschloss, zu erklären versuchten: Eine junge, ansehnliche Frau kann als Hexe verantwortlich sein für einen Schmerz, für den es scheinbar keine Ursache gab. Am Ende der Interpretation sollte darüber nachgedacht werden, welche Folgen der Schuss der Hexe für den von deren Pfeil getroffenen Mann gehabt haben könnte und was mit der Frau wohl geschah, wenn sie als die Verantwortliche für den unerklärlichen Schmerz des Mannes entlarvt wurde.

Wenn Zeit zur Verfügung steht, kann im Unterricht auch auf die Bildgattung eingegangen werden, den Holzschnitt also, der hier vorliegt und den Albrecht Dürer als „gedruckte Kunst" bezeichnet hat. Über die Technik der Herstellung dieser Art der Druckgraphik, die um 1500 weit verbreitet war, können Schüler sich in Lexika oder im Internet informieren. Auch auf die Bildkomposition sollte hingewiesen werden. Die Schüler stellen fest, dass die oben im Bild erscheinenden Elemente, also die Felsen und die Gebäude, kleiner sind als die Personen im Vordergrund. Sie werden als entfernter wahrgenommen, auch wenn das Bild eine Perspektive, mit der Künstler gerade in der Zeit, in der dieses Bild entstand, zu experimentieren begannen, noch nicht erkennen lässt.[114] So wie im 15. Jahrhundert auf Entdeckungsfahrten der bisher unbekannte Raum erschlossen wird, so erschließen sich die Künstler auf ihren Bildern jetzt den Raum.

Die Abbildung hat genügend „Fremdheit", um das Interesse der Schüler daran aufrechtzuerhalten. Zugleich ist die Darstellung – zumindest vordergründig – so inhaltsarm, dass die bloße Beschreibung keinen großen Zeitaufwand erforderlich macht. Gleichwohl ermöglicht das Bild den Aufbau von Transferwissen, das etwa bei den beiden nachstehenden Abbildungen abgerufen werden kann.

Es soll gezeigt werden, dass die Grundlagen der Bildinterpretation bereits in der Grundschule gelegt werden können. Die Abbildungen 5 und 6 können im Sachunterricht der 3./4. Klasse bei der Beschäftigung mit dem Thema „Schule früher und heute" eingesetzt werden.[115]

---

114 Zur Entwicklung der Zentralperspektive, s. Pandel, Bildinterpretation (wie Anm. 104), S. 49ff.

115 Hans-Dieter Schmid: Andere Zeiten, andere Sitten: Schule früher und heute (= Sachunterricht – Sozialwissenschaftlicher Bereich, Heft 3), München 1976; die dort auf S. 19 abgedruckten Abbildungen stammen aus Emil Reicke: Magister und Scholaren. Illustrierte Geschichte des Unterrichtswesens, Düsseldorf/Köln 1971 (Nachdruck der Ausgabe Leipzig 1901), S. 50 und 56.

Abb. 5: Schulszene 1479

Aus: Rodericus Zamorensis (1404–1470): Spiegel des menschlichen
Lebens, Augsburg 1479

Abb. 6: Schulszene 1592

Aus: Holzschnitt von 1592 aus der Sammlung W. L. Schreiber, Frankfurt/M.
und Wien 1909

Indem Schülerinnen und Schüler bei der Interpretation der Abbildungen damit beginnen, zunächst das zu beschreiben, was sie sehen, um dann auch nach dem Symbolgehalt der Bilder zu fragen (Was bedeutet die Rute? Welche Bewandtnis hat es mit dem Eselskopf?), stellen sie fest, dass es vordergründige und hintergründige Bildinformationen gibt, also solche Informationen, die verschlüsselt sind, und solche, die man auf den ersten Blick versteht. Darüber hinaus lernen sie schon hier, zwei Bilder miteinander zu vergleichen und dabei festzustellen, dass das zweite Bild zunächst unbeantwortet gebliebene Aussagen des ersten Bildes erklären kann: Das zweite Bild macht nämlich deutlich, wozu der Lehrer in der Vergangenheit die Rute verwendete. Andererseits werden sie sich beim Bildvergleich fragen, warum auf dem ersten Bild nur ganz wenige Schüler zu sehen sind, während das zweite Bild den Eindruck eines total überfüllten Klassenzimmers vermittelt. Dabei stoßen sie auf das der Bildunterschrift beigegebene Entstehungsdatum der Bilder. Sie stellen fest, dass zwischen beiden Abbildungen mehr als hundert Jahre liegen. Sollte die geringe Schülerzahl auf dem ersten Bild vielleicht darin eine Erklärung finden, dass es noch keine Schulpflicht gab, dass zu diesem Zeitpunkt möglicherweise auch noch keine Notwendigkeit bestand, in die Schule zu gehen, weil die Berufe, die für die Schüler eines Städtchens zugänglich waren, noch keine Schulkenntnisse erforderlich machten? Zugleich lernen die Schüler bereits hier, auf die fremdartige Form der Darstellung zu achten, auch wenn sie noch nicht wissen können, dass es sich hier um einen Holzschnitt handelt. Ferner erkennen sie bei dieser Bildinterpretation bereits auch schon die Grenzen ihres Interpretationsvermögens kennen: Warum ist auf dem ersten Bild ein Mensch (Schüler?) mit Eselskopf zu sehen? Sie stellen also fest, dass man bei Bildinterpretationen genau wie bei Textinterpretationen darauf angewiesen sein kann, zusätzliche Informationsquellen zu nutzen. In diesem Fall werden wohl weniger Lexika und Sachwörterbücher hilfreich sein als vielleicht ein Blick in die Sekundärliteratur, falls nicht der Lehrer mit Hilfe eines Hinweises auf die umgangssprachliche Wendung „So ein dummer Esel!" die Schüler zu der Vermutung führt, hier könnte ein Schüler, der nichts gewusst oder seine Aufgaben nicht sorgfältig gemacht hat, mit der Eselskappe gebrandmarkt worden sein. Ein Sprichwort aus dem 17. Jahrhundert lautet übrigens: „Wer faul zur Arbeit ist, ist einem Esel gleich, der aber Tugend liebt, der wird an Ehren reich."[116] Zu fragen ist ferner nach dem Autor des Bildes. Was war sein Antrieb, dieses Bild mit dieser Aussage herzustellen? In wessen In-

---

116 Überschrift über ein „Spottbild eines Esels zur Abschreckung für faule Kinder" (Flugblatt, 17. Jh.), in: Reicke (wie Anm. 115), S. 49.

teresse hat er möglicherweise das Bild hergestellt? Hatte er einen Auftraggeber? Sollte es einen öffentlichen Zweck erfüllen? Hier enthält der
Titel des Buches, „Spiegel des menschlichen Lebens", einen Hinweis,
dem Schüler nachgehen könnten. Der Titel verweist nämlich auf die
im Mittelalter verbreitete sog. Spiegelliteratur, Schriften also, in denen
Autoren in erzieherischer Absicht den Zeitgenossen „den Spiegel vor-
halten", sie also in moralischer und religiöser Absicht zu unterweisen
versuchten. Schließlich wird man bei dem zweiten Bild den Fortgang
systematischer Bildbetrachtung üben können. Das Bild enthält viele
Details, die sich nur denjenigen Schülern erschließen, die die einzelnen
Szenen nacheinander beschreiben und interpretieren. Als transferfähige Erkenntnis ergibt sich daraus, dass es bei Bildbeschreibungen sinnvoll sein kann, systematisch zu verfahren und z.B. zunächst den Hintergrund und dann den Vordergrund zu betrachten oder – wie es sich
bei der Betrachtung des zweiten Bildes empfiehlt – nacheinander auf
die drei Gruppen einzugehen, die hier deutlich voneinander abgeho-
ben sind, um dann die Prügelszene im Vordergrund links genauer zu
betrachten. Bei dieser Vorgehensweise stoßen sie dann sicherlich auch
auf die für sie überraschende Entdeckung, dass in ein und demselben
Klassenzimmer mehrere Lehrer[117] gleichzeitig unterrichten. Dies lässt
Rückschlüsse auf die Größe des Schulhauses zu – eine weitere transferfähige Erkenntnis, dass nämlich zur Interpretation von Texten und
Bildern auch das Formulieren von Vermutungen und Wahrscheinlich-
keiten gehört. Mit dieser Entdeckung des gleichzeitigen Unterrichts
mehrerer Schülergruppen in einem Raum schafft man im übrigen eine
Basis dafür, dass es später bei der Behandlung der Lebensverhältnisse
im 19. Jahrhundert (und hier speziell des Schulwesens) zu verstehen
leichter fällt, was eine ein-, zwei- oder dreiklassige Volksschule eigentlich bedeutet, nämlich die gleichzeitige Unterrichtung aller Schüler einer Gemeinde vom 1. bis zum 8. Schuljahr in einem Klassenzimmer
(einklassig) oder deren Aufteilung in zwei (1.-4. Schuljahr; 5.-8. Schuljahr) oder entsprechend in drei Altersgruppen (1.-3. Schuljahr; 4.-6.
Schuljahr; 7.-8. Schuljahr).

Geschichtsthemen des 20. Jahrhunderts werden in den Geschichtslehrbüchern meist mit Fotografien illustriert. Die Interpretation der
Fotografien verlangt besondere Fertigkeiten, die nicht in jedem Fall iden-

---

117 Vermutlich sind es vier: ein Lehrer vorne rechts mit der Rute; der zweite Leh-
    rer links züchtigt einen Schüler; im Hintergrund in der Mitte unterhalb des
    schmalen Fensters ist ein weiterer Lehrer zu erkennen; und schließlich wird
    wohl auch jene Person, die am rechten Bildrand schreibend an einem Tisch
    sitzt, ein Lehrer sein.

Abb. 7: Aufstand im Warschauer Ghetto

Fotografie von Jürgen Stroop. Aus dem Stroop-Bericht an Heinrich Himmler vom Mai 1943. Die originale Bildunterschrift lautet „Mit Gewalt aus Bunkern hervorgeholt". Es ist eines der bekanntesten Fotos aus dem 2. Weltkrieg.

Auf dem Foto identifizierte Personen:
• Der Junge im Vordergrund wurde nicht zweifelsfrei wiedererkannt, mögliche Iden-
titäten: Artur Dab Siemiatek, Levi Zelinwarger (neben seiner Mutter Chana Zelinwar-
ger) oder Tsvi Nussbaum.
• Hanka Lamet – kleines Mädchen links.
• Matylda Lamet Goldfinger – Hankas Mutter daneben, 2. von links.
• Leo Kartuziński – Jugendlicher im Hintergrund mit weißem Sack auf der Schulter.
• Golda Stavarowski – im Hintergrund, erste Frau von rechts mit einer erhobenen Hand.
• Josef Blösche – SS-Mann mit Gewehr, wurde 1969 hingerichtet.
Die wenigen Überlebenden des Aufstands wurden anschließend in Vernichtungsla-
ger deportiert.
Zuerst veröffentlicht in: Stanisław Piotrowski (1948). Sprawozdanie Juergena

Aus: *http://kriegsende.ard.de/container/ndr_style_images_default/*
0,2299,OID1307840,00.jpg

tisch sind mit jenen, die in Zusammenhang mit der Interpretation anderer Bildgattungen (Bildarten) gelernt wurden. Insofern kann ein Transferwissen, das im Kontext der Interpretation von Bildern angeeignet wurde, nicht umstandslos bei der Interpretation von Fotografien

Abb. 8
Beschnittene
Variante des
Fotos

Aus: *denktag2006.denktag.de/.../pics/598d32bc3d.jpg*

abgerufen werden.[118] Schüler müssen hier Neues lernen. Und dies be-
ginnt bereits bei vermeintlichen Äußerlichkeiten und besonderen Eigen-
tümlichkeiten des Mediums Fotografie. Auf älteren Fotografien ist der
Gesichtsausdruck der abgebildeten Personen oft eigenartig starr und ernst.
Die Schüler, die etwa auf einem Klassenfoto aus der Zeit um 1900 abgebildet sind, verharren regungslos vor der Kamera. Eine Bewegung ist auf
den Fotos nie zu erkennen. Woran liegt das? Die außerordentlich lange
Belichtungszeit der frühen Plattenkameras erforderte absolutes Stillsitzen
oder Stillstehen der Fotografierten, wollte man ein „Verwackeln" des
Bildes vermeiden. Daraus gewinnen die heutigen Schüler die Erkenntnis,
dass man von solchen Bildern nicht umstandslos etwa auf eine größere
Ernsthaftigkeit der Schüler jener Zeit schließen kann. Zugleich bietet
ein solcher Methodentransfer die Gelegenheit, auf eine gängige Redewendung hinzuweisen: „Jemanden auf die Platte bannen".

Fotografien wird gemeinhin größere Objektivität zugesprochen als
anderen Bildern. Diese auch bei Schülern verbreitete Meinung ist, wie
man weiß, irrig. Schon früh sollte daher Schülern deutlich gemacht

---

118 S. hierzu Pandel: Bildinterpretation (wie Anm. 104), S. 58-64; dort auch Ausführungen zur vorgeblichen Objektivität von Fotografien (S. 59ff.).

*Abb. 9
Noch stärker
beschnittene
Variante*

Aus: *www.h-ref.de/.../warschau-junge.jpg*

werden, dass und warum dies eine Illusion ist. Das nachstehende Foto
wird häufig in verstümmelter Form reproduziert. Auch in älteren Geschichtslehrbüchern ist dies vorgekommen, während neuere Geschichtslehrbücher dieses Bild korrekt, also unbeschnitten reproduzieren. An
diesem Beispiel lässt sich zeigen, dass die Wahl des Ausschnitts die Aussage
eines Photos verändern kann, wobei zu bemerken ist, dass bereits schon
der ursprüngliche Photograph ja nur einen Ausschnitt aus einem räum-
lichen Kontext ausgewählt hat. Durch nachträgliche Beschneidungen
des Bildes verändert sich sein Charakter noch zusätzlich.

c) Symbol- und Motivtransfer
Die Geschichtsdidaktik hat sich bisher nur sehr wenig mit dem beschäftigt, was man als Symbol- und Motivtransfer bezeichnen könnte.[119] Im

119 Ich verdanke diese Anregung Hans-Jürgen Pandel (Halle).

Geschichtsunterricht werden Schüler schon früh mit Symbolen konfrontiert, die mehr bedeuten als das, was sie auf den ersten Blick darstellen: Dass die Taube ein Vogel ist, weiß jedes Kind wohl schon mit drei Jahren; dass sie als Symbol für Frieden steht („Friedenstaube"), muss es später lernen. Dasselbe gilt für den Fisch, der ja nicht nur ein im Wasser lebendes Tier ist, sondern das Geheimzeichen der frühen Christen im römischen Reich. Dass eine Pickelhaube eine militärische Kopfbedeckung ist, die deutsche Soldaten in der Vergangenheit getragen haben, erkennen Schüler spätestens dann, wenn sie Photographien oder Gemälde von älteren Schlachtendarstellungen sehen; dass die Pickelhaube in kritischer Absicht vor allem auf ausländischen Karikaturen den deutschen (oder preußischen) Militarismus charakterisiert, müssen Schüler wie eine Vokabel lernen. Wenn auf einem Kriegerdenkmal ein nackter Soldat zu sehen ist, dann ist dies für Schüler in aller Regel irritierend, trägt ein Soldat doch üblicherweise Uniform und Waffen. Auf einem Denkmal, das an den gewaltsamen Tod von Soldaten im Krieg erinnern soll, bedeutet Nacktheit oft in Verbindung mit einem Bibelspruch[120] Reinheit. In anderen Kontexten steht Nacktheit für naturnahe Schönheit, Schutzlosigkeit, unschuldige Kindlichkeit, gelegentlich auch für Laster, Geilheit usw. Damit umzugehen, ist für Schüler nicht leicht und oft irritierend, zumal wenn ein und dasselbe Symbol unterschiedlich konnotiert ist. Manche Motive und Symbole finden überall in der Welt Verwendung und werden weltweit verstanden; andere sind ausgesprochen national: der gallische Hahn, die phrygische Mütze, Marianne, Jeanne d'Arc usw. Weder Schüler noch Lehrer können alle Symbole entschlüsseln, zumal manche von ihnen heute nicht mehr verwendet werden oder ihre Bedeutung im Laufe der Zeit verändert haben. Da empfiehlt es sich, in geeigneten Hilfsmitteln nachzuschlagen.[121]

Der Händedruck ist ein Begrüßungsritual, bei dem zwei Menschen sich die rechte Hand geben,[122] oft (aber nicht notwendig) begleitet von einem Gruß („Guten Tag") oder einem Wunsch („Gute Besserung", „Gute Reise", „Herzlichen Glückwunsch"). Spätestens seit der Französischen Revolution gilt es als Symbol der Verbrüderung: Zur Bekräftigung der

---

120 Häufig verwendet: „Ich habe den (oft zitiert: einen) guten Kampf gekämpft, ich habe den Lauf vollendet, ich habe Glauben gehalten" (2. Timotheus 4, v. 7).
121 Vgl. oben die Literaturangaben in Anm. 111.
122 Anlässlich der Siegerehrungen bei den Olympischen Spielen 2008 in Peking konnte man feststellen, dass in anderen Kulturen dieses in leicht abgewandelter Form praktiziert wird: Bei der Überreichung der Medaillen an äthiopische Sportler unterstützen diese ihren Händedruck dadurch, dass sie mit ihrer linken Hand den rechten Unterarm umfassten, so als wollten sie dadurch ihren Händedruck noch verstärken.

in der Aufklärung gewonnenen Erkenntnis, dass alle Menschen gleich sind, reicht man sich über alle Stände hinweg die Hände (Schillers Ode „An die Freude": „Alle Menschen werden Brüder…"). Schüler sollten sich an dieses Symbol erinnern können, es also als Transferwissen parat haben, wenn es im späteren Unterricht wieder auftaucht. Denn vor allem soziale Gruppen wie die Allgemeine Deutsche Arbeiterverbrüderung und einige Zeit später die deutsche Sozialdemokratie greifen es ab der Mitte des 19. Jahrhunderts wieder auf. Und als im Jahr 1946 KPD und SPD zwangsvereinigt wurden, ist dieses Zeichen das Symbol dieser Vereinigung. Auf der großen Demonstration in der Zeit der Wende am 4. November 1989 auf dem Berliner Alexander-Platz war auf einem Transparent das Händedruck-Emblem der SED zu sehen, dazu der Slogan „Tschüss!"

a.

b.

c.

Abb. 10
a. *Droits de l'Homme. Titelvignette zu: Correspondance du Général Dumonsier avec Pache, aus: Freiheit, Gleichheit, Brüderlichkeit. 200 Jahre Französische Revolution in Deutschland, bearb. von Rainer Schoch, Nürnberg 1989, S. 72.*
b. *Grundstein der Synagoge in Hainstadt (heute: Ortsteil von Buchen, Landkreis Mosbach) aus dem Jahr 1845, aus: Orte jüdischer Geschichte und Kultur: Jüdisches Buchen, Haigerloch 2007, S. 21*
c. *Die Verbrüderung. Correspondenzblatt aller deutschen Arbeiter Nr. 1.2 vom 3. October 1848, aus: Freiheit, Gleichheit, Brüderlichkeit a.a.O., S. 73.*
d. *Fahne des SPD-Ortsvereins Kenzingen http://www.spd-kenzingen.de/ Fahne%201863.jpg [27.8.2008]*
e. *Fahnenspitze. Messing, um 1910, aus: Freiheit, Gleichheit, Brüderlichkeit a.a.O., S. 74.*
f. *Parteiemblem der Sozialistischen Einheitspartei Deutschlands (SED), seit 1946 http://upload.wikimedia.org/wikipedia/commons/thumb/0/04/SED-Logo.png/496px-S... [27.8.2008]*

g. *Transparent, mitgeführt von Teilnehmern der Demonstration auf dem Berliner Alexanderplatz am 4. November 1989, aus: 40 Jahre DDR, hrsg. v. der Initiativgruppe 4.11.89, Berlin-Ost und der Stiftung Haus der Geschichte der Bundesrepublik Deutschland, Bonn 1990, S. 40.*

Ähnlich verhält es sich mit Metaphern, die – gelegentlich auch bildlich umgesetzt – über viele Jahrzehnte hinweg in nur leicht abgewandelter Form immer wieder verwendet werden. Drei Beispiele: Der deutsche Michel, mal Bauer, mal Philister, steht seit dem 16. Jahrhundert für den etwas stumpfen, groben, gelegentlich auch etwas verschlafenen Deutschen schlechthin.[123] Auf Karikaturen der Wendezeit vereinigen sich Michel-West und Michel-Ost.

Bei der Behandlung des deutsch-französischen Kriegs von 1870/71 und des Ersten Weltkriegs taucht in den Quellen häufig der Begriff „Erbfeind" auf. Wie allgemein gebräuchlich der Begriff „Erbfeind" zur Bezeichnung der Franzosen noch in den zwanziger Jahren des vorigen Jahrhunderts gewesen ist und wie selbstverständlich er damals verwendet wurde, ist für uns heute kaum vorstellbar. Bei seinem ersten Auftauchen im 16. Jahrhundert war der „Erbfeind" indes der Teufel, im 16. und 17. Jahrhundert wurden damit die Türken charakterisiert; sieht man von einigen vereinzelten früheren Belegen ab, wird Frankreich erst im Kampf der Deutschen mit Napoleon I. zum Erbfeind der Deutschen.

---

123 S. hierzu den reich illustrierten Artikel von Grit Arnscheidt und Annette Kuhn: Der deutsche Michel und die Revolution von 1848. Geschichtsunterricht im Museum und in der Schule, in: Geschichtsdidaktik 2, 3 (1977), S. 232-254. Vgl. auch die zahlreichen Bild- und Textbelege im Internet unter dem Suchwort „Deutscher Michel".

In dieser Bedeutung ist der Begriff nach 1945 aus dem deutschen Sprachschatz verschwunden.[124]

Ebenfalls häufig ist die Metapher des Steuermanns oder Lotsen, der von Bord geht.[125] Seit Bismarcks Rücktritt vom Kanzleramt und der darauf abzielenden Karikatur im „Punch" aus dem Jahr 1890 („Dropping the Pilot") taucht das Motiv des Staatsmanns, der das Staatsschiff verlässt, sich selbst oder einer möglicherweise ungeeignet oder fahrlässig

Abb. 11a
Dropping the Pilot
Aus: Punch, 1890

handelnden neuen Führungspersönlichkeit überlässt, in zahllosen Varianten immer wieder auf. Bei vielen Anlässen – etwa beim Ausscheiden aus dem Dienst oder aus dem Berufsleben, bei der Übergabe eines Amtes an einen Nachfolger – wird die Redewendung „Der Lotse geht von Bord" immer wieder benutzt. Die Schüler sollten unter Verwendung

---

124 Vgl. hierzu Ernst Wasserzieher: Woher? Ableitendes Wörterbuch der deutschen Sprache, Berlin 7. Aufl. 1927, S. 98 (frdl. Hinweis von Ulrich Mayer); vgl. auch die Beispiele in: Das Digitale Wörterbuch der Deutschen Sprache des 20. Jahrhunderts *www.dwds.de*, Friedrich Kluge: Etymologisches Wörterbuch der deutschen Sprache, Berlin/New York 21. Aufl. 1975, S.170; dort auch ein Beispiel dafür, dass die Franzosen schon 1513 als Erbfeind bezeichnet wurden.
125 Herbert Uppendahl/Hans-Jürgen Smula: Der Staatsmann – Zur Problematik eines politischen Begriffs. Ein Unterrichtsmodell für die Klassen 10 und 11, in: Geschichtsdidaktik 3 (1978), S. 217-225

DER SPIEGEL

DER LOTSE GEHT VON BORD

Abb. 11b
Bundeskanzler
Helmut Schmidt

Aus: Der Spiegel
Nr. 38/1982

INSM SOZIALABBAU

DER LOTSE GEHT VON BORD

Abb. 11c
Anspielung auf den Rücktritt
von Franz Müntefering im
Herbst 2007

Aus: *http://www.fixmbr.de/*
der-lotse-geht-von-Bord
(15.6.2008)

ihrer Vorkenntnisse mit Fortgang des Unterrichts das in seiner Grund-
struktur immer gleiche Motiv erkennen und über seine Bedeutung
Bescheid wissen. Hierzu die Abbildungen 11a-c.

Zur Entwicklung der Methodenkompetenz gehört auch, dass Schüler
immer besser darüber Bescheid wissen, was ein bestimmtes Medium
zu leisten im Stande ist und worin es sich von einem anderen Medium
unterscheidet. Ferner gehört dazu zu wissen, wie gerade mit *den* Mitteln
historische Sachverhalte dargestellt werden, die diesem Medium eigen
sind, welche Wirkungen es beim Betrachter erzielt (und zwar anders als
jedes andere Medium) usw. Schüler sollen also immer besser erkennen
und einschätzen können, welch qualitativer Unterschied es ist, wenn
ihnen etwa Hitler im Spielfilm (z.B. „Der Untergang") vor Augen tritt
oder in einer Filmdokumentation (à la Guido Knopp), in einer gedruck-
ten Reportage (z.B. im SPIEGEL), im Museum (etwa in Mme Tussauds
Wachsfigurenkabinett), auf einer Fotografie, auf Briefmarken oder in
irgend einem anderen Medium der Kulturindustrie.

d) Denkmäler verstehen

Das Denkmal in der Rosenstraße, Berlin-Mitte, erinnert an den Widerstand von Frauen gegen die Verhaftung ihrer jüdischen Männer. Es
wurde 1993 zum 50. Jahrestag der Wiederkehr dieses Ereignisses von
der Bildhauerin Ingeborg Hunziger geschaffen. Das Denkmal ist zwar
durchaus „sprechend", weil es viele Details enthält, die zumindest beschrieben werden können; die plastischen Darstellungen geben Anlass
zu Vermutungen, ohne dass die Schüler die Geschichte kennen, die diesem Denkmal zugrunde liegt. Aber es ist doch so komplex, dass neben
der methodischen Fertigkeit, die spezifische Quellengattung Denkmal
interpretieren zu können, auch Kenntnisse über die Ereignisse in der
Rosenstraße vorhanden sein müssen.

Dieses Denkmal ist eines für die Geschichte der NS-Zeit seltenes Beispiel dafür, dass Menschen gegen Gewaltaktionen der NS-Machthaber
(hier: drohende Deportation) Widerstand leisteten. Deshalb bietet es
sich an, mit einer Internet-Recherche zu beginnen. Schüler finden dort
unter dem Stichwort „Frauenprotest in der Rosenstraße" zahlreiche
sehr anschaulich und informativ gestaltete Seiten, in denen neben der
nachstehend abgedruckten Seite[126] auch detaillierte Angaben über das
Aussehen des Denkmals selbst verfügbar sind.[127]

---

126 Der nachstehende Artikel ist dem Internet entnommen: *http://www.berlin-judentum.de/denkmal/rosenstrasse.htm* (15.2.2008)
127 Detailansichten des Denkmals finden sich im Internet unter *http://www.berlin-judentum.de/denkmal/rosenstrasse-1.htm* (15.2.2008).

Abb. 12: Denkmal für die „Fabrikaktion" in der Rosenstraße

Frauenprotest in der Rosenstrasse am 27. Februar 1943
Mythos und Wirklichkeit der „Fabrikaktion"

Ein Denkmal von Ingeborg Hunziger, mehrere Bücher, zahlreiche Artikel und in Kürze auch ein Spielfilm von Margarethe Trotta erinnern an den Frauenprotest in der Rosenstraße im Zentrum von Berlin. Dort befanden sich zahlreiche Institutionen der jüdischen Gemeinde, z.B. die Alte Synagoge (eingeweiht 1714), eine Mikwe (rituelles Tauchbad), und die Sozialverwaltung der Gemeinde, in der die Aktivitäten jüdischer Sozialarbeit, die nach Synagogenbezirken organisiert war, koordiniert wurden und auch einige Beratungsstellen Sprechstunden anboten.

Am Samstag den 27. Februar 1943 wurden einige tausend Juden, die noch als Zwangsarbeiter - meist in Rüstungsbetrieben - eingesetzt waren, an ihren Arbeitsplätzen

verhaftet (daher auch die Bezeichnung „Fabrik-Aktion").
Sie sollten durch polnische Zwangsarbeiter (sogenannte
„Ostarbeiter") ersetzt werden und wurden auf Lastwagen
getrieben und in unterschiedliche Sammellager gebracht.
Diejenigen unter ihnen, die mit nicht-jüdischen Partnern
verheiratet waren - also in sogenannten „Mischehen" lebten - oder auch Jugendliche, die einen jüdischen Elternteil
hatten und auch ab dem 14. Lebensjahr Zwangsarbeit
leisten mußten, wurden in das Verwaltungsgebäude in
der Rosenstrasse gebracht.

Die nicht-jüdischen Partner - überwiegend Frauen - erfuh-
ren auf unterschiedlichen Wegen von der Gefangennahme
ihrer Partner bzw. Kinder. Sie kamen in die Rosenstraße
um sich über deren Verbleib zu informieren, Brotpäckchen
zu hinterlassen ... Daraus entwickelte sich ein einwö-
chiger Protest. Selbst als Maschinengewehre aufgebaut
wurden, konnte dies die Frauen nicht veranlassen, ihren
Widerstand zu beenden. Nach einer Woche wurden die
Gefangenen aus der Rosenstraße freigelassen.

Das Ereignis wurde erst relativ spät von der Geschichtswissenschaft beachtet. Immer wieder wurde ein Zusammenhang hergestellt zwischen der Freilassung der Juden
und dem Protest der nicht-jüdischen Ehefrauen und der
Schluß daraus gezogen, daß selbst im Jahr 1943 die Vernichtung der Juden noch verhindert hätte werden können,
wenn sich nur mehr Deutsche so couragiert verhalten
hätten wie die Frauen aus der Rosenstraße.

Neuere Forschungen lassen an dieser Darstellung allerdings Zweifel aufkommen. Wolf Gruner erschließt im
aktuellen „Jahrbuch für Antisemitismusforschung" Quellen, die bis jetzt wenig beachtet wurden. Die Aktenlage,
wie Gruner sie analysiert zeigt, „daß das Reichssicher-
heitshauptamt die Juden aus ‚Mischehen' zu diesem
Zeitpunkt nicht abtransportieren wollte". Von den rund
2000 Personen - vorwiegend Männer -, die Gefangene im
ehemaligen „jüdischen Arbeitsamt" waren, sollten etwa 200
ausgewählt werden, um in den noch arbeitenden jüdischen
Institutionen (Reichsvertretung, jüdische Gemeinde, jüdisches Krankenhaus Wedding) eingesetzt zu werden und
in diesen 450 deportierte Mitarbeiter zu ersetzen.

> Da die Gestapo zu diesem Zeitpunkt nicht beabsichtigte, die in der Rosenstraße internierten Juden zu deportieren, wurde ihre Entlassung aus dem Sammellager nicht durch die Proteste der Frauen herbeigeführt. Dies schmälert in keiner Weise den Einsatz und die Zivilcourage der dort sich versammelnden Angehörigen. Ihre Zahl wurde zuerst mit 6000 angegeben, aber in den letzten Jahren dann auf 2000 geschätzt. Heute geht man von 600 Demonstrierenden gleichzeitig und einer Gesamtzahl von 1000 Personen, die über die ganze Woche verteilt sich immer wieder an den Protesten beteiligt haben, aus.
>
> Am 18. Oktober 1995 wurde das von Ingeborg Hunzinger geschaffene Denkmal eingeweiht. Dieses Datum wurde gewählt, weil am 18. Oktober 1941 die Deportationen der Berliner Juden begonnen hatten. Die Inschrift, die Ingeborg Hunziger für eine der Rückseiten der 3 Blöcke gewählt hat, lautet:
>
> ‚Die Kraft des Zivilen Ungehorsams und die Kraft der Liebe bezwingen die Gewalt der Diktatur'. [...]

Bei der Interpretation dieses Denkmals können Schülerinnen und Schüler auf manches zurückgreifen, was sie bei der Bildinterpretation (s. oben) bereits gelernt haben. Haben sie im Laufe des Geschichtsunterrichts auch Erfahrungen beim Lernen am historischen Ort (etwa beim Thema „Ritter und Burgen im Mittelalter") gemacht,[128] so werden ihnen auch die dort erworbenen Kenntnisse hilfreich sein. Die Nutzung von Denkmälern als ein Geschichtsmedium eigener Art bedarf aber weiterer und anderer Kenntnisse,[129] als dies Bilder oder historische Orte verlangten.

Da Denkmäler bereits schon in der Planungsphase oft Anlass zu heftigen Auseinandersetzungen bieten – erinnert sei nur an den Streit um das Berliner Holocaust-Denkmal –, können Erkenntnisse, die bei der schulischen Beschäftigung mit ihnen gewonnen wurden, dazu verhelfen, diese Auseinandersetzungen besser zu verstehen.

---

128 S. hierzu: Mayer: Historische Orte als Lernorte (wie Anm. 68), S. 389-407.
129 Zur Interpretation von Denkmäler, vor allem Kriegerdenkmälern, s. meinen Aufsatz „Kriegerdenkmäler als Geschichtsquellen", in: Handbuch Medien im Geschichtsunterricht, hrsg. v. Hans-Jürgen Pandel und Gerhard Schneider, Schwalbach/Ts. 4. Aufl. 2007, S. 525-578.

e) Oral History

Die Befragung von Zeitzeugen ist eine heute weitgehend anerkannte Methode historischen Lernens. Im Geschichts- und Sozialkundeunterricht ist sie verbreitet und offensichtlich auch beliebt, vor allem nachdem Beiträge zum Schülerwettbewerb deutsche Geschichte um den Preis des Bundespräsidenten[130] deren Ertrag vielfach dokumentiert haben. Inzwischen wird diese Methode auch in einigen Lehrplänen empfohlen. Diese positive Resonanz einer neuen Methode ist die eine Seite; weniger positiv erlebte ich die Art und Weise, wie Zeitzeugenbefragungen von Schülern durchgeführt wurden. Ich habe viele Fälle miterlebt, wo Lehrer ihre Schüler ermunterten, mit Zeitzeugen Interviews zu führen und die Schüler dann voller Begeisterung mit einem Mikrofon und einem Aufnahmegerät auf die Straße und in Altersheime zogen, um Zeitzeugen zu befragen – über ihr Leben im Dritten Reich („Haben Sie eigentlich von der Judenverfolgung etwas mitgekriegt?"– „Haben Sie Widerstand geleistet?"), von Flucht und Vertreibung („Haben Sie etwas von Plünderungen durch Russen mitbekommen?"), vom Leben in der DDR („Hat Sie die Stasi bespitzelt?"), von der Wiedervereinigung („Finden Sie die Wiedervereinigung gut?") usw. Vielfach habe ich Lehrer wie Schüler vor dieser Art von „Befragung" gewarnt, Schüler einfach mit Aufnahmegeräten auf mögliche Zeitzeugen „loszulassen". Auch in den insgesamt ertragreicheren Fällen, in denen Zeitzeugen (oft Familienangehörige) in die Klassenzimmer eingeladen und dort befragt wurden, blieben Irritationen auf Seiten der Schüler wie der Zeitzeugen nicht aus. Fast zu Konflikten kam es, wenn Schüler den Zeitzeugen Äußerungen vorhielten, die ihnen als „nicht richtig" erschienen. Zeitzeuge: „Willst Du das besser wissen als ich? Warst Du dabei oder ich?" Sicherlich fragen Schüler oft nicht sensibel genug und stoßen mit ihren manchmal inquisitorisch oder vorwurfsvoll anmutenden Fragen auf

130 Vgl. hierzu Detlef Siegfried: Der Reiz des Unmittelbaren. Oral-History-Erfahrungen im Schülerwettbewerb Deutsche Geschichte, in: BIOS 8 (1995), S. 89-106; ders.: Zeitzeugenbefragung. Zwischen Nähe und Distanz, in: Spurensucher. Ein Praxisbuch für historische Projektarbeit, hrsg. v. Lothar Dittmer und Detlef Siegfried, Weinheim und Basel 1997, S. 50-66 (die in der zweiten Auflage [Hamburg 2005, S. 65-81] erschienene Version dieses Aufsatzes ist leider um wesentliche, vor allem anschauliche Teile gekürzt); Alice von Plato: „Der letzte Zeuge" – Pädagogische Chancen und Grenzen der Oral History, in: Bevor Vergangenheit vergeht. Für einen zeitgemäßen Politik- und Geschichtsunterricht über Nationalsozialismus und Rechtsextremismus, hrsg. v. Thomas Schlag und Michael Scherrmann, Schwalbach/Ts. 2005, S. 82-91. – Zur Zeitzeugenbefragung als Methode s. auch Dorothee Wierling: Oral History, in: Aufriss der Historischen Wissenschaften, hrsg. v. Michael Maurer, Bd. 7: Neue Themen und Methoden der Geschichtswissenschaft, Stuttgart 2003, S. 81-151.

Widerstand bei den Zeitzeugen – mit der Konsequenz, dass diese sich schnell auf Aussagen zurückziehen, die kaum mehr als Allgemeinplätze sind. Oft erleben Schüler den ausufernden Redefluss der Zeitzeugen, die „vom Hölzken aufs Stöcksken" kommen und das, was die Schüler eigentlich wissen wollen, aus den Augen verlieren. Dies führt zu einer gewissen Ohnmacht der Fragenden, weil sie einfach nicht wissen, wie sie sich hier richtig verhalten sollen. Die anfängliche Freude der Schüler, im Geschichtsunterricht mal etwas anderes zu machen als an Texten zu arbeiten, weicht dann schnell einer gewissen Ratlosigkeit.

Man wird die Lehrer von der Verantwortung für die bei Schülern aufkommende Frustration nicht ganz freisprechen können. Allzu oft sind die Vorbereitungen für die Interviews unzureichend, was wohl auch daran liegt, dass die Lehrer selbst in ihrer Ausbildung zu wenig über diese neue, nicht ganz einfach durchzuführende Methode gelernt haben.[131] Was Schüler als besonders irritierend empfinden, ist die Entdeckung, dass Zeitzeugen Ereignisse auf eine Art und Weise erzählen, die oft nicht mit dem übereinstimmt, was sie im Unterricht gelernt haben. Dieses Glaubwürdigkeitsdilemma stürzt Schüler in Ratlosigkeit. Wer hat nun Recht? Lügen die Zeitzeugen oder berichtet das Schulbuch falsch? Lassen sich diese scheinbaren Ungereimtheiten noch relativ leicht etwa mit Hinweis auf den besonderen (eingeschränkten) Blickwinkel des Zeitzeugen oder mit regionalen Unterschieden erklären, ist ein anderes vielfach auftretendes Problem viel grundsätzlicher: Schüler wollen, wenn sie Zeitzeugen befragen, Geschichte gleichsam „aus erster Hand" hören. Sie wollen erfahren, wie es eigentlich gewesen ist. Dass die Berichte der Zeitzeugen dies nicht liefern (können), müssen sie erst noch lernen. Denn die Zeitzeugen liefern ja nicht die vergangene Wirklichkeit frei Haus, ihre Erinnerungen sind vielmehr – genau wie andere Quellen auch, mit denen Schüler schon Erfahrung gesammelt haben – Sichtweisen vergangener Wirklichkeit. Zudem sind sie eine wichtige Quelle für die Art und Weise, wie Zeitzeugen, Beteiligte, Betroffene, Täter wie Opfer ihre damaligen Erfahrungen verarbeitet haben. Und mit letzterem umzugehen, mit Zeitzeugen, die sich dieses Sachverhalts oft selbst nicht bewusst sind, darüber gleichsam auf einer Metaebene zu diskutieren, ist schwer und für Schüler der Sekundarstufe I oft nicht leistbar. Zeitzeugen lügen ja nicht, wenn sie den Schülern

131 Mittlerweile gibt es eine Reihe guter Handreichungen für die Lehrer; s. etwa Gerhard Henke-Bockschatz: Oral History im Geschichtsunterricht, in: Geschichte lernen H. 76 (2000), S. 18-24; und noch praxisnäher: Siegfried, Zeitzeugenbefragung (wie Anm. 130); Klaus Bergmann/Rita Rohrbach: Chance Geschichtsunterricht. Eine Praxisanleitung für den Notfall, für Anfänger und Fortgeschrittene, Schwalbach/Ts. 2005, S. 68ff.; v. Plato (wie Anm. 130), S. 85

etwas erzählen, was diesen als unrichtig erscheint, vor allem dann nicht, wenn es um eher harmlose Erinnerungsgeschichten geht („Wie war der Tagesablauf in einer kleinbäuerlichen Familie vor 1950?"). Sieht man einmal von den oft bewusst begradigten Lebensläufen von belasteten Nationalsozialisten ab, erzählen sie das, was sie glauben erlebt zu haben. Was ist also zu tun?

Werden zum selben Thema zwei oder mehrere Personen interviewt, ist es unvermeidlich, dass Unterschiede und Unstimmigkeiten in den Aussagen der Zeitzeugen und in ihren Bewertungen der geschilderten Ereignisse und Sachverhalte auftreten. Was Schüler im ersten Moment ratlos zu machen droht, weil die Zeitzeugen ja über dasselbe Ereignis oder denselben Sachverhalt Unterschiedliches, ja sich Widersprechendes erzählen, kann für den Lernprozess der Schüler durchaus produktiv sein. In der offensichtlichen Diskrepanz der Aussagen spiegelt sich der „Konstruktcharakter von Geschichte" wider, will sagen: Die Schüler erkennen, dass Geschichte „gemacht" wird, dass sie nicht identisch ist mit der Vergangenheit, weil diese auch durch noch so präzise Zeitzeugenschaft nicht wiederhergestellt werden kann.

Zeitzeugenbefragungen sind also ein schwieriges Geschäft; sie müssen intensiv vorbereitet werden und zwar sowohl was die zu erfragenden Sachverhalte selbst als auch was die Art und Weise des Umgangs mit den Informanten angeht. Um Frustrationen zu vermeiden, sollten Schüler in Umrissen wissen, was sie an Informationen erwarten können und was nicht. Hier müsste bei der Auswahl des Zeitzeugen ggf. der Lehrer mithelfen, um zu garantieren, dass die zu befragende Person auch „ergiebig" ist.[132] In methodischer Hinsicht wird Transferwissen in zweifacher Hinsicht relevant. Zunächst einmal könnte, wenn schon nicht bereits bei der Befragung der Zeitzeugen, so doch bei der Auswertung der Interviews Transferwissen aktiviert werden, das Schüler im Geschichtsunterricht bei der Interpretation von schriftlichen Quellen, vor allem von autobiografischen Quellen, bereits erworben haben. Auch hier schon sollten Schüler gelernt haben: Persönliche Betroffenheit, Parteilichkeit der Zeitzeugen, der persönliche Blick auf das Erlebte, Verdrängungen, Rechtfertigungszwänge, die teilweise lange Zeit, die seit dem referierten Ereignis vergangen ist (und vieles andere mehr), beeinflussen das, was die Zeitzeugen als ihre Sicht der Dinge berichten. Sie lassen diese als einseitig, manchmal auch als „falsch" erscheinen. Solche Quellen müssen mit Quellen anderer Zeitgenossen, mit Quel-

---

132 Zu weiteren Vor- und Nachüberlegungen s.a. Henke-Bockschatz (wie Anm. 131), S. 19f.

len anderer Provenienz, möglichst auch mit nicht-autobiografischen Quellen kontrastiert werden.

Daneben gilt auch für die Zeitzeugenbefragung, was oben schon über die Beschäftigung mit Textquellen gesagt wurde: mit einfachen und kurzen Interviews beginnen, um Interpretationskompetenz anzubahnen und Transferwissen anzueignen, um dann auf die hierbei erworbenen Fertigkeiten aufbauend zu immer längeren Interviews auch zu schwierigeren Themen voranzuschreiten. Diese einfachen Interviews können sich auf rein Faktisches beziehen. Also etwa: „Wie haben Sie den Bombenangriff auf Ihre Heimatstadt am 9. Oktober 1943 erlebt?" oder „Wann sind Sie aus der Gefangenschaft nach Hause zurückgekehrt und wie sah Ihre Heimatstadt damals aus?" Auch Fragen nach gleichförmigen, immer wieder kehrenden Sachverhalten erweisen sich meist als weniger problematisch. „Schildern Sie uns einmal den Tagesablauf in einer Bauernfamilie, wie Sie ihn als Kind miterlebt haben?" „Sagen Sie uns bitte, wie in Ihrer Erinnerung ein ganz normaler Arbeitstag Ihres Vaters als Bergmann im Ruhrgebiet ablief." Hier können Schüler das „bekommen", was sie vom Geschichtsunterricht über Zeitgeschichte erhoffen: das subjektiv Erinnerte als das Authentische, die lebensgeschichtliche Erfahrung eines Zeitgenossen jenseits der „großen", für Schüler doch meist weit entrückten Geschichte. Mit Fragen nach dem eigenen Freizeitverhalten der Zeitzeugen in ihrer Jugend, nach dem Erleben des eigenen Schulalltags werden schwierigere Sachverhalte angesteuert. Hier werden oft nicht mehr ausschließlich die eigenen Lebenserfahrungen geschildert, sondern von den Zeitzeugen Bewertungen vorgenommen, die oft nicht aus der Zeit selbst, also aus dem unmittelbaren Erleben stammen, sondern erst mit Blick von der Gegenwart aus auf die eigene Vergangenheit getroffen werden. Es wäre ein Optimum, wenn es Schülern und den Zeitzeugen gemeinsam gelänge, zu Fragen nach der Verarbeitung von Lebenserfahrungen vorzustoßen. „Haben Sie diese die Dinge, die Sie uns erzählt haben, so auch schon früher eingeschätzt und bewertet, oder hatten Sie damals zu dem, was Sie uns erzählt haben, eine andere Meinung?" Und gegebenenfalls ergänzend: „Wie erklären Sie sich, dass Sie heute über Ihr damaliges Tun anders denken und es anders bewerten als damals?"

2. Ereignis- und inhaltsbezogene Transfers[133]

2.1. Germanen

Es wäre sicherlich lohnend, herauszufinden, welche Vorstellungen von „den Germanen" heute noch immer in den Köpfen der Menschen herumgeistern. Mit dem, was als wissenschaftlich gesichert gilt, hat dies meist nur wenig zu tun.[134] Arminius bzw. Hermann der Cherusker gilt manchen als unmittelbarer Vorfahre der Deutschen, der Germanien oder gar Deutschland befreite. Das im 19. Jahrhundert von Ernst (von) Bandel geschaffene Hermannsdenkmal bei Detmold im Teutoburgerwald bringt dieses damals verbreitete Geschichtsbild zum Ausdruck. Zwar tritt heute diese Botschaft des Hermannsdenkmals hinter dessen Bedeutung als touristischer Attraktion zurück, aber antirömische Affekte bestimmen nach wie vor das gängige Germanenbild. Der Germanenkult der Nationalsozialisten lebte von solchen Vorstellungen, steigerte diese noch und integrierte sie in die eigene Ideologie und das völkische Geschichtsbild. Dabei ist nach wie vor strittig, wer „die" Germanen eigentlich gewesen sind und ob man nicht besser von verschiedenen germanischen Stämmen sprechen sollte.

- *Beispiel für einen Transfer historischen Wissens in ein anderes Unterrichtsfach:* Im Deutschunterricht wird man bei der Behandlung der Romantik und ihrer Entdeckung des Mittelalters (oder was die Romantik darunter verstand!) auf Wissensbestände zurückgreifen, die bei der Durchnahme des Themas „Römer und Germanen" als transferfähig festgehalten worden waren. Werden grundsätzliche, gleichwohl aufgrund der Forschungslage notwendig vorsichtige Kenntnisse über Alltagskultur, Götterwelt, Wirtschaftsform, „staatliche" Ordnung, Kampfesweise vermittelt und werden diese auch später noch erinnert, dann könnten sie dazu verhelfen, das von der Romantik propagierte Germanen- und Mittelalterbild zu kritisieren.
- Ebenfalls im Deutschunterricht wird man bei der Behandlung von Heinrich v. Kleists politischem Schauspiel „Die Hermannsschlacht" (1808) mit Gewinn auf Transferwissen aus dem frühen Geschichts-

---

133 Es sei hier ausdrücklich bemerkt, dass bei den nachfolgenden Themenbeispielen jeweils nur einige Transfermöglichkeiten beschrieben werden. Vollständigkeit wird nicht angestrebt. Andere Transfermöglichkeiten sind denkbar und sicher auch notwendig.

134 Den besten Überblick bietet: Heinrich Beck (Hrsg.): Germanen, Germania, germanische Altertumskunde, Berlin 1998 (= Ungekürzte Studienausgabe des Artikels aus dem Reallexikon der Germanischen Altertumskunde). Für Schüler geeignet: Hermann Ament: Die Germanen. In: DIE ZEIT. Welt- und Kulturgeschichte, Bd. 3, Hamburg, 2006, S. 321-372

unterricht zurückgreifen. Dieses Tendenzstück setzt beim Leser oder Theaterbesucher sowohl Kenntnisse der historischen Gestalt des Arminius und der Varus-Schlacht als auch des an Arminius anknüpfenden Hermann-Mythos voraus. Kennen sollte man auch die Zeitumstände, die Kleist zweifellos veranlasst haben, das Stück zu schreiben: In der Doppelschlacht von Jena und Auerstedt hatte die preußische Armee Mitte Oktober 1806 eine schwere Niederlage gegen die napoleonischen Truppen erlitten. In der Folgezeit wurde fast ganz Preußen besetzt, die königliche Familie floh nach Ostpreußen. Im Frieden von Tilsit vom 9. Juli 1807 musste Preußen nahezu die Hälfte seines Staatsgebietes abtreten und eine große Entschädigungssumme an Frankreich zahlen. Preußen, im 18. Jahrhundert zur europäischen Großmacht aufgestiegen, war an einem Tiefpunkt angelangt. Am Beispiel des siegreichen Kampfes gegen Varus wollte Kleist zeigen, wie man den aktuellen Feind besiegen kann. Die römischen Legionen des Varus seien deshalb besiegt worden, weil es Arminius/Hermann gelungen war, die Germanen gegen den Feind zu einen. Die Analogie ist offensichtlich: So wie Arminius als Führer der Germanen die Römer schlug, so seien die Deutschen jetzt zur Einheit aufgerufen, um Napoleon, den Eroberer und Unterdrücker der Deutschen, zu bekämpfen und zu besiegen. Septimius Nerva, der sich den Germanen gefangen gibt, wird erschlagen – ein Fingerzeig, wie mit gefangenen Franzosen und deren Verbündeten zu verfahren sei: „Nehmt eine Keule doppelten Gewichts!" Transferwissen aus dem Geschichtsunterricht kann dazu verhelfen, die Interpretation des Kleistschen Dramas im Deutschunterricht facettenreicher zu gestalten und damit zu vertiefen. Nicht nur können die historischen Zeitumstände, die sich in dem Drama widerspiegeln, erhellt werden, auch die Wirkungsgeschichte dieses Dramas[135] als patriotisches, gegen Frankreich, den „Erbfeind", gerichtetes Stück kann mit Hilfe geschichtlichen Transferwissens eingehend behandelt werden.

- Es ist sinnvoll, im Unterricht über die Germanen solche Kenntnisse zu vermitteln, die es den Schülern (und späteren Erwachsenen) ermöglichen, in der Öffentlichkeit gängigen Germanenmythen an-

---

135 Eine Ausstellung im Schloss Neuhardenberg und im Kleist-Museum in Frankfurt/Oder in der zweiten Hälfte des Jahres 2008 hat die Vereinnahmung Kleists durch die Nationalsozialisten dokumentiert; s. hierzu auch das Exponatverzeichnis von Caroline Gille: Was für ein Kerl! Heinrich von Kleist im Dritten Reich, Stiftung Neuhardenberg 2008; Martin Maurach: Betrachtungen über den Weltlauf. Kleist 1933–1945, Berlin 2008; s. ferner den Ausstellungsbericht von Evelyn Finger: Deutschester der Deutschen, in: DIE ZEIT Nr. 35 v. 21. 8. 2008, S. 56.

gemessen begegnen zu können.[136] Hierzu bedarf es einer mit dem Fortgang des Geschichtsunterrichts immer differenzierteren „Anreicherung" des Transferwissens. Konkret bedeutet dies, dass etwa im Zusammenhang mit der Behandlung des Humanismus auf Ulrich von Huttens mit antirömischen Affekten durchsetzte Schrift „Arminius" (um 1520) eingegangen wird. Wenn dann im nächsten Schuljahr die seit den Befreiungskriegen (1813–15) und dann besonders im Vormärz einsetzende Diskussion um einen deutschen Nationalstaat durchgenommen wird, kann man auf Hermann/Arminius eingehen, der für manche Zeitgenossen der Wegweiser zur nationalen Einheit angesichts der nicht überwundenen partikularen Zersplitterung Deutschlands gewesen ist. Spätestens mit Bandels Denkmalsplan und dem Planungsbeginn des Hermannsdenkmals im Jahr 1837 wurde Hermann zur Identifikationsfigur der deutschen Nationalbewegung.[137]

• Man wird bei der Behandlung der Germanen im Geschichtsunterricht, speziell bei der Erwähnung des Arminius schon Hinweise darauf geben können, dass es sich hier um eine historische Gestalt handelt, über deren Leistungen und Verdienste wir recht wenig Gesichertes wissen, die aber im Laufe der Geschichte gleichsam an Renommee gewann und von einer späteren Zeit zu politischen Zwecken (vorgeblich als erster Einiger der „deutschen" Stämme) vereinnahmt wurde. Bei der Behandlung des deutschen Kaiserreichs, den Formen seiner Selbstdarstellung und seiner öffentlichen Inszenierung kann man

---

136 In der Vergangenheit wurden diese Geschichtsmythen durch entsprechende Bilder, die im Geschichtsunterricht eingesetzt wurden, durchaus verfestigt; s. hierzu Walter Müller: Schulwandbilder als Spiegel des „Zeitgeistes". „Germanisches Gehöft" 1889, 1935, 1952, in: Geschichte lernen, Heft 5/1988, S. 18-24; Ferner: Hartmann Wunderer: Geschichtsunterricht in der Sekundarstufe II. Zweiter Durchgang oder Förderung der Studierfähigkeit? In: Wie weiter? Zur Zukunft des Geschichtsunterrichts, hrsg. v. Hans-Jürgen Pandel und Gerhard Schneider, Schwalbach 2001, S. 98-112, v.a. S. 107-111.

137 S. zu diesem Zusammenhang: Gerd Unverfehrt: Arminius als nationale Leitfigur. Anmerkungen zur Entstehung und Wandel eines Reichssymbols, in: Kunstverwaltung, Bau- und Denkmal-Politik im Kaiserreich, hrsg. v. Ekkehard Mai und Stephan Wetzoldt, Berlin 1981, S. 315-340; Andreas Dörner: Die Inszenierung politischer Mythen. Ein Beitrag zur Funktion der symbolischen Formen in der Politik am Beispiel des Hermannsmythos in Deutschland, in: Politische Vierteljahresschrift 34 (1993), S. 199-218; Günther Engelbert (Hrsg.): Ein Jahrhundert Hermannsdenkmal 1875–1975, Detmold 1975; Rainer Wiegels/Winfried Woesler (Hrsg.): Arminius und die Varusschlacht. Geschichte-Mythos-Literatur, Paderborn 2. Aufl. 1999; Rolf Brütting: Gründungsmythen – die Erfindung der Nation aus der Geschichte. Nationalismus und Nationaldenkmal am Beispiel von Arminiuslegende und Hermannsdenkmal, in: Geschichte, Politik und ihre Didaktik 29 (2001), S. 192-196.

auch auf das im Jahr 1875 in der Nähe von Detmold eingeweihte Hermannsdenkmal eingehen, das uns Hermann/Arminius nun nicht mehr in erster Linie als Gestalt zeigt, die die Zeitgenossen zur endlichen Verwirklichung der nationalen Einheit mahnt. Er wird vielmehr zum Symbol neu gewonnener nationaler Größe, die sich auch in der Monumentalität des Denkmals (Gesamthöhe knapp 55 m) ausdrückt. Hermann erhebt sein Schwert nach Westen, wo nun der neue Feind Deutschlands steht. Auf diesem ist folgende Inschrift zu lesen: „Deutsche Einigkeit, meine Stärke/Meine Stärke, Deutschlands Macht." In den Nischen des Denkmals ist ferner zu lesen:

„Der lang getrennte Stämme vereint mit starker Hand,
Der welsche Macht und Tücke siegreich überwandt,
Der längst verlorene Söhne heimführt zum Deutschen Reich,
Armin, dem Retter ist er gleich."

- Ebenfalls schon mit Blick auf den späteren Unterricht in der 9. Klasse wird bei der Beschäftigung mit den Germanen darauf hingewiesen, dass Arminius/Hermann von einer späteren Zeit zum Führer aller Germanen stilisiert wird, der die Germanen geeint habe, und dem es mit der Vereinigung aller Teilstämme gelungen sei, die Voraussetzung für den siegreichen Kampf gegen den äußeren Feind (=Rom) zu schaffen. In der 9. Klasse wird man darauf zurückkommen und auf die Selbststilisierung Hitlers als modernen Führer aller Germanen hinweisen, dessen Ziel die Vereinigung der nordischen (germanischen) Völker gewesen sei. Bei der Verwirklichung dieses Zieles wurden (auch gewaltsame) Annexionen nicht ausgeschlossen. Hitler habe sich als direkter Nachfolger Arminius' verstanden. Die Deutschen seien in zeitloser Blutsgemeinschaft mit den Germanen verbunden.
- In diesem Kontext gehört auch die Germania-Allegorie, die seit dem frühen 19. Jahrhundert der Sehnsucht nach dem angestrebten Nationalstaat Ausdruck verleiht. Zeitweise trägt sie kämpferische, kriegerische, jedenfalls aggressive Züge; sie ist bewaffnet und gepanzert und wendet sich gegen einen äußeren Feind. Von der Symbolgestalt zur deutschen Einheit mutiert sie zur Drohgestalt, die den Feind im Westen in die Schranken weisen wird.[138] Dennoch: Die Germania ist und bleibt eine Kunstfigur mit historisch nicht erwiesener Wirkung, während Arminius/Hermann eine historisch nachweisbare Gestalt ist, die einen siegreichen Kampf geführt hat und mit der man sich identifizieren konnte.

---

138 Vgl. hierzu Gertrud Liedtke: Mythen der Reichsgründungszeit, in: Geschichte, Politik und ihre Didaktik 29 (2001), S. 185f.

2.2. Ritter

Zu den attraktiven und bei Schülern der Grundschule beliebten Unterrichtsgegenständen zählt das Thema „Ritter und Burgen". Vor allem alles, was mit dem Turnier zusammenhängt, findet ihr Interesse. Sicherlich ist die Vorstellung der Schülerinnen und Schüler vom Ritterturnier in vielen Fällen nicht ganz korrekt, sondern entspricht mehr dem, was sie in bunten, oft spektakulär überzeichneten Spielfilmen[139] gesehen haben; aber dass es sich bei einem Turnier um ein ritterliches Kampfspiel mit Pferd und Lanze handelt, das über mehrere Tage dauern konnte, ist ihnen bekannt. Da liegt es nahe, in einer Transferphase auf die moderne Bedeutung des Wortes „Turnier" und anderer aus dem Rittertum abgeleiteten Redewendungen einzugehen. Diese Bezugnahme ist auch deshalb sinnvoll, weil heute in vielen deutschen Städten und Burgen den mittelalterlichen Turnieren nachempfundene Veranstaltungen als Tourismusattraktion durchgeführt werden und großes Interesse in der Bevölkerung finden. Was man unter einem Turnier versteht, haben einige Kinder schon erfahren, bevor sie lernen, woher der Begriff stammt. Dass man unter einem Turnier eine an ein und demselben Ort an mehreren Tagen in verschiedenen Durchgängen durchgeführte Veranstaltung mit Wettkampfcharakter versteht, bei der der Sieg im Kampf zwischen Einzelpersonen oder Mannschaften errungen wird, haben sie als Zuschauer oder sogar als aktive Teilnehmer von Schach-, Tennis-, Box-, Tanzsport- und Billardturnieren miterlebt. Beim Reit- und Springturnier, aber auch beim Fechten und Schießen kommt es regelmäßig zum „Stechen", also zu einem Stichkampf zwischen zwei oder mehreren Konkurrenten, die den eigentlichen Wettkampf unentschieden, also mit der gleichen Treffer- oder Fehlerzahl, bzw. zeitgleich abgeschlossen haben. Wenn sich jemand für eine besondere Unternehmung oder eine Reise rüstet oder etwas im Schilde führt, wenn eine Sache oder ein Streit ausgefochten werden, gar einer etwas Böses im Schilde führt, ein anderer mit offenem Visier kämpft oder für jemanden eine Lanze bricht, sich ritterlich verhält, wenn einer in seine Schranken verwiesen wird, vielleicht weil er auf hohem Ross sitzt, wenn man ältere Menschen, die noch ganz fit sind, als rüstig bezeichnet, wenn jemand auf einem bestimmten Wissensgebiet sattelfest ist, dann bedienen wir uns heute unbewusst Redewendungen, die aus dem mittelalterlichen Turnierwesen bzw. aus dem Rittertum stammen. Auf all diese Redewendungen kann bereits schon bei der ersten Behandlung des Themas „Ritter und Bur-

---

139 S. hierzu jetzt knapp mit der älteren Literatur: Thomas Martin Buck: Mittelalter und Moderne. Plädoyer für eine qualitative Erneuerung des Mittelalter-Unterrichts an der Schule, Schwalbach/Ts. 2008, S. 395f.

gen" in der Grundschule oder in der Sekundarstufe I aufmerksam gemacht werden. Es kann so Transferwissen angeeignet werden, das sich
im späteren Leben als nützlich erweisen kann.

2.3. Die Reformation

Die Reformation als Unterrichtsgegenstand ist ein gutes Beispiel dafür, wie im Geschichtsunterricht auf bereits früher erworbene Kenntnisse zurückgegriffen werden kann. Wie die Beschäftigung mit diesem
Thema selbst wieder neues transferfähiges Wissen generiert, das bei
späteren Unterrichtsvorhaben aktiviert werden kann, soll an einigen
Beispielen gezeigt werden.

Es versteht sich von selbst, dass ein so grundstürzendes Ereignis
wie die Reformation nicht aus heiterem Himmel über die Menschen
hereinbrach, sondern sich bereits längere Zeit zuvor angekündigt hatte. Auch wenn die vorreformatorischen Bewegungen (vielleicht mit
Ausnahme von Jan Hus) im Geschichtsunterricht heute allenfalls in
einem Leistungskurs behandelt werden dürften, so sei doch darauf hingewiesen, dass es bereits im 14. Jahrhundert in England mit John Wiclif
(1328–1384) einen Vorläufer Luthers gab, der – wie später dann auch
Luther – die Bibel zur alleinigen Grundlage des Glaubens erklärte und
Ablasshandel, Heiligenverehrung sowie Reliquienkult bekämpfte. Jan
Hus (um 1370–1415) kannte die Schriften Wiclifs; auch für Hus war
die Bibel alleinige Grundlage des Glaubens. Es gab also bereits lange
vor Luther vorreformatorische Strömungen in Mitteleuropa, ohne dass
sie solche Auswirkungen gehabt hatten wie die Reformation des frühen
16. Jahrhunderts. Nun können auch Kenntnisse abgerufen werden, die
etwa bei der Beschäftigung mit Kirchenreformen des frühen und hohen
Mittelalters angeeignet wurden, so etwa die monastischen Reformen,
die im 10. Jahrhundert von Gorze, Cluny und dann später von Cîteaux
ausgingen, oder der Investiturstreit im 11. Jahrhundert, in dem es um
das Verhältnis von Laien und Klerus, von kirchlicher und weltlicher
Macht ging. Auch die Idee des Konziliarismus, die Frage also, ob sich
den Entscheidungen der Konzilien auch der Papst zu beugen habe, ein
Streitpunkt, der im 14. und frühen 15. Jahrhundert die Kirche zu spalten
drohte und zeitweise auch spaltete, gehört in diesen Zusammenhang. Sie
dürfte im Geschichtsunterricht aber kaum zur Sprache kommen. Das
bei der Beschäftigung mit den genannten Kirchenreformen angeeignete
Transferwissen kann zwar dazu verhelfen, dass die Reformation Luthers
in einen größeren Zusammenhang gestellt wird und in den Augen der
Schüler angesichts zahlreicher früherer Reformbemühungen ihre Ex-

zeptionalität verliert; diese Kirchenreformen und Reformbemühungen allein können aber die Besonderheit der Reformation nicht erklären. Die Schüler müssen sich also neue Kenntnisse aneignen, um das spezifisch Neue der Reformation Luthers zu verstehen.

Mit dem Wormser Edikt von 1521 sind Luther und seine Lehre geächtet worden. Auf den folgenden Reichstagen ging es darum, ob und ggf. wie dieses Edikt im Reich, in dem bereits einige Territorialherren zur neuen Lehre übergegangen waren, durchgesetzt werden konnte. Es zeigte sich, dass Kaiser Karl V. durch bestimmte Umstände gehindert war, gegen die Reformation bzw. gegen jene Fürsten mit Gewalt vorzugehen, die sich bereits zur Reformation bekannten. In diesem Fall waren es Konflikte mit König Franz I. von Frankreich und mit den Türken. Da er die Unterstützung der Territorialherren brauchte und er sich wegen der außenpolitischen Gefahren keinen weiteren Krisenherd im Reichsinnern leisten konnte, musste er von einem allzu offensiven Vorgehen gegen die Reformation Abstand nehmen. Dass Herrscher ihren Kampf gegen innenpolitische Gegner bei Bedrohung von außen nicht selten aussetzen oder ganz aufgeben – darin bestünde das Transferwissen, das hier festgehalten werden könnte –, hat es auch in späteren Zeiten gegeben. Um nur ein Beispiel zu nennen: Zu Beginn des Ersten Weltkriegs, am 4. August 1914, hat Kaiser Wilhelm II. in einer Rede vor dem Reichstag proklamiert, er „kenne keine Parteien mehr, kenne nur noch Deutsche". Damit brach er mit der bisherigen Regierungspolitik, die seit Jahrzehnten die Bekämpfung der Sozialdemokraten („Vaterlandsverräter") zum Leitmotiv hatte.

Man muss wissen, welche Auswirkungen die Reformation auf die konfessionelle

Abb. 13:
„Ich kenne keine Parteien mehr, kenne nur noch Deutsche", *Ausspruch Kaiser Wilhems II. zu Beginn des Ersten Weltkriegs 1914*

Zersplitterung Deutschlands und für die Stärkung der Territorialherren hatte. Nur so kann man später Ereignisse und Vorgänge verstehen: die Gegenreformation, die Auswanderung der Hugenotten aus Frankreich – vor allem nach der Aufhebung des Edikts von Nantes (1685) – und der Exulanten aus dem Salzburgischen (1731/32) sowie überhaupt die konfessionelle Aufteilung Mitteleuropas mit ihren bis ins 20. Jahrhundert hineinreichenden Konsequenzen.

Auch heute noch, in einer Zeit, in der konfessionelle Fragen kaum noch eine Rolle zu spielen scheinen, gibt es in Deutschland unterschiedliche kulturelle Bräuche und Verhaltensmuster, die ihren Ursprung in der seit der Reformation bestehenden konfessionellen Prägung der Menschen haben. Man denke nur an Karneval, Fas(t)nacht und Fasching, die vor allem dort gefeiert werden, wo die Mehrheit der Bevölkerung katholisch ist (Ausnahme: Basler Fasnacht). Die für Katholiken verordneten 40 Fastentage vor Ostern beginnen mit dem Aschermittwoch, an dessen Vorabend, dem Fastnachtsdienstag, die Zeit der ausgelassenen Feiern endet. In der Augsburgischen Konfession (Confessio Augustana) von 1530, der reformatorischen Bekenntnisschrift der protestantischen Reichsstände, wird eine Festschreibung bestimmter Fastentage verworfen, nicht aber das Fasten selbst.

Auch die auf den ersten Blick überraschende Tatsache, dass im Offizierkorps der kaiserlichen Armee, der Reichswehr wie der Wehrmacht der Anteil protestantischer Offiziere weit größer gewesen ist, als dies der prozentuale Anteil der Protestanten an der Gesamtbevölkerung hätte erwarten lassen, ist eine Folge der konfessionellen Prägung der deutschen Territorien. So betrug etwa der Anteil der Katholiken an der deutschen Bevölkerung im Jahr 1910 36,7 Prozent; etwa zur gleichen Zeit belief sich der Anteil der Katholiken im Offizierkorps aber auf nur 16,6 Prozent. Innerhalb der preußischen Generalität betrug der Anteil der Katholiken zwischen 1871 und 1914 gar nur 5 Prozent. Selbst im ganz überwiegend katholischen Königreich Bayern war der Prozentsatz der Protestanten im Offizierkorps doppelt so hoch wie ihr Anteil an der Gesamtbevölkerung Bayerns (ca. 40 zu 20 Prozent).[140] Diese auf den ersten Blick verblüffende Tatsache ist u.a. auf die starke Bindung des Offizierkorps an die in der Reformation zum großen Teil zum Pro-

---

140 S. hierzu Detlef Bald: Der deutsche Offizier. Sozial- und Bildungsgeschichte des deutschen Offizierkorps im 20. Jahrhundert, München 1982, S. 74ff.; Daniel J. Hughes: King's Finest. A Social and Bureaucratic Profile of Prussia's General Officiers, 1871-1914, New York 1987, S. 35; Hermann Rumschöttel: Das bayerische Offizierkorps 1866-1914, Berlin 1973, S. 236ff.; zusammenfassend: Johannes Hürter: Hitlers Heerführer. Die deutschen Oberbefehlshaber im Krieg gegen die Sowjetunion 1941/42, München 2. Aufl. 2007, S. 28f.

testantismus übergangenen Herrscherhäuser und auf die stärkere Identifikation der Protestanten mit dem Staat zurückzuführen.

Zur Zeit der Reformation und des Bauernkriegs sind zahlreiche Flugschriften, Bildsatiren, Karikaturen usw. von Gegnern und Befürwortern der Reformation in Umlauf gebracht worden. Unabhängig von ihrem zeitgebundenen Inhalt sind diese Quellen aufgrund ihrer Zielsetzung, ihrer Bildsprache, ihrer Verwendung in der politisch-religiösen Auseinandersetzung verallgemeinerungsfähig. Auch in späteren Krisenzeiten, und zwar wenn die Krise eine revolutionäre Zuspitzung erfährt, tauchen vergleichbare Quellen immer wieder auf, so etwa in der Französischen Revolution und in der Revolution von 1848. Man wird dann auf das zurückgreifen können, was im Unterricht über die Reformation bezüglich der zeitgenössischen Flugschriften und Karikaturen gelernt worden war, dass nämlich diese Publikationen in Zeiten heftigster gesellschaftlicher Auseinandersetzungen besonders gut geeignet sind, die Protagonisten des gegnerischen Lagers zu schmähen. Die beiden hier als Beispiel ausgewählten Abbildungen zeigen, dass auch in der Bildsprache Übereinstimmungen offensichtlich sind (Abb. 14 u. 15). Die Verwendung von Tierbildern diente der Degradierung und Diffamierung des anderen, also seiner Entmenschlichung. Wird beim Unterricht über die Französische Revolution auf solche Bildsatiren zurückgegriffen, werden sich Schüler daran erinnern, dass sie Vergleichbares bereits im Unterricht über die Reformation kennen gelernt hatten. Dass Calvin als Schwein

Abb. 14: Karikatur auf die Gegner Martin Luthers, Einblattdruck, um 1520

Aus: Adolf Laube/Max Steinmetz/Günter Vogler: Illustrierte Geschichte der deutschen frühbürgerlichen Revolution, Berlin (Ost) 1974, S. 202.

Abb. 15: Die erste europäische Koalition gegen die Französische Republik, kolorierte Radierung, 1794

Aus: Klaus Herding/Rolf Reichardt: Die Bildpublizistik der Französischen Revolution, Frankfurt/Main 1989, S. 69

und der Papst als Schweinereiter, Jesuiten und katholische Priester als Schweineherde verunglimpft wurden, ist bekannt. Die Karikatur der Gegner Luthers aus der Zeit um 1520 zeigt, dass auch andere Tierköpfe (Ziegenbock, Hund usw.) auf Menschenkörper aufgesetzt wurden. In der Zeit der Französischen Revolution wurde diese Bildsprache wieder aufgegriffen, wie das zweite Bild zeigt. Wir sehen hier die europäischen Mächte, als gekrönte Verbrecher diffamiert („des brigands couronnés"), die sich zum Sturz der französische Republik zusammengeschlossen haben: der Papst (Nr. 13), der Kaiser (Nr. 3), der König von Preußen (Nr. 6), der König von Spanien (Nr. 9), der Herzog von Braunschweig (Nr. 8), Zarin Katharina von Russland (Nr. 4), der König von England (Nr. 2) und im Vordergrund William Pitt in Fuchsgestalt (Nr. 1), vor dem ein Beutel mit Geld und ein Schriftstück liegt – ein deutlicher Hinweis darauf, dass er als Finanzier der antifranzösischen Koalition und als derjenige gesehen wurde, der dieses Bündnis zusammengebracht hat. Solche Bildsatire war „zu allen Zeiten üblich".[141]

---

141 Klaus Herding/Rolf Reichardt: Die Bildpublizistik der Französischen Revolution, Frankfurt/Main 1989, S.69.

2.4. Preußische Reformen

Bei der Beschäftigung mit den Preußischen Reformen zu Beginn des 19. Jahrhunderts werden im Allgemeinen angesprochen:

• die Regierungs- und Verwaltungsreform
• die Bildungsreform
• die Heeresreform
• die Agrarreform
• die Gewerbefreiheit
• die Judenemanzipation

Diese Reformen sind für die Entwicklung des preußischen Staates und der preußischen Gesellschaft, darüber hinaus aber auch für das 1871 entstehende deutsche Kaiserreich von fortdauernder Bedeutung. Hier wird zu Beginn des 19. Jahrhunderts der Versuch unternommen, durch eine Reform „von oben" den Weg zu einer umfassenden Modernisierung zu ebnen. Dieser Versuch einer „Modernisierung von oben" ist als Reaktion auf die auch in Deutschland nicht ohne positiven Widerhall gebliebene Französische Revolution zu sehen und auf die teilweise radikalen Eingriffe Napoleons in einzelne deutsche Staatswesen (vor allem die Rheinbundstaaten). Die wirtschaftlichen und sozialen Reformen Preußens (Agrarreform, Heeresreform, Gewerbereform) waren allerdings auf Dauer gesehen einschneidender und nachwirkender als die Reformen in den Rheinbundstaaten. Bei der unterrichtlichen Beschäftigung mit diesem Gegenstand können folgende transferfähigen Lernpotentiale festgehalten werden:

• Revolutionen sind in der Neuzeit keine auf einen Staat allein beschränkten Umwälzungen mehr; sie haben vielmehr unterschiedlich einschneidende Auswirkungen auch auf andere (angrenzende) Staaten; dies gilt für die Revolution von 1789 und lässt sich auch an den Revolutionen von 1830, 1848 und den revolutionären Veränderungen im Zuge des Auflösungsprozesses der Sowjetunion spätestens ab Mitte der 1980er Jahre nachweisen. Vor allem geistige und wirtschaftlich-soziale Revolutionen haben internationale Wirkungen (Aufklärung, Industrielle Revolution).
• Zur Abwehr einer drohenden Revolution und zum Zwecke einer gemäßigteren Adaption von Veränderungen können rechtzeitig durchgeführte Reformen erfolgreich sein und Revolutionen ggf. verhindern.
• Bei einer „Reform von oben" geben andere gesellschaftliche Gruppen den Ton an als bei einer Revolution. In Preußen verhielt es sich so, dass teils bürgerliche, teils adlige Beamte wohl gegen eine Mehrheit

der Betroffenen (Bauern, Adel, Handwerker, Unternehmer) die Reformen durchsetzten.

- An die Reformen war die Erwartung geknüpft, dass sich die Bürger in ihrer Mehrzahl, wenn sie einmal von den korporativ-ständischen Bindungen und der staatlichen Gängelung befreit wären, freiwillig in den Dienst dieses Staates stellen würden. In Preußen ist dies tatsächlich eingetreten: Wohl wie in keinem Land Europas identifiziert sich im Laufe des 19. Jahrhunderts das Bürgertum Preußens nahezu vorbehaltlos mit dem Staat.

- Den wirtschaftlichen und sozialen Reformen in Preußen entsprechen dort keine ähnlich weit reichenden Reformen auf dem Gebiet der Verfassung. Es zeigt sich, dass halbherzige Reformen zwar zu teilweise sogar gewaltigen Fortschritten auf dem einen Sektor führen können, zugleich aber Rückständigkeiten auf dem anderen Sektor nicht beseitigen. Diese Diskrepanz zwischen wirtschaftlicher Modernität und politischer Rückständigkeit hatte in den folgenden Jahrzehnten, ja, bis zum Ende des Kaiserreichs und darüber hinaus weit reichende Konsequenzen. Man wird bei verschiedenen Unterrichtsthemen der nachfolgenden Stunden (Gesellschaft im Kaiserreich; politische Partizipation; Wahlrecht u.a.) diese aus der Betrachtung der preußischen Reformen resultierende Erkenntnis mit Gewinn „verwenden" können.

- Bei der Behandlung von Agrarreform und Bauernbefreiung (Aufhebung der personengebundenen Erbuntertänigkeit der Bauern in Preußen durch Edikt von 1807 sowie der bodengebundenen Grundherrschaft über die Vollbauern 1811/16) wird darauf hingewiesen, dass die Befreiung keine vorbehaltlose gewesen ist, die Bauern ihren ehemaligen Herren vielmehr eine Entschädigung zu zahlen hatten. Diese Ablösung der bisher den adligen Grundbesitzern geschuldeten Abgaben und Dienstpflichten stürzte viele der jetzt rechtlich freien Bauern in Schulden, sodass sie sich als Freie in z.T. schlechterer wirtschaftlicher Situation befanden als vor der Bauernbefreiung. In den einzelnen Staaten des Deutschen Bundes vollzog sich diese Reform auf unterschiedliche Weise. Ein Beispiel: In Baden wurde 1833 der Zehnte zur Ablösung frei gegeben. Als Ablösungsbetrag wurde das Zwanzigfache des mittleren jährlichen Zehntbetrags festgelegt. Obwohl zu einem Fünftel vom Staat bezuschusst, war die Ablösesumme von den Bauern selbst in guten Ertragsjahren kaum zu erbringen.[142]

---

142 Vgl. hierzu (und auch zur Situation in Württemberg) Willi A. Boelcke: Sozialgeschichte Baden-Württembergs 1800-1989. Politik, Gesellschaft, Wirtschaft, Stuttgart 1989, S. 54ff.

Man wird sich an diesen Sachverhalt erinnern, wenn im Unterricht die Revolution von 1848 behandelt wird, denn zu deren Ausbruch hat (vor allem in Südwestdeutschland) die nur halbherzig durchgeführte Bauernbefreiung wesentlich beigetragen.

- Die Heeresreform, mit der im Jahr 1807, ein Jahr nach den verheerenden Niederlagen Preußens bei Jena und Auerstedt, begonnen wurde, schuf die Grundlagen dafür, dass die übelsten Missstände des alten stehenden Heeres (so z.b. die Prügelstrafe) beseitigt wurden. Ein Schlaglicht auf den sich verändernden Ständestaat wirft die Tatsache, dass jetzt nicht länger nur Adlige, sondern auch Bürgerliche in das Offizierkorps aufsteigen konnten und die allgemeine Wehrpflicht eingeführt werden sollte. Hier wird die Grundlage für das deutsche Heer der Zukunft geschaffen, auch wenn es noch lange Enklaven in der preußischen und später auch der kaiserlich-deutschen Armee geben sollte, in denen ausschließlich Adlige als Offiziere denkbar waren. Juden blieb der Offiziersrang bis zum Ersten Weltkrieg verschlossen, und selbst getaufte Juden hatten große Schwierigkeiten, Offizier zu werden. Dies zeigt, dass die Preußischen Reformen, die sich auf dem Papier so progressiv ausnehmen, in der Praxis nicht immer das hielten, was sie zu versprechen schienen (s. a. weiter unten die Bemerkungen zur Judenemanzipation).

- Bei der Behandlung der Innenpolitik des Kaiserreichs wird man etwa in der gymnasialen Oberstufe auch auf die Bedeutung und Leistungsfähigkeit des deutschen Schulwesens zu sprechen kommen, dessen Ansehen im Ausland so außerordentlich groß gewesen ist, dass es dort von manchen als vorbildlich bezeichnet wurde. Die Diskussion um die Anpassung des höheren Schulwesens vor allem in Preußen an die Erfordernisse der Zeit hat sich spätestens seit etwa 1880 in zahllosen Publikationen niedergeschlagen und in den beiden preußischen Schulkonferenzen von 1890 und 1900 ihren Höhepunkt und in der Festlegung dreier höherer Schultypen (Gymnasium, Realgymnasium, Oberrealschule) ihren Ausdruck gefunden. Sie wird nur dann in ihrer ganzen Tragweite erfasst werden, wenn man hier auf Wissen zurückgreifen kann, das Schülern bei der Behandlung der preußischen Reformen und hier der Bildungsreform Humboldts und Süverns vermittelt wurde. Zu lernen ist nicht allein die Tatsache, dass damals überall in Preußen die allgemeine Schulpflicht eingeführt worden war, dass das Abitur als Voraussetzung für ein Universitätsstudium bestimmt wurde, dass Forschung und Lehre an den Universitäten von staatlichen Eingriffen frei bleiben sollten und jedem Kind nach seinem geistigen Vermögen alle Bildungsmöglichkeiten offen standen; auch die Festlegung der Bildungsinhalte erfolgte in den beiden ersten Dekaden des 19. Jahrhunderts. So wichtig diese Sachverhalte auch sind, noch wichtiger und als transferfähige Erkenntnis festzuhalten ist, dass das Bildungssystem eines Staates immer den gesellschaftlichen Notwendigkeiten und/oder den staatlichen Intentionen entspricht. Dies lässt sich nicht nur für die Zeit nach der preußischen Niederlage gegen Napoleon nachweisen; dies gilt auch für die Umbruchsituation gegen Ende des 19. Jahrhunderts und hat auch seine Gültigkeit in unseren Tagen, da PISA die Kultusbürokratien und Teile der Öffentlichkeit aufgeschreckt hat.

- Die Judenemanzipation setzt im deutschsprachigen Raum im Laufe des 18. Jahrhunderts ein. Ein erster Meilenstein ist das Toleranzpatent Kaiser Josephs II. vom 2. Januar 1782. Obwohl ein großer Teil der bis dahin bestehenden Beschränkungen der Juden bestehen blieb (so werden ihnen z.B. weder öffentlicher Gottesdienst noch eine öffentliche Synagoge gestattet), wird man in den Bestimmungen über einen „besseren Unterricht und Aufklärung ihrer Jugend und durch Hinwendung auf Wissenschaften, Künste und Handwerke", um die Juden „dem Staate nützlicher und brauchbarer" zu machen, doch einen Fortschritt erblicken.[143] Am 28. September 1791 spricht die französische Nationalversammlung den Juden die vollen Bürgerrechte zu. Als die französischen Heere deutsche Gebiete am linken Rheinufer besetzten und dort die französische Verfassung einführten (1798), fielen auch hier die Ghettomauern. König Jérôme Napoléon verkündete am 27. Januar 1808 die Gleichberechtigung der Juden in seinem Königreich Westphalen. In Preußen kam ein solches Gesetz am 11. März 1812 zustande. Meistens wird in den Schulbüchern aber unterschlagen, dass dieses Gesetz nur in dem seit 1809 verkleinerten Preußen Gültigkeit hatte, nicht aber in der seit diesem Zeitpunkt von Preußen abgetrennten Provinz Posen, in der zahlreiche Juden lebten. Als Preußen auf dem Wiener Kongress Posen und damit zahlreiche jüdische Hausierer, Kleingewerbetreibende und Handwerker zurückgewann, wurde das Emanzipationsgesetz schnell wieder aufgehoben. Nur das Städtegesetz von 1809 blieb in Kraft, das den Juden die bürgerlichen Rechte beließ, die für den Staat von Nutzen waren. In der Folgezeit gab es in den deutschen Staaten keine einheitliche Regelung für die Judenemanzipation. Am liberalsten verhielten sich die Regierungen in Süddeutschland (Württemberg,

---

143 Zit. nach Ernst Ludwig Ehrlich: Geschichte der Juden in Deutschland, Düsseldorf o.J. (ca. 1956 u.ö.), S. 77; dort auch S. 78ff. die entsprechenden Quellen zu den nachfolgenden Angaben.

abgeschwächt auch Baden), am restriktivsten die Städte Lübeck und Bremen, wo gar keine Juden leben durften. Auch in Hamburg, in den Königreichen Sachsen und Hannover gab es für Juden nach wie vor Beschränkungen. Erst mit der Verfassung von 1848 verschwanden alle noch bestehenden rechtlichen Diskriminierungen der Juden, ohne dass diese Regelung von Dauer gewesen wäre. Erst ein Gesetz König Wilhelms I. von Preußen vom 3. Juli 1869 hob für das Staatsgebiet des Norddeutschen Bundes „alle noch bestehenden, aus der Verschiedenheit des religiösen Bekenntnisses hergeleiteten Beschränkungen der bürgerlichen und staatsbürgerlichen Rechte" auf. Dem folgte dann auch die Reichsverfassung von 1871.

Bei der Interpretation eines jeden neuen Emanzipationsgesetzes wird man auf das frühere Gesetz Bezug nehmen, den ggf. ausgeweiteten Grad der Emanzipation feststellen, aber auch fragen, weshalb einmal verliehene Rechte wieder zurückgenommen wurden. Ferner wird man Überlegungen anstellen, inwieweit der rechtlichen Gleichstellung der Juden auch eine gesellschaftliche folgte bzw. weshalb diese weitgehend ausblieb.

2.5. Industrielle Revolution

In vielen Fällen ist der Transfer – wie oben im allgemeinen Teil bereits erwähnt – eine Art Gegenwartsbezug. Es werden den Schülerinnen und Schülern dabei Einsichten in Zusammenhänge vermittelt, die zwischen ihrem aktuellen Lerngegenstand und dem, was sich daraus in der Zukunft entwickelte, bestehen. Gelegentlich kann ein Transfer aber auch in die Vergangenheit gewendet werden. Wenn man bei der Beschäftigung mit der Industriellen Revolution der Frage nachgeht, welche Folgen dieses epochale Ereignis gehabt hat, wird man u.a. auch auf das Verschwinden bestimmter Berufe zu sprechen kommen. Gerade im Handwerk hat die neue Technologie Berufe verschwinden lassen oder zu deren Veränderung geführt. Um ein paar Beispiele zu nennen: Das Böttcher- und Küferhandwerk wird heute kaum noch ausgeübt; Korbmacher und Seiler sind vollständig verschwunden; Herren- und Damenschneider gibt es kaum noch als selbständige Handwerker, allenfalls noch als Angestellte in Kleiderfabriken; der Schriftsetzer ist von der neuen Textverarbeitungspraxis verdrängt worden. Heute erlebt man auf manchen Jahrmärkten, wie das alte Handwerk wiederentdeckt und auf verklärende Art und Weise dem Publikum präsentiert wird. Wenn heute ein meist sehr alter Handwerker seine Handwerkskunst mit vorwiegend vorindustriellem Werkzeug und ausschließlich manuell demonstriert, erscheint dies in den Augen mancher Zeitgenossen als die wahre Produktionsweise, das hergestellte Produkt als das in jeder Hinsicht dem industriell gefertigten Produkt überlegene und bessere. Versandhandelsgeschäfte wie *manufactum* haben sich diesen Trend zueigen gemacht und erzielen damit erstaunliche Profite.[144] Ein Transfer in die Vergangenheit könnte die tatsächlichen Vorteile der vorindustriellen Produktionsweise, aber auch deren offensichtlichen Nachteile verdeutlichen: Dem engen Zusammenhang von Arbeiten und Leben und der Zufriedenheit des Handwerkers mit der von ihm vom Roh(werk)stoff bis zum Endprodukt vollständig hergestellten Ware stehen, wie wir aus der Geschichte des Handwerks in den spätmittelalterlichen und frühneuzeitlichen Städten wissen, vielfältige Formen von Abhängigkeiten und Beschränkungen gerade für jene gegenüber, die zwar wie die Meister im selben Beruf arbeiteten, fast nie aber die Möglichkeit hatten, selbst zur Meisterschaft aufzusteigen. Lange tägliche Arbeitszeit bei geringem Verdienst, weitgehende Blockade des beruflichen Aufstiegs, dazu die strengen Auflagen, was das Wohlverhalten gegenüber dem Meister anging, lassen keinen Raum für eine Verklärung der vorindustriellen Arbeits- und Lebenswelt.

Will man mit den Herausforderungen angemessen umgehen und den rasanten Wandel begreifen, den der ökonomische Umbruch und die wissenschaftlich-technologischen Entwicklungen der Gegenwart ausgelöst haben, dann kann es hilfreich sein, sich Erfahrungen zu vergegenwärtigen, die die Europäer im 19. Jahrhundert, wenngleich unter anderen Voraussetzungen und Bedingungen, gemacht haben. Wie damals so wird man auch heute nicht von einzelnen Faktoren oder gar von einer einzigen Erfindung als Auslöser der Veränderungen ausgehen; vielmehr wird es nötig sein, viele Faktoren und Ursachen, Interdependenzen und Zusammenhänge in Rechnung zu stellen, wenn man die damalige Industrielle Revolution und das heutige Computerzeitalter bzw. die Globalisierung verstehen will. So wie damals gibt es auch heute auf der einen Seite Technikfans, Fortschritts- und Modernisierungsoptimisten und auf der anderen Seite Maschinenstürmer, Zweifler und Zukunftspessimisten.

Als Folge der Industrialisierung und um deren Möglichkeiten voll auszuschöpfen, entstanden überstaatliche Wirtschaftsverbände und große Wirtschaftsräume ohne Grenzen, die den Warenfluss und den Güteraustausch störten. Damit wurde die Voraussetzung für internationale Zusammenschlüsse und gar für eine globalisierte Welt geschaffen: Damals war dies der Deutsche Zollverein (1834), dem sich nach und nach alle deutschen Staaten anschlossen und der nicht ohne Einfluss auf die Herstellung der nationalen Einheit im Jahr 1871 blieb; in den letzten

---

144 Vgl. dazu Schneider: Geschichte in der Werbung (wie Anm. 75).

Jahrzehnten unserer Gegenwart war dies die Europäische Gemeinschaft, die zur Keimzelle des Vereinten Europas wurde. Im Unterricht über die Industrielle Revolution sollten solche Zusammenhänge als Transferwissen fest eingeprägt werden. Dass das Thema „Industrielle Revolution" darüber hinaus weitere Transfermöglichkeiten bietet, versteht sich von selbst.

2.6. Preußen

Die nachfolgende Auflistung soll die bis auf den heutigen Tag unübersehbare Aktualität Preußens zeigen. Gleichzeitig können diese Inhaltsaspekte, die sich leicht vermehren ließen, verdeutlichen, in welchen Kontexten es sinnvoll und hilfreich sein kann, auf Transferwissen aus der Geschichte Preußens zurückgreifen zu können.

- Im Jahr 2001 hat man in Deutschland – allerdings weniger intensiv, als manche befürchteten – der Erhebung Preußens zum Königtum vor 300 Jahren am 18. Januar 1701 gedacht. Auch unter dem Gesichtspunkt, dass zum Verständnis historischer Jubiläen entsprechende Kenntnisse aus der Geschichte beitragen können, dürfte es sinnvoll sein, bei verschiedenen Unterrichtsthemen, die Preußen betreffen, transferfähige Kenntnisse zu erarbeiten. Diese Kenntnisse sollen dazu verhelfen, „das geschichtliche Phänomen Preußen aus der Sphäre emotionaler Verherrlichung ebenso herauszulösen wie aus unkritischer Abneigung."[145]
- Da immer wieder Preußenfilme aus der NS-Zeit[146] im Fernsehen wiederholt werden, ist es auch in dieser Hinsicht sinnvoll, wenn im Unterricht Kenntnisse angeeignet werden, die zur Einschätzung des Inhalts dieser Filme, ihres ideologischen Hintergrundes und ihrer Zielsetzung beitragen. Schülerinnen und Schüler (und diese später auch als Erwachsene) sollten wissen, warum die NS-Propaganda den „Führer" zum Vollender der glorreichen preußischen Vergangenheit stilisierten. Sie sollten auch wissen, dass mit den nationalsozialistischen Preußenfilmen das Ziel verfolgt wurde, die Bevölkerung da-

---

145 So der damalige Regierende Bürgermeister von Berlin, Richard von Weizsäcker, in seinem Geleitwort zur Preußen-Ausstellung des Jahres 1981; s. Preußen. Versuch einer Bilanz, Bd. 1: Ausstellungsführer, hrsg. v. Gottfried Korff, Reinbek 1981, S. 5.

146 Vgl. Friedrich P. Kahlenberg: Preußen als Filmsujet in der Propagandasprache der NS-Zeit, in: Preußen im Film. Eine Retrospektive der Stiftung Deutsche Kinemathek, hrsg. v. Axel Marquardt und Heinz Rathsack (= Preußen. Versuch einer Bilanz, Bd. 5), Reinbek 1981, S. 135-163; Dieter Gaedke: „An dem Sieg zu zweifeln, das ist Hochverrat!" Zur Propaganda im nationalsozialistischen Spielfilm, In Praxis Geschichte 6/1992, S. 27-31 (zum Film „Der große König", 1942).

von zu überzeugen, dass das geistige Fundament Preußens nunmehr Eingang in die NS-Ideologie gefunden habe. Dass dieses so vermittelte Preußenbild mit der tatsächlichen Entwicklung Preußens nur wenig zu tun hatte, sollte dann eine nicht unwichtige Erkenntnis der Betrachter sein.

- Preußen sei – so das Gesetz Nr. 46 des Alliierten Kontrollrats vom 25. Februar 1947, mit dem Preußen als Staat aufgelöst wurde – „seit jeher Träger des Militarismus und der Reaktion in Deutschland"[147] gewesen. Dass diese Sicht der Dinge einseitig ist, dürfte jedem historisch halbwegs informierten Menschen klar sein. Dennoch bedarf es fundierter Argumente, um dem antipreußischen Affekt vieler Menschen gerade im Ausland begegnen zu können. Natürlich wird niemand bestreiten, dass sich in Preußen spätestens seit dem 18. Jahrhundert eine militärische Tradition ausgebildet hat, dass ferner das Militär in der preußischen Gesellschaft eine große, wenn nicht gar dominierende Rolle spielte, dass der Militarismus als positiv besetzter Wert an sich galt und dass die Reichsgründung von 1871 nicht zuletzt nach drei siegreich geführten Kriegen endlich verwirklicht werden konnte. Auch die Weltmachtpolitik, die zu betreiben Kaiser Wilhelm II. sich ab den 1890er Jahren anschickte („Platz an der Sonne") und die den Ausbau des militärischen Potentials (Flottenrüstung ab 1898) und der Industrie zur Voraussetzung hatte, ließ Deutschland, das man im Ausland vielfach mit Preußen gleichsetzte, als rücksichtslosen Kriegstreiber dastehen.

- Im Innern Deutschlands galt der (preußische) Reserveleutnant, der – karikaturhaft überzeichnet – mit Monokel und schnarrender Stimme seine Befehle erteilte, sowie der einfache Soldat, der hackenschlagend und ständig „Jawoll!" brüllend diese bedenkenlos ausführte, als Inbegriff eines stupiden, gleichwohl gefährlichen Militarismus. Der gewissenhafte, obrigkeitshörige, dabei zugleich penible und sture preußische Beamte, dem Carl Zuckmayer in seinem „Hauptmann von Köpenick" in Gestalt des Bürgermeisters und seines Kassenverwalters ein Denkmal setzte, ist das zivile Ebenbild des preußischen Soldaten.

- Die sog. deutschen Einigungskriege gegen Dänemark 1864 und gegen Österreich und seine deutschen Verbündeten 1866, dazu der preußisch/deutsch-französische Krieg von 1870/71 schienen deutlich zu machen, dass Preußen zur Herstellung eines kleindeutschen Nationalstaates unter seiner Führung jederzeit zum Krieg bereit

---

147 Johannes Hohlfeld (Hrsg.): Dokumente der deutschen Politik, Bd. 6, Berlin 1952, S. 218.

gewesen sei. Im wiedererstandenen Kaiserreich sahen manche die Apotheose preußischer Geschichte.

- Auch in der Ausgrenzungspolitik gegen sog. Reichsfeinde (politischer Katholizismus, politische Arbeiterbewegung, Juden, Reichspolen, Dänen, Elsässer und Lothringer) sah man den preußischen Geist am Werk.

- Bei der Behandlung der Gesellschaft des Kaiserreichs ist auf die große Bedeutung des Militärs im Staat und im gesellschaftlichen Leben hinzuweisen. Ferner wird man zum Beweis für die bewunderte Position des Offiziers in der Gesellschaft das Bestreben weiter bürgerlicher Kreise herausarbeiten, den eigenen Kindern jene höhere Schulbildung zu verschaffen, welche die Voraussetzung für den Einjährigfreiwilligendienst (und damit für den Aufstieg zum Reserveleutnant) war.

- Bei der Behandlung des Imperialismus in seiner deutschen Ausprägung wird man auf die Auswüchse deutscher Kolonialpolitik eingehen müssen, die in den Augen mancher deutscher und ausländischer Zeitgenossen als Ausdruck eines negativen Preußentums angesehen wurden. In diesem Kontext kann auch auf die Flottenpolitik und auf die beiden Marokkokrisen 1905 und 1911 eingegangen werden, die eine Verhärtung der Beziehungen zu England und zu Frankreich zur Folge hatten und das Deutsche Reich in den Augen des Auslands als kriegslüstern erscheinen ließen.

- Wird im Unterricht die sog. Machtergreifung der Nationalsozialisten behandelt, sollte man auf eine Interpretation des „Tages von Potsdam" zur feierlichen Eröffnung des neuen Reichstags am 21. März 1933 nicht verzichten. Reichspräsident von Hindenburg in der Uniform des kaiserlichen Generalfeldmarschalls und Reichskanzler Hitler im schwarzen Cut beschworen in der Potsdamer Garnisonkirche, der Begräbniskirche König Friedrich Wilhelms I. und Friedrichs des Großen, den „Geist Preußens". Trotz allen Terrors gegen die Linksparteien hatten die Reichstagswahlen vom 5. März 1933 den Nationalsozialisten noch nicht die erhoffte absolute Mehrheit gebracht. Um auch die noch nicht gewonnenen konservativen und liberalen Wähler ins eigene Lager zu ziehen, wurde von den Nationalsozialisten der „Tag von Potsdam" inszeniert, um damit deutlich zu machen, dass man trotz der immer wieder lautstark propagierten „nationalen Revolution" beabsichtige, zu den alten Werten der Zeit vor der Abdankung des Kaisers zurückzukehren. Für diesen, der seit Ende 1918 in seinem holländischen Exil lebte, hatte man im Altarraum neben Hindenburg, Hitler und dem Reichstagspräsidenten symbolisch einen Stuhl freigehalten. Hinter dem leeren Stuhl, dem Hindenburg beim Hineingehen in die Kirche mit seinem Marschallstab Reverenz erwies, saß Kronprinz Wilhelm mit seiner Ehefrau. Nach einem Orgelvorspiel und dem Choral von Leuthen „Nun danket alle Gott" erinnerte Hindenburg in seiner Ansprache an das alte Preußen, dessen Geist „auch das heutige Geschlecht beseelen" möge. Hitler antwortete, dem Reichspräsidenten zugewandt, das Volk habe in den Wahlen vom 5. März „die Vermählung vollzogen zwischen den Symbolen der alten Größe und der jungen Kraft". Im Anschluss daran stieg Hindenburg in die Gruft hinab und legte an den Sarkophagen der beiden Preußenkönige Kränze nieder, worauf man gemeinsam das Lied „Wir treten zum Beten" sang. Uniformen, Lieder, Ansprachen, Symbolhandlungen – alles sollte an Preußen erinnern und die Nazis, legitimiert durch den Reichspräsidenten, als deren Erbe, Traditionswahrer, Fortsetzer und Vollender erscheinen lassen. Man wird die ganze Tragweite dieser Anspielungen ohne Kenntnisse der preußischen Geschichte nicht ermessen können.

Neben diesem Negativbild Preußens dürfen die positiven Seiten des Preußentums aber nicht unterschlagen werden.

- So war Preußen Zufluchtsort österreichischer und französischer Glaubensflüchtlinge und ein Hort religiöser Toleranz. Der Große Kurfürst Friedrich Wilhelm gewährte 1685 den von Ludwig XIV. aus Frankreich vertriebenen Hugenotten Aufnahme in Preußen. Im Jahr 1732 siedelten sich die sog. Salzburger Exulanten in Ostpreußen an. Religiöse Toleranz hat König Friedrich II. mehrfach persönlich proklamiert; sie hat später auch Eingang in das Allgemeine Landrecht für die Preußischen Staaten (1794) gefunden.
- König Friedrich II. („der Große") stand als aufgeklärter Fürst mit führenden (auch kritischen) Geistern Europas in persönlichem Kontakt. So weilte etwa Voltaire von 1750 bis 1753 als Gast Friedrichs II. in Schloss Sanssouci (Potsdam). Der preußische Staat sollte nach seinem Willen nach den Prinzipien der Vernunft, Toleranz und Rechtstaatlichkeit regiert werden.
- Der Philosoph Immanuel Kant (1724–1804) war einer der führenden Vertreter der europäischen Aufklärung. Er lehrte von 1770 bis 1796 als Professor für Logik und Metaphysik an der preußischen Universität Königsberg. Dass er vor allem in seiner letzten Lebensphase unter Maßregelungen der Zensurbehörde zu leiden hatte, hat seinen Einfluss auf das Denken in Deutschland zwar gehemmt, aber nicht gänzlich unterbinden können.

- Das preußische Bildungswesen, dessen Modernität Wilhelm von Humboldt zugeschrieben wird (zuletzt in DIE ZEIT Nr. 26/2009, S. 35 f.), und das von Preußen aus auf ganz Deutschland ausstrahlte, hat sicherlich dazu beigetragen, dass Deutschland in der zweiten Hälfte des 19. Jahrhunderts und zu Beginn des 20. Jahrhunderts in mehreren Wissenschaften weltweit führend gewesen ist.
- Nach dem Untergang des deutschen Kaiserreichs 1918 entwickelte sich der Freistaat Preußen zu einem stabilen Staatswesen und war in der Endphase der Weimarer Republik das letzte Bollwerk der Demokratie.
- Ein Großteil der Verschwörer des 20. Juli 1944 waren Offiziere, die sich in zahlreichen Äußerungen aus der Zeit des Widerstands und nach ihrer Verhaftung sowie noch unmittelbar vor ihrer Hinrichtung zu Werten bekannten, die sie selbst als aus dem Preußentum herrührend bezeichneten.

Bei jedem der angesprochenen Kapitel der preußisch-deutschen Geschichte lassen sich transferfähige Erkenntnisse über das, was man (positiv oder negativ) als Preußentum bezeichnet, erarbeiten. Jedes Kapitel trägt so zur Ausweitung und Differenzierung dieser Erkenntnisse bei. Wird im 9. (Hauptschule) bzw. 10. Schuljahr (Realschule, Gymnasium) auf die Auflösung Preußens hingewiesen und gefragt, warum die Siegermächte noch zwei Jahre nach dem Krieg die Auflösung eines Staates beschlossen, der faktisch schon zu bestehen aufgehört hatte, dann wird man all die als transferfähig erachteten Teilerkenntnisse früherer unterrichtlicher Beschäftigung mit dem Thema Preußen mit heranziehen können.

2.7. Staat und Kirche

Mit dem Einsatz der Abbildung der Bad Harzburger Canossa-Säule (Abb. 16) zu Beginn einer Unterrichtssequenz zum sog. Kulturkampf wird die Hoffnung verbunden, dass die Schüler jene Kenntnisse aktivieren, die sie ein Schuljahr zuvor im Zusammenhang mit dem Investiturstreit erworben haben.[148] Als Kulturkampf wird die Auseinandersetzung zwischen dem deutschen Kaiserreich unter Reichskanzler Bis-

---

148 Es muss hier einschränkend gesagt werden, dass der Investiturstreit im baden-württembergischen Bildungsplan für Gymnasien nicht mehr ausdrücklich erwähnt wird, wohl aber der Kulturkampf (8. Klasse). Im aktuellen bayerischen Lehrplan für das 8-klassige Gymnasium ist der Investiturstreit für die 7. Jahrgangsstufe, der Kulturkampf für die 8. Jahrgangsstufe vorgesehen.

marck und der katholischen Kirche unter Papst Pius IX. in den Jahren von 1871 bis 1878 bzw. bis zur endgültigen Beilegung des Streits im Jahr 1887 bezeichnet. Der Begriff geht auf eine Äußerung des liberalen Mitglieds des preußischen Abgeordnetenhauses und Arztes an der Berliner Charité Rudolf Virchow zurück, der ihn erstmals 1873 benutzte und ihn verstanden wissen wollte als Kampf des Staates zur Befreiung der Kultur vom Einfluss der Kirche.

Canossa, Bismarck und die Säule von Bad Harzburg[149]

Anlass für Bismarcks nachstehend zitierten Ausspruch im Reichstag am 14. Mai 1872 war die Ablehnung des deutschen Gesandten am Heiligen Stuhl durch den Papst. Um die Besorgnis zu zerstreuen, die Reichsregierung könnte vor der römischen Kurie zurückweichen, sagte Reichskanzler Bismarck: *„Seien sie außer Sorge, nach Canossa gehen wir nicht – weder körperlich noch geistig."* Noch heute bezeichnet ein Canossa-Gang einen meist als erniedrigend empfundenen Bittgang zu einem Vorgesetzten oder zu einer vorgesetzten Behörde.

Fünf Jahre nach Bismarcks Ausspruch, im Jahre 1877, wurde auf dem Großen Burgberg bei Bad Harzburg die 19 Meter hohe „Canossa-Säule" fertig gestellt. Mit diesem Obelisk sollte Bismarcks Ausspruch vor dem Reichstag gedacht werden, welcher inzwischen zum geflügelten Wort geworden war.

„Canossa" erinnerte aber auch an den Investiturstreit, in dem es darum ging, wer das Recht habe, Bischöfe und Äbte einzusetzen, der König oder der Papst. Im Laufe der Auseinandersetzungen hatte Papst Gregor VII. über König Heinrich IV. den Kirchenbann verhängt. Dies hatte beträchtliche Auswirkungen auf die Handlungsfähigkeit des Königs, da die Vasallen des Königs jetzt, da ihr oberster Lehnsherr aus der Kirche ausgestoßen worden war,

Abb. 16: Die Canossasäule in Bad Harzburg

---

149 S. zum Folgenden auch *www.harzlife.de/harzrand.canossa* (15.7.2008); dort auch Abbildungen.

Abb. 17: Tafel an der Canossasäule

ihre Gefolgschaftstreue aufkündigen konnten. Auf einer Reichsversammlung der Fürsten in Tribur im Oktober 1076 forderten diese den König auf, sich innerhalb von einem Jahr aus dem Bann zu lösen. Dies war der Grund für Heinrichs Gang nach Canossa. Bei diesem Gang soll Heinrich am 25. Januar 1077 barfuß, im Gewande des Büßers vor die Burg von Canossa gezogen sein, in welcher sich Papst Gregor VII. aufhielt, um ihn um die Aufhebung des Kirchenbanns zu bitten. Drei Tage musste der König so ausharren, bis ihn der Papst schließlich vom Bann löste.

Was zunächst wie eine Niederlage der weltlichen Macht gegenüber dem Papsttum aussah, führte dazu, dass Heinrich wieder seine Handlungsfähigkeit gegenüber den Reichsfürsten errang. Tatsächlich blieb dieser Gang nach Canossa noch jahrhundertelang im Bewusstsein der Deutschen lebendig und zwar offensichtlich so sehr, dass Bismarck mit seinem Ausspruch, dass er nicht nach Canossa gehen wolle, zumindest im Deutschen Reichstag durchaus verstanden wurde.

2.8. Deutsche und Polen

Die 1000jährige deutsch-polnische Beziehungsgeschichte ist durch Kriege und, daraus resultierend, durch Vorurteile und Feindbilder ähnlich belastet wie die deutsch-französische Geschichte.[150] Natürlich gab es längere Phasen des friedlichen Zusammenlebens, des kulturellen Austausches und der für beide Seiten profitablen Wirtschaftsbeziehungen. Die Ereignisse der letzten beiden Jahrhunderte überlagern aber im kollektiven Gedächtnis beider Nationen die Tatsache, dass nicht alles, was zwischen beiden Nationen geschah, kriegerischer Natur gewesen ist.[151]

---

150 Vgl. jetzt auch Berit Pleitner: Die ‚vernünftige' Nation. Zur Funktion von Stereotypen über Polen und Franzosen im deutschen nationalen Diskurs 1850 bis 1871, Frankfurt/M. usw. 2001.

151 Vgl. in diesem Zusammenhang auch die Bemühungen der deutsch-polnischen Schulbuchkonferenzen, über eine Revision der Schulbuchinhalte bereits bei Schülern ein von nationalen Stereotypen möglichst freies Bild der deutsch-polnischen Geschichte zu vermitteln.

Sicher ließe sich schon bei der Behandlung der Christianisierung Polens in der 2. Hälfte des 10. Jahrhunderts und der Erhebung Gnesens zum Erzbistum im Jahr 1000 mit der deutsch-polnischen Geschichte beginnen, doch werden diese Ereignisse heute im Geschichtsunterricht kaum noch behandelt. Auch die deutsche Ostsiedlung und der Deutsche Orden, deren Bedeutung und Leistung von Polen und Deutschen sehr unterschiedlich eingeschätzt werden, sind nicht für jedes Geschichtslehrbuch relevante Unterrichtsgegenstände.[152] Interessanterweise ist Polen dann wieder ein wichtiger Unterrichtsgegenstand, als es im Jahr 1795 als selbständiger Staat aufgehört hatte zu existieren. Zwar werden im Geschichtsunterricht heute weder die in Deutschland verbreiteten Bekundungen der Solidarität mit den polnischen Aufständischen des Jahres 1830 behandelt („Polenbegeisterung"[153]), noch wird man auf die Äußerungen der Sympathie für Polen in der Frankfurter Paulskirche 1848 bzw. auf die dort ebenfalls zu hörenden gegenteiligen Töne zu sprechen kommen.[154] Erst beim Unterricht über die zentrifugalen

152 „Polen", „deutsche Ostsiedlung", „Deutscher Orden" tauchen im Index des in Deutschland wohl am weitest verbreiteten Geschichtslehrbuchs für Gymnasien überhaupt nicht auf; die Deutsche Ostsiedlung ist hinter dem lapidaren Satz „Gleichzeitig drangen Siedler nach Osten vor" in dem Kapitel „Bevölkerungswachstum und Landesausbau" versteckt (Geschichtsbuch 1. Neue Ausgabe, Berlin: Cornelsen 1997, S.114). Auch in „Wir machen Geschichte", Band 1, Frankfurt: Diesterweg 1997, wird das Stichwort „Polen" im Index nicht aufgeführt. Erwähnt werden aber knapp die Ostsiedlung (S. 208) und die Vertreibung der Juden nach 1348 (S. 312). Etwas ausführlicher: Das waren Zeiten 1, Bamberg: Buchner 1997; hier finden sich Informationen über die Ostsiedlung auf einer Seite (S. 150); ferner wird Polen hier im Zusammenhang mit der Hanse (S. 173) und mit der Vertreibung der Juden in Folge der Pest (S. 215) erwähnt. Allein Anno 1 (Ausgabe Niedersachsen), Braunschweig: Westermann 1997, erwähnt die Beziehungen Kaiser Ottos III. zu dem Polenherzog Boleslaw (S. 180), behandelt ausführlich die Ostsiedlung (S. 280ff.) und den Deutschen Ritterorden (S. 283) und enthält ein eigenes Kapitel „Die Entwicklung Polens" (S. 284f.).

153 Zuletzt: Wolfgang Michalka/Erardo C. Rautenberg/Konrad Vanja (Hrsg.): Polenbegeisterung. Ein Beitrag im „Deutsch-Polnischen Jahr 2005/2006" zur Wanderausstellung „Frühling im Herbst. Vom polnischen November zum Deutschen Mai. Das Europa der Nationen 1830-1832", Berlin 2005.; Gabriela Brudzynska-Nemec: Polenvereine in Baden. Hilfeleistung süddeutscher Liberaler für die polnischen Freiheitskämpfer 1831-1832, Heidelberg 2006. – Helmut Bleiber/Jan Kosim (Hrsg.): Dokumente zur Geschichte der deutsch-polnischen Freundschaft 1830-1832, Berlin (Ost) 1982.

154 Zur zeitgenössischen Auseinandersetzung s. Ludwik Könügk/Ernst Moritz Arndt: Gerechtigkeit für Polen: Sendschreiben an C.[!] M. Arndt als Entgegnung auf ein fliegendes Blatt „Polenlärm und Polenbegeisterung" (1848); der Text ist online verfügbar: *http://edocs.ub.uni-frankfurt.de/frontdoor.php?source_opus=68028* (15.11.08). Vgl. auch Michael G. Müller/Bernd Schönemann: Die „Polen-Debatte" in der Frankfurter Paulskirche. Darstellung, Lernziele, Materialien, Frankfurt/M. 1991.

Kräfte des Kaiserreichs kommt man auf die polnische Bevölkerung im damaligen Königreich Preußen bzw. im Deutschen Reich zu sprechen, ferner auf die Germanisierungspolitik, den Schul- und Sprachenstreit im Rahmen der Behandlung des Kulturkampfes. Nach Ende des Ersten Weltkriegs sollte sich zeigen, dass all die deutschen Bemühungen um eine allmähliche Liquidierung nationalpolnischer Identität gescheitert waren. Polen erstand nun wieder als Republik, ohne dass indes diese Staatswiedergründung und der territoriale Zuschnitt Polens von den Deutschen wirklich akzeptiert worden wären. Eine Revision der deutsch-polnischen Grenze, wie sie nach 1918 geschaffen worden war, blieb Ziel deutscher Politik. Es entsprach zudem einem verbreiteten deutschen Vorurteil, dass die Polen zu einer erfolgreichen Staatsgründung überhaupt nicht fähig seien. Die Nazis schürten derartige Vorstellungen und propagierten unter der deutschen Bevölkerung – auch unter den Deutschen in Polen – ein Gefühl rassischer Überlegenheit. Im deutsch-sowjetischen Nichtangriffspakt vom 23. August 1939 wurde die Aufteilung Polens zwischen Deutschland und der Sowjetunion beschlossen und nach der Niederlage Polens auch vollzogen. Im Zweiten Weltkrieg, von dem Polen wie wohl kein zweites Land betroffen wurde, verlor Polen rund ein Fünftel seiner Bevölkerung; das waren etwa sechs Millionen Menschen. Auf polnischem Gebiet vollzog sich auch der Holocaust der polnisch-jüdischen Bevölkerung und der von Deutschen dorthin deportierten Juden aus Deutschland und anderen europäischen Ländern. Nach dem Krieg wurden etwa sieben Millionen Deutsche aus den ehemaligen deutschen Ostgebieten vertrieben oder waren bereits zuvor von dort aus auf die Flucht gegangen. Dabei kam es zu zahlreichen gewaltsamen Übergriffen, für die Polen verantwortlich ist.

Eine derartige vielfach von Gewalt bestimmte gemeinsame Vergangenheit macht es den nachgeborenen Generationen nicht leicht, die bestehenden Gräben zwischen beiden Völkern zuzuschütten und zu einer vorurteilsfreien, die Rechte des anderen respektierenden Beziehung zu gelangen. Insofern verwundert es nicht, dass es nach 1945 lange Zeit keine Anzeichen für eine wirkliche Verbesserung der Beziehungen gab, obwohl die Charta der Vertriebenen (1950) und der Dialog zwischen deutschen und polnischen Bischöfen in den 1960er Jahren, dann vor allem der deutsch-polnische Vertrag von 1971 und der berühmte Kniefall Willy Brandts vor dem Ehrenmal des jüdischen Ghettos in Warschau deutlich machten, dass die deutsch-polnischen Beziehungen auf ein neues Fundament gestellt werden sollten. Dass es nicht schnell zu einer Normalisierung der Beziehungen oder gar zu einer Aussöhnung kam, hing natürlich auch damit zusammen, dass in der Zeit des Kalten Krieges die Sowjetunion kein Interesse hatte, die Verständigung zwischen (West-)Deutschen und Polen zu fördern.

Was ist nun aus der langen deutsch-polnischen Beziehungsgeschichte als transferfähiges Wissen zu betrachten? Dieses festzustellen ist wichtig, weil solches Wissen dazu beitragen könnte, die in der deutschen Bevölkerung noch immer bestehenden Vorurteile abzubauen bzw. das verbreitete, meist falsche Polenbild zu revidieren. Hier seien einige Stichwörter genannt, die das deutsche Polenbild kennzeichnen:

- „polnische Wirtschaft" (Euphemismus für Durcheinander, mangelnde Effizienz, Sauberkeit und Ordnung)
- „Polenmärkte" (billige Waren, möglicherweise auch verschobene Produkte, die von Polen zeitweise in verschiedenen deutschen Großstädten feilgeboten wurden)
- (übertriebene) katholische Frömmigkeit (hierfür steht auch der aus Polen stammende Papst Johannes Paul II.)
- polnische Saisonarbeiter (sie gelten als fleißig und zuverlässig und sind bereit, vor allem in der Landwirtschaft beim Spargelstechen und bei der Obsternte für einen geringeren Lohn zu arbeiten, als dies deutsche Arbeiter tun würden)
- polnische Schwarzarbeiter (arbeiten für Löhne, die weit unter hier üblichen Tarifen liegen)
- Autodiebstähle von Polen (Vorurteil, das zeitweise auch von Harald Schmidt in seiner Show mit entsprechenden Sprüchen bedient wurde)
- polnische Höflichkeit (man macht sich gerne lustig über die in Polen noch immer gepflegte Praxis des Handkusses)

Dieses Polenbild ist sehr stark geprägt von der Überzeugung der Deutschen, den Polen moralisch und kulturell überlegen zu sein. Diese Überzeugung wird bereits von der missionarischen und zivilisatorischen Leistung des Deutschen Ordens im Mittelalter hergeleitet. Er habe Polens Christianisierung vorangetrieben und der Wirtschaftsentwicklung starke Impulse verliehen. Für viele Polen hingegen wird der Deutsche Orden nach wie vor mit einer brutalen Machtpolitik und mit der deutschen Expansion nach Osten gleichgesetzt. Um die Vorstellung nicht weniger Deutscher von der eigenen kulturellen Überlegenheit zurecht zu rücken, könnte etwa bei der Behandlung der polnischen Aufstände gegen die russische Oberherrschaft in der ersten Hälfte des 19. Jahrhunderts auf die entstehende polnische Nationalliteratur hingewiesen werden. Adam Mickiewicz (1798–1859) mit seinem Nationalepos „Pan Tadeusz" (1834, dt. 1836) und Henryk Sienkiewicz (1846–1916) mit seinen historischen Romanen, darunter den Christenverfolgungsroman

„Quo vadis?" (1894–96; dt. 1898), wurden auch in Deutschland viel gelesen. Sienkiewicz erhielt 1905 den Nobelpreis für Literatur. Aus Polen stammt der bedeutende Musiker Chopin; die ebenfalls aus Polen stammende Chemikerin und Physikerin Marie Curie (1867–1934) erhielt für ihre bedeutenden Leistungen auf diesen Gebieten 1903 und 1911 zweimal den Nobelpreis.

Das noch heute verbreitete deutsche Polenbild dürfte seine Prägung wesentlich in den Jahren nach 1871 erfahren haben. Man wird daher beim Unterricht über das Deutsche Kaiserreich (und hier vor allem bei der Behandlung des Kulturkampfes) jene Aspekte herausarbeiten, die für die Entstehung dieses vorurteilsbehafteten Polenbildes mit verantwortlich gewesen sind. Die deutsch-polnische Beziehungsgeschichte wird in dieser Zeit als ein Jahrhunderte langes Nebeneinander zweier rivalisierender Nationen gesehen. Um seiner nationalen Selbstbehauptung willen seien die Deutschen immer wieder genötigt gewesen, sich gegen die Polen und das Slawentum zu behaupten. Der deutsche Orden habe als erster diesen Kampf geführt. Dieser und die deutsche „Ostkolonisation" hätten in Polen als Kulturbringer gewirkt, was jetzt auch als Begründung für Herrschaftsansprüche gesehen wurde. Es entsteht in dieser Zeit ein Feindbild, in dem die rassisch-völkische und kulturelle Überlegenheit der Deutschen stark dominiert. Wenn der Deutsche Orden im Kaiserreich ein derartiges Gewicht bei der Ausbildung unseres nationalen Geschichtsbildes sowie unseres Feindbildes von „den Polen" hatte, dann ist nicht zu verstehen, warum dieser Sachverhalt im Geschichtsunterricht heute nicht mehr behandelt wird, zumal der Deutsche Orden auch in der polnischen Literatur jener Zeit eine nicht unbedeutende Rolle spielte. Verschiedene Novellen von Sienkiewicz und sein Roman „Krzyzacy" (1897–1900; dt. Die Kreuzritter, 1902) thematisierten auf dem Hintergrund der Auseinandersetzung des Deutschen Ordens mit Polen die aktuelle Unterdrückung der Polen durch Preußen in der Zeit des Kulturkampfes. Die Schlacht bei Tannenberg (in der polnischen Geschichtsschreibung: bei Grunwald; in der litauischen Geschichtsschreibung: bei Žalgiris) im Jahr 1410, in der der Deutsche Orden eine vernichtende Niederlage gegen das vereinigte polnisch-litauische Heer unter König Władisław II. Jagiełło und Großfürst Vytautas erlitt, ist – wie Dokumente aus dem 20. Jahrhundert zeigen – für das Selbstverständnis der Polen bis heute von großer Bedeutung.

Welches Trauma diese Schlacht noch 500 Jahre später darstellte, zeigt die Tatsache, dass die Schlacht vom 26. bis 30. August 1914 in Ostpreußen zwischen deutschen Truppen unter Hindenburg und russischen Truppen unter Samsonow auf Vorschlag Hindenburgs als

Abb. 18: Grunwald 1410 – Berlin 1945

Das Plakat aus dem Jahr 1945 stellt den Sieg des Jahres 1945 in die Tradition des polnischen Sieges gegen den Deutschen Orden im Jahr 1410.

Aus: Habt Ihr vergessen? Plakate gegen Gewalt, Diktatur und Krieg aus dem Polnischen Plakatmuseum Warschau, hrsg. v. der Katholischen Akademie Hamburg und der Kulturbehörde Hamburg, Hamburg 1983, S. 49,

Schlacht bei Tannenberg in die Geschichtsbücher einging, obwohl sie viel berechtigter Schlacht bei Hohenstein, Allenstein oder Neidenburg gehießen hätte. Offensichtlich sollte mit dem Sieg vom August 1914 die Schmach des Jahres 1410 getilgt werden.

Auf dieses Transferwissen müsste zurückgegriffen werden können, wenn im 9. Schuljahr die nationalsozialistische Polenpolitik zur Behandlung ansteht. Nicht nur, dass der umstandslosen Aufteilung Polens zwischen Deutschland und der Sowjetunion die verbreitete Vorstellung entspricht, die Polen seien zu einer Staatsbildung auf Dauer gar nicht fähig; auch in der Heranziehung von ca. 1,7 Millionen Polinnen und Polen zur Zwangsarbeit in der deutschen Kriegswirtschaft und in der Subsumierung der Polen unter das rassistische Etikett „slawische Untermenschen" ist der alte Gedanke präsent, die Polen seien gegenüber den Deutschen kulturell weit unterlegen und rassisch minderwertig. In den Augen der Polen stand der Überfall auf ihr Land am 1. September 1939 in der Kontinuität deutscher Aggressionen und deutscher Expansion seit dem Mittelalter. An die Stelle der Germanisierungspolitik im Kaiserreich traten jetzt nach der Besetzung Polens der Ausschluss der polnischen Bevölkerung von jeglicher höheren Bildung und die weitgehende Vernichtung der intellektuellen Führungsschicht Polens.

Die Kenntnis dieser Maßnahmen sowie die „Behandlung" der Polen durch die deutsche Besatzung in den Jahren 1939 bis 1944/45 sind als Transferwissen in Anwendung zu bringen, wenn auf das Thema „Flucht und Vertreibung" der deutschen Bevölkerung aus den deutschen Ostgebieten und aus ihren Wohnstätten auf polnischem Gebiet eingegangen wird. Diese Vertreibungen unter oft menschenunwürdigen Begleitumständen stellten zweifellos ein schweres Verbrechen dar, zumal in nicht wenigen Fällen von Polen „alte Rechnungen" beglichen wurden. Man wird diese Verbrechen, die häufig aus aufgestauten Rachegefühlen resultierten, in etwas milderem Licht sehen, wenn man sie als eine Folge der den Schülern bekannten zahllosen Verbrechen der deutschen Seite betrachtet. Schließlich wird dieses Transferwissen aktiviert werden können, wenn im Unterricht der Frage nachgegangen wird, warum die deutsch-polnische Aussöhnung beiderseits von staatlicher Seite lange Zeit nicht intensiv betrieben wurde.

Die Deutschen wollten nicht akzeptieren, dass sie kollektiv für die NS-Verbrechen verantwortlich und haftbar gemacht wurden. Überdies wollten die Vertriebenen ihr Recht auf Heimat nicht aufgeben. Von polnischer Seite wurde der wirtschaftlich wieder mächtige deutsche Nachbar als nach wie vor unberechenbar und gefährlich eingeschätzt. Zudem wurde befürchtet, Deutschland könnte die Grenzfrage als noch offen ansehen und eine Revision der Oder-Neiße-Linie als Grenze anstreben. „Eine wirkliche Versöhnung [zwischen Deutschen und Polen] geschieht durch gemeinsame Bewältigung der Geschichte und Schaffung von Zukunftsperspektiven, die nicht allein von der Politik bestimmt werden, sondern vor allem geprägt sein wird von einer neuen Gestalt der gegenseitigen Kultur, die etwas unvergleichlich Beständigeres darstellt. Wollen sie sich wirksam vor dem Bösen der Vergangenheit schützen, so müssen Deutsche und Polen den Mut zu einem offeneren Dialog aufbringen, als das bisher der Fall war – den Mut zu einem solchen Dialog, in dem sowohl das deutsche als auch das polnische Bewusstsein einem tiefgehenden Wandel unterzogen werden. Das ist die eigentliche Herausforderung der deutsch-polnischen Beziehungen."[155]

Abschließend möchte ich noch auf einen besonderen Aspekt der deutsch-polnischen Beziehungsgeschichte hinweisen, und ich wundere mich, dass dieses wichtige und zudem attraktive Thema im Geschichtsunterricht bislang keine (oder möglicherweise nur regionale) Beachtung gefunden hat. Ich meine die Zuwanderung vieler Polen ins Ruhrgebiet ab dem letzten Drittel des 19. Jahrhunderts mit all ihren Auswirkungen bis auf den heutigen Tag. Der wachsende Bedarf an Arbeitskräften vor allem in den industriellen Ballungszentren führte zu einer Arbeitsmigration von bis dahin ungeahntem Ausmaß. Zuwanderer aus den preußischen Gebieten Polens, aber auch aus den 1795 in der 3. Polnischen Teilung Österreich-Ungarn und Russland zugeschlagenen Teilen Polens strömten ins Ruhrgebiet, um dort als Bergarbeiter ihr Auskommen zu finden. Im Jahr 1910 waren von den insgesamt drei Millionen Bewohnern des Ruhrgebiets eine halbe Million polnischer Herkunft. Nach heutigen Schätzungen soll etwa ein Drittel der 5,3 Millionen Einwohner des Ruhrgebiets polnische Wurzeln haben, wobei allerdings in Rechnung gestellt werden muss, dass es nach Ende des Zweiten Weltkriegs und im letzten Drittel des 20. Jahrhunderts zu weiteren Zuwanderungen aus Polen gekommen ist. Die ursprünglichen polnischen Arbeitsmigranten („Ruhrpolen") bewahrten noch lange Zeit ihre Sprache, pflegten in eigenen Vereinen ihr Brauchtum und unterschieden sich von der Mehrheitsbevölkerung durch eine strengere Form ihres katholischen Glaubens. Da Fabrik- und Bergwerksbesitzer ihnen oft besondere Wohnsiedlungen zuwiesen, entwickelten sie dort ihr eigenes Milieu mit eigener Gewerkschaft, eigener Zeitung und eigenen Banken. Der Fußball, ursprünglich ein Freizeitangebot an bürgerliche Kreise, öffnete sich nach dem Ersten Weltkrieg auch dem Proletariat und damit auch den polnischen Arbeitsmigranten, und bereits die Nachkommen der zweiten und dritten Generation avancierten in manchen Vereinen des Ruhrgebiets zu dem, was man heute als „Führungsspieler" zu bezeichnen pflegt. Der FC Schalke 04 (damaliger Jargon: „Polackenverein") hat mit seinen zahlreichen Spielern polnischer Abstammung – die bekanntesten waren Fritz Szepan und Ernst Kuzorra – ab den 1930er Jahren sechs deutsche Meisterschaften errungen. Viele dieser Spieler wurden in dieser Zeit auch Nationalspieler. Noch in den fünfziger und sechziger Jahren

---

155 Kazimierz Wóycicki: Zur Besonderheit der deutsch-polnischen Beziehungen, in: Aus Politik und Zeitgeschichte B 28/96, S. 20.

hätte man leicht eine deutsche Nationalmannschaft aufstellen können ausschließlich mit Spielern, die polnische Wurzeln hatten. Um nur einige Namen zu nennen: Tilkowski, Kwiatkowski, Sawitzki im Tor, Schanko, Szymaniak, Juskowiak, Burdenski, Pyka, die Gebrüder Abramczyk in Verteidigung und Mittelfeld, Konietzka, Koslowski, Cieslarczyk, „Stan" Libuda im Sturm.

Und aktuell? In den letzten zehn Jahren haben folgende Spieler mit polnischen Wurzeln in der Nationalmannschaft gespielt: Dariusz Wosz, Paul Freier, Lukas Sinkiewicz, Miroslav Klose und Lukas Podolski. Wohlgemerkt: Es ließen sich im (Geschichts-)Unterricht die Nachwirkungen der polnischen Arbeitsmigration des späten 19. Jahrhunderts auch in anderen Bereichen des öffentlichen Lebens erkunden und dabei jene Kenntnisse nutzen, die bei der Behandlung der Geschichte des deutschen Kaiserreichs erworben worden waren.

3. Transfer begrifflich-kategorialen Wissens

Für Transfers begrifflich-kategorialen Wissens bieten sich solche historischen Sachverhalte an, die nicht auf ein einzelnes Ereignis bezogen sind, sondern Phänomene umschreiben, die in nahezu allen im Geschichtsunterricht zu behandelnden Unterrichtseinheiten wiederkehren. Hierzu zählen etwa Herrschaft, Arbeit, Alltag, Konflikte, Geschlecht u.a. Den Transfer begrifflich-kategorialen Wissens zu organisieren, ist nicht ganz einfach, weil der Unterrichtende vom ersten Auftauchen eines von ihm als transferiernotwendig erachteten Begriffs im Auge haben muss, was er als Transferwissen festhalten und bei dessen späterem Auftauchen anwenden und ausbauen möchte. Joachim Rohlfes hat auf weitere Probleme hingewiesen: „Die an der attischen Demokratie des Perikles gewonnene Vorstellung eines demokratischen Staatswesens kann auch auf die römische Republik, das England des 17. Jahrhunderts, die Weimarer Republik angewandt werden, allerdings mit so erheblichen Einschränkungen und Modifikationen, daß das Maß des jeweils Gleichen kaum das des Ungleichen übertrifft. Unverändert bleibt bei solcher Übertragung so etwas wie ein gemeinsamer Begriffskern, eine Art Grundschema. Worin dieses *tertium comparationis* besteht, lässt sich konkret schwer ausdrücken und wird erst bei gehöriger Abstraktion greifbar. In der Schule kann man dergleichen wohl kaum erörtern.

Doch können die Schüler an Beispielen sehen, wie weit solche Transfers tragen und wo ihre Grenzen liegen: Man denke an Erörterungen etwa darüber, ob und inwiefern der Begriff ‚Staat' auf mittelalterliche Herrschaft Anwendung finden kann oder ob es angebracht ist, von einem ‚römischen Imperialismus' zu sprechen."[156] Wie problematisch kurzschlüssige Transfers sein können, zeigt auch die beliebte Praxis, etwa den Rat einer mittelalterlichen Stadt mit dem ebenso genannten Gremium einer modernen Stadt in Beziehung zu setzen, so als sei letzteres aus ersterem herausgewachsen. Dies ist aber so nicht richtig, weil der Stadtrat einer mittelalterlichen Stadt keinesfalls ein Organ gewesen ist, das die gesamte Bevölkerung der Stadt repräsentiert hat. Nur in der sehr allgemeinen Form, etwa in dem Sinne, dass der Stadtrat der mittelalterlichen Stadt ein kommunales Organ gewesen ist, in dem politische, wirtschaftliche, juristische u.a. Entscheidungen zum Besten der Stadt getroffen wurden, lässt sich hier ein Transfer vornehmen.

3.1. Revolution

Schülerinnen und Schüler haben es im Geschichtsunterricht häufig mit solchen Ereignissen zu tun, die von späteren Generationen, manchmal aber bereits auch schon von den Zeitgenossen selbst als Revolution bezeichnet werden. Die nachstehend aufgelisteten oft gewaltsamen Umwälzungen sind allesamt Gegenstand des Geschichtsunterrichts, allerdings nicht immer unter dem Signet „Revolution": Die von einigen Forschern als neolithische Revolution bezeichnete Umwälzung zu Beginn der Jungsteinzeit, die frühbürgerliche Revolution im 16. Jahrhundert (auch dieser Begriff ist nicht unumstritten), die Glorious Revolution 1688/89 in England, die amerikanische Revolution mit der Unabhängigkeitserklärung der USA 1776, die Französische Revolution von 1789, die Revolution von 1848/49, die Februar- und die Oktoberrevolution von 1917, die Revolution von 1918/19 in Deutschland, die „nationale Revolution" von 1933, die kubanische Revolution 1956ff., die verschiedenen Revolutionen im Zuge der Entkolonialisierung ab den 1950er Jahren, die islamische Revolution im Iran 1979, die sanfte Revolution von 1989 in der DDR, ferner solche Veränderungen, die nicht als spektakuläre, oft gar blutige Ereignisse aufgetreten sind wie etwa die Revolution im Denken der Menschen am Ausgang des Mittelalter (die sog. kopernikanische Wende mit der Überwindung des geozentrischen Weltbildes durch das heliozentrische Weltbild, dem Aufkommen der Wissenschaften und den damit verbundenen Auswirkungen auf die geographische Erschließung der Welt und auf das Verhältnis der Menschen zur Religion), die grundlegenden Veränderungen im Lebensstil der Menschen im 20. Jahrhundert („sexuelle Revolution") oder die technischen Re-

---

156 Rohlfes (wie Anm. 5), S. 231

volutionen wie die Industrielle Revolution im 18. und 19. Jahrhundert und die digitale Revolution unserer Gegenwart usw.

Zweifellos wird eine eingehende Behandlung dessen, was eine Revolution ausmacht, schon beim ersten Auftauchen dieses Phänomens die spätere unterrichtliche Beschäftigung mit anderen Revolutionen erleichtern, auch wenn die hier genannten Revolutionen in struktureller Hinsicht keinesfalls identisch sind. Dies hat zur Folge, dass möglichst schon bei der ersten Beschäftigung mit einer Revolution – dies dürfte „die neolithische Revolution" sein, die durch Sesshaftwerdung, Ackerbau und Viehzucht, Vorratshaltung und Arbeitsteilung gekennzeichnet ist – auf Folgendes hingewiesen wird: Revolutionen können eine unterschiedliche geographische Reichweite haben, manche Revolutionen führen zu schlagartigen Veränderungen in kürzester Zeit, andere Umwälzungen hingegen erstrecken sich über mehrere Jahre, manchmal sogar Jahrzehnte und Jahrhunderte, und schließlich werden manche Vorgänge in der Wissenschaft von einigen als Revolution bezeichnet, andere hingegen sprechen denselben Vorgängen den Charakter einer Revolution ab. So haben sich weder die Bezeichnung „neolithische Revolution" für Veränderungen in der Jungsteinzeit, „frühbürgerliche Revolution" für den Umbruch in der ersten Hälfte des 16. Jahrhunderts noch die „nationale Revolution", eine Selbstbezeichnung der Nationalsozialisten, als Kennzeichnung der Machtübernahme durch die Nazis im Jahr 1933 allgemein durchgesetzt. Schließlich wäre noch darauf hinzuweisen, dass als „Revolution" heutzutage vielfältige gesellschaftliche, ökonomische und kulturellen Veränderungen bezeichnet werden, der Begriff also durch inflationären Gebrauch an Signifikanz verloren hat. Es wird daher sinnvoll sein, bei der unterrichtlichen Beschäftigung mit Revolutionen immer auch auf Begriffe wie Evolution, Herrschaft, Reform, Terror, Unterdrückung einzugehen.

Diese Hinweise machen deutlich, dass sich die Vorstellung von dem, was eine Revolution ausmacht, im Zuge fortgesetzter Transfers von Revolution zu Revolution immer weiter komplettiert und differenziert. Das bedeutet, dass bereits bei der ersten Revolution, die im Geschichtsunterricht behandelt wird, auf die Vermittlung und Einübung solcher Kenntnisse besonders geachtet wird, die transferiert werden sollen.[157] Da die „neolithische Revolution" in der 5. oder 6. Klasse durchgenommen wird, die Schülerinnen und Schüler aber aufgrund ihres Alters noch nicht zu allzu vertieften Denkoperationen imstande sein dürften,

---

157 „Die beste Voraussetzung für ihr (der Transferprozesse, G.S.) Gelingen ist, daß das zu transferierende Wissen oder Können zuvor gründlich und prägnant erlernt wurde" (Rohlfes [wie Anm. 5], S. 150).

werden die Einsichten, die man zu transferieren beabsichtigt, noch nicht sehr abstrakt sein können. Sie werden in dem Maße komplexer, differenzierter und abstrakter, wie es gelingt, bei der Beschäftigung mit späteren Revolutionen den schon bestehenden Wissensbeständen zusätzliche Aspekte hinzuzufügen.

Im Geschichtslehrbuch „Wir machen Geschichte" wird das, was einige Forscher als „neolithische Revolution" bezeichnen, folgendermaßen beschrieben: „Mit Beginn der Jungsteinzeit veränderte sich die Lebensweise der Menschen grundlegend. Der Archäologe M. Höneisen schreibt dazu in einer wissenschaftlichen Untersuchung:

> „Der Mensch lebt seit etwa 3 Millionen Jahren auf dieser Erde. Während mehr als 99% dieser Zeit ernährte er sich von der Jagd und vom Sammeln wilder Pflanzen. Vor etwas mehr als 10 000 Jahren vollzog sich aber ein Wandel, der zu den grundlegendsten Änderungen in der Geschichte des Menschen zu zählen ist: der Schritt vom Jäger und Sammler zum Ackerbauern und Viehzüchter. Ab diesem Zeitpunkt griff der Mensch in größerem Maße in die Natur ein. Er fing an die Natur zu verändern, begann Pflanzen zu kultivieren und Tiere zu züchten, den Wald zu roden und Bodenschätze (Steine, Metalle) zu nutzen. Der Mensch ließ sich an einem festen Platz nieder, baute sich ein Haus und lebte als Mitglied in einer größeren Dorfgemeinschaft. Die Sesshaftigkeit ermöglichte es jetzt, in nächster Umgebung größeren Besitz anhäufen zu können – Hausrat, Nahrungsvorräte und Vieh, aber auch ‚Luxusgegenstände', die für den Jäger vorher hinderlich waren. Auch die Anfänge des Besitzes von Grund und Boden wurzeln in dieser Zeit."[158]

Ist dieser Text dem intellektuellen Vermögen von Schülern im Alter zwischen 10 und 12 Jahren angemessen? Wohl kaum. Er ist wohl eher geeignet, um die Lehrer über die Bedeutung der elementaren Veränderungen in dem langen Zeitraum von ca. 20 000 v.Chr. bis ca. 500 v. Chr. zu unterrichten. Hierfür liefert er wichtige Informationen. Für Schüler aber sind Formulierungen wie „...griff der Mensch in größerem Maße in die Natur ein" oder „...fing an die Natur zu verändern" bloße Worthülsen. Wird dieses Thema im Geschichtsunterricht behandelt, sollten Schüler erfahren,

- wie die Häuser bzw. Weiler aussahen, in denen die damaligen Menschen wohnten,
- welche Pflanzen kultiviert wurden,
- wie dieser Vorgang vonstatten ging,
- welche Tiere sie zähmten,

---

158 Wir machen Geschichte, Bd. 1, Frankfurt/M. 1997, S. 18.

- wie die Wälder gerodet wurden und zu welchem Zweck,
- was sie aus den Bodenschätzen herstellten und wie sie dies machten,
- wie und wo sie ihre Vorräte aufbewahrten.

Auf manche dieser Fragen gibt es keine gesicherten Antworten und oft nur Annahmen. Aber mit Verweis auf die Forschungen der Archäologie sollte den Schülern auch das vermittelt werden.

Um den Schülern deutlich vor Augen zu stellen, welche grundlegenden Veränderungen in der Jungsteinzeit eintraten, mit anderen Worten: um das „Revolutionäre" dieser Zeit festzuhalten, empfiehlt es sich, auf einem Arbeitspapier (ggf. auch an der Tafel) in zwei Spalten das Vorher und das Nachher einzuprägen:

Vorher	Jetzt
Lebensweise	
Jäger und Sammler	Viehzüchter und Ackerbauer
Nomaden	Sesshaftigkeit
Material der Werkzeuge und Geräte	
Stein, Knochen und Holz	Steine, Metalle, Ton
Faustkeil, Speer	Sichel, Beil, Erntemesser Hacke, Pflug, Webstuhl
Wohnen und Zusammenleben	
Keine festen Wohnungen, Höhlen	Häuser und Dörfer
Produktionsweise und Eigentumsverhältnisse	
Keine Vorratshaltung	Bildung von Nahrungsvorräten Entstehung von Tauschhandel
Kein privater Besitz	Anfänge von Grund- und Sachbesitz
	Beginnende berufliche Spezialisierung Beginnende soziale Gliederung

Am Ende der Unterrichtseinheit sollte den Schülern deutlich geworden sein, welche elementaren Veränderungen mit der Jungsteinzeit eingetreten sind. Wenn der Unterrichtende bereits hier den Begriff „Revolution" einführt, muss er ggf. etwaige bei den Schülern bereits vage vorhandene Vorstellungen von dem, was eine Revolution ist, korrigieren. Üblicherweise verbindet man mit dem Begriff Revolution Gewalt bis hin zu Blutvergießen, Umsturz des Bestehenden innerhalb eines relativ kurzen Zeitraums, Veränderung der Herrschaftsverhältnisse, Unumkehrbarkeit der durch die Revolution eingetretenen neuen Verhältnisse usw. In diesem Falle handelte es sich aber um eine „Revolution", die sich über eine sehr lange Dauer vollzog. So geht man heute davon aus, dass von der Sesshaftwerdung der Menschen bis zum Beginn der Tier- und Pflanzenzucht mehrere Jahrtausende vergingen, dass es also keine abrupte und gewaltsame Veränderung der alten Verhältnisse gegeben hat.

Was sollen Schüler also als transferierbares Wissen aus der Beschäftigung mit dem hier skizzierten Unterrichtsinhalt festhalten? Man muss den Begriff „Revolution" zu diesem Zeitpunkt des Geschichtsunterrichts noch nicht einführen. Dennoch sollen Schüler an diesem Unterrichtsstoff erkennen, dass es weit zurück in der Vergangenheit eine gewaltige Umwälzung im Leben der Menschheit gegeben hat und dass diese Umwälzung das Leben, das Zusammenleben und Überleben der Menschen, ihre Produktionsweisen, ihre Diesseits- und wohl auch ihre Jenseitsvorstellungen von Grund auf verändert hat. Wenn dafür dann jetzt schon der Begriff „Revolution" verwendet wird, werden Schüler das Gelernte auf spätere gewaltsame Umwälzungen, auf politischen, technischen und gesellschaftlichen Wandel anwenden können. Spätestens am Ende der 10. Klasse sollen Schüler differenzierte Kenntnisse von dem haben, was man gemeinhin als Revolution bezeichnet. Sie sollen wissen, dass

- „Revolution" erst ab der englischen Revolution von 1688/89 von den Akteuren der Revolution selbst als Bezeichnung für politische (gewaltsame) Umwälzungen verwendet wurde und dass für Umwälzungen im Denken, in der technischen Entwicklung und in der Produktionsweise der Begriff Revolution meist erst, nachdem diese Umwälzungen in ihren elementaren Auswirkungen sichtbar geworden sind, benutzt wird;

- man mit „Revolution" drei verschiedene Arten der Umwälzung bezeichnet: a) politische oder gesellschaftliche Revolutionen; b) technische Revolutionen; c) Revolutionen im Denken:
  Zu a) Mit diesem oft gewaltsamen, sich meist schnell, d.h. innerhalb weniger Monate oder Jahre vollziehenden Umsturz einer politischen oder sozialen Ordnung soll das von den bisher Herrschenden oft als „gottgegeben" bezeichnete „Alte" beseitigt und etwas Neues geschaffen werden. Träger und Initiator der Revolution ist meist eine kleine, oft zunächst im Untergrund agierende Gruppe („Avantgarde"), die bisher an der Macht nicht beteiligt gewesen ist; zur Durchsetzung der Revolution brauchen sie die Unterstützung „der Massen" und eine zündende Ideologie (z.B. Befreiung, Emanzipation). Beispiele: s. die oben genannten Revolutionen von 1688/89, 1776, 1789, 1848, 1917, 1918.

Zu b) Diese Art Revolution vollzieht sich oft über viele Jahrzehnte, Jahrhunderte oder gar Jahrtausende; sie geht einher mit der Durchsetzung neuer Technologien und Produktionsweisen sowie der Entstehung neuer sozialer Strukturen. Diese Revolutionen sind eine Voraussetzung für gleichzeitige oder mit geringem zeitlichen Abstand sich vollziehende politische Revolutionen und haben auch Auswirkungen auf das Denken und das Lebensgefühl der Menschen. Beispiele: Neolithische Revolution, Industrielle Revolution, digitale Revolution u.a.

Zu c) Auch diese Art Revolution vollzieht sich langsam. Das neue Denken befreit die Menschen nach und nach von den jetzt als Zwang erkannten alten Denk- und Lebensstilen. Beispiele: „Kopernikanische Wende", Aufklärung im 17./18. Jahrhundert, Kulturrevolution in China 1967ff., Studentenbewegung ab den 1960er Jahren, „sexuelle Revolution" u.a.

- In der gymnasialen Oberstufe sollten Schüler Revolution von Reform, Evolution, Staatsstreich, Putsch und Bürgerkrieg unterscheiden können.

Deutlich zeigt sich an dem hier skizzierten Beispiel die bereits oben erwähnte Problematik eines begrifflich-kategorialen Transfers: Wenn hier festgehalten wird, dass eine politische bzw. gesellschaftliche Revolution darauf abziele, Altes zu beseitigen, um Neues an seine Stelle zu setzen, so gilt dies nicht für alle Revolutionen dieser Art. In den Forderungen der Bauern im Bauernkrieg 1524/25 (im Marxismus als „frühbürgerliche Revolution", von Peter Blickle als „Revolution des gemeinen Mannes" bezeichnet)[159] heißt es etwa, dass sie um die Wiederherstellung des alten und des göttlichen Rechts kämpften, also gerade nicht Neues an die Stelle von Altem setzen wollten.

3.2. Antisemitismus

Auf Transferleistung, die auf einen Gebrauch von Kenntnissen auch außerhalb der Schule abzielt, ist das Thema „Antisemitismus" angelegt.[160] Angesichts des noch immer verbreiteten Antisemitismus in der Gesellschaft ist Beschäftigung mit diesem Gegenstand im Geschichtsunter-

---

159 Rainer Wohlfeil: Reformation oder frühbürgerliche Revolution? München 1972; ders.: „Bauernkrieg" und „frühbürgerliche Revolution", in: Revolte und Revolution in Europa, hrsg. v. Peter Blickle, München 1975 (Historische Zeitschrift, Beiheft, N.F. Bd. 4); Peter Blickle: Die Revolution von 1525, 4. Aufl. München 2004.
160 Als Einführung in das Thema s. Wolfgang Benz: Was ist Antisemitismus? München 2004

richt und ggf. auch in Gemeinschaftskunde unverzichtbar. Ziel dieses Unterrichts sollte es sein, mit Hilfe des im Unterricht erworbenen Wissens die in der Gesellschaft vorhandenen Vorurteile aufzudecken und die „Argumente" der Propagandisten antisemitischer Behauptungen unter Verwendung historischen Wissens zu entkräften und argumentativ zu bekämpfen.

Das Thema „Antisemitismus" wird in der Sekundarstufe I wohl nur selten systematisch behandelt. Meist wird „Antisemitismus" im Geschichtsunterricht im Zusammenhang mit dem Nationalsozialismus thematisiert (je nach Schulform in der 9. oder 10. Klasse). Ein richtiges Verständnis dessen, was in der NS-Zeit geschah, müsste aber bereits sehr viel früher angebahnt werden. Allerdings wäre es falsch, wenn man im Geschichtsunterricht etwa bei der Behandlung der spätmittelalterlichen Pest, für die man die Juden verantwortlich machte, schon von Antisemitismus spräche. Hier sollten Begriffe wie Judenfeindschaft, Judenhass oder Antijudaismus verwendet werden. Denn der Begriff „Antisemitismus" taucht erst gegen Ende der 1870er Jahre auf, als die Judenfeindschaft mit dem sog. Rassenantisemitismus eine neue Qualität erhält.[161]

Kollektive Diskriminierung, Ausgrenzung, Verleumdung, Unterdrückung und Verfolgung der jüdischen Bevölkerung hat es seit der Antike gegeben. Oft waren Juden Sündenböcke für Schadensfälle, für die man keine Erklärung fand. Gelegentlich kulminierte die Judenfeindschaft in Pogromen gegen Juden, in deren Verlauf einzelne Juden oder alle Mitglieder einer jüdischen Gemeinde ermordet wurden. Dazwischen gab es aber immer wieder auch längere Phasen eines halbwegs friedlichen Zusammenlebens zwischen Juden und christlicher Mehrheitsbevölkerung. Letzteres wurde im Geschichtsunterricht der Vergangenheit allerdings nur selten thematisiert, so dass sich für Schüler die Geschichte der Juden in Deutschland und Mitteleuropa als eine ununterbrochene Abfolge von Verfolgungen und Vertreibungen liest.

Ob das Geschichtslehrbuch einen Transfer begrifflich-kategorialen Wissens unterstützt, soll am Beispiel des Lehrwerkes ANNO überprüft werden. In diesem Geschichtslehrbuch[162] tauchen Juden erstmals in

---

161 Der Begriff selbst wurde wohl erstmals im Jahr 1879 von dem politischen Journalisten Wilhelm Marr zur Diskriminierung ausschließlich der Juden und zwar aufgrund ihrer Religion und ihrer Abstammung verwendet. Er ist insofern irreführend, als auch Araber, gegen die er nicht verwendet wird, ein semitisches Volk sind.

162 ANNO 1: Von der Antike bis zum späten Mittelalter; ANNO 2: Von der frühen Neuzeit bis zur Mitte des 19. Jahrhunderts; ANNO 3: Von der Industriellen Revolution bis zum Ersten Weltkrieg; ANNO 4: Das 20. Jahrhundert; sämtliche Bände hrsg. v. Bernhard Askani und Elmar Wagener, Braunschweig:

einem Kapitel auf, das mit „Die Römer werden Christen" (S. 125f.) überschrieben ist und in dem die Kulte, die im römischen Reich Anhänger fanden (darin auch die Besonderheit des jüdischen Kultes und das Auftauchen Jesu als Messias), beschrieben werden. In einem weiteren Kapitel, das die Ausbreitung des Christentums in der Zeit nach Jesu Kreuzestod bis hin zu den Christenverfolgungen schildert, werden die Anhänger Jesu unter den Juden angesprochen, die maßgeblich für die Verbreitung der neuen Religion verantwortlich waren. Jahrhunderte später, im Kapitel über den Islam, erfahren wir beiläufig, dass Mohammed auf seinen Reisen in Kontakt auch mit Juden und Christen kam (S. 148). Was mit dieser Bemerkung beabsichtigt ist, erschließt sich aus dem Text nicht. Möglicherweise soll damit angedeutet werden, dass Mohammed in seine Glaubenslehre auch Einflüsse des jüdischen und christlichen Kultes (Monotheismus) integrierte. Weitere Jahrhunderte vergehen, bis Juden in diesem Schulbuch wieder erwähnt werden. Jetzt erfährt der Schüler, dass es im Kontext der Kreuzzüge zu Judenverfolgungen in mehreren Städten am Rhein gekommen sei. Dort habe es seit längerem schon jüdische Gemeinden gegeben, „die bisher im (sic!) Frieden mit den christlichen Bürgern gelebt hatten und den Schutz der Kaiser und Bischöfe genossen" (S. 191). Hingewiesen wird auf ein später im Mittelalter immer wieder auftauchendes Stereotyp: Die Juden als „Mörder des Heilandes Jesus" (ebd.). In dem Kapitel „Menschen in den Städten" (S. 256ff.) wird die „Sonderrolle" beleuchtet, die die Juden in den Städten spielten. Ihre für den Warenhandel unentbehrliche Tätigkeit im Geld- und Pfandleihgeschäft, in das sie aus dem Warenhandel abgedrängt wurden, wird genau so erwähnt wie die den Christen fremd bleibenden religiösen Bräuche der Juden (Speisevorschriften, Sabbatruhe). Gezwungen, in einem abgeschlossenen Stadtviertel zu wohnen, waren sie vor allem in Krisenzeiten immer wieder grausamen Verfolgungen ausgesetzt. Eine zeitgenössische Abbildung zeigt einen Juden mit den Kennzeichen – Judenhut, gelber Fleck – seiner Religionszugehörigkeit. Eine Quelle aus dem Jahr 1349 berichtet über die Ermordung von hundert oder mehr Juden in Erfurt – entgegen dem Willen des dortigen Stadtrats. Weitere Stereotypen, die auch bei späteren Verfolgungen der Juden immer wieder auftauchten, kommen jetzt in Gebrauch: Die Juden seien Brunnenvergifter und Wucherer. Im Zusammenhang mit der Schilderung der Pest (S. 288), die sich ab 1348 von Süden her in Deutschland ausbreitet, kommt es ab 1349 vor allem in den Städten zu neuerlichen Verfolgungen der Juden. Sie müssen als Sündenböcke

---

Westermann 1997/1998. Benutzt wurde die Ausgabe für Niedersachsen. Das Beispiel ANNO wurde willkürlich gewählt.

für diesen Massentod herhalten, der für die Menschen der damaligen Zeit unerklärlich war. Weiter unten in diesem Buch wird mit Blick auf die spätmittelalterlichen „Nationalstaaten in Westeuropa" Spanien als „Nation aus drei Kulturen" bezeichnet (S. 278), den Moslems, Christen und Juden. Hier, in Spanien, hätten sich diese Kulturen in einer Phase „relativer Duldsamkeit" gegenseitig beeinflusst.

Im zweiten Band dieses Schulbuchs wird im Zusammenhang mit dem Aufstieg des Handelshauses der Fugger kurz erwähnt, dass in der Vergangenheit „Geldgeschäfte ausschließlich in den Händen von Juden lagen, weil für sie das Zinsverbot des Kirchenrechts nicht galt" (S. 31). Danach tauchen „Juden" erst wieder im Zusammenhang mit dem preußischen Judenemanzipationsgesetz von 1812 auf (S. 183). Dass manche Bestimmungen des Gesetzes schon bald wieder zurückgenommen wurden, wird nicht eigens thematisiert.

Im dritten Band, der den Zeitraum umfasst, in dem ja bekanntlich der Name Antisemitismus entstand und der Judenhass in seiner neuen Ausprägung mehr und mehr in den Vordergrund trat, findet sich außer der Marginalie, dass Sozialdemokraten und Juden ein Aufstieg in das Offizierkorps verschlossen blieb (S. 78), nur noch ein Kapitel zur „Neuordnung im Nahen Osten" (S. 198f.) nach dem Ersten Weltkrieg. In diesem Kapitel werden auf dem Hintergrund der Auflösung des Osmanischen Reiches die Aktivitäten der zionistischen Bewegung für die Schaffung einer neuen Heimat für Juden in Palästina geschildert, in der sie frei von Verfolgung leben konnten.

Das, was man als „Antisemitismus" zu bezeichnen pflegt, taucht erstmals im 4. Band auf, der die Zeit nach 1918 umfasst. Im Kapitel, das der Person Hitlers gewidmet ist, wird eine längere Passage aus Hitlers Buch „Mein Kampf" zitiert (S. 65), die zwar den Begriff Antisemitismus nicht enthält, wohl aber das umreißt, was man als Hitlers antisemitisches Programm bezeichnen könnte. Auf vier reich illustrierten Seiten wird dann weiter unten, ausgehend vom sog. Ermächtigungsgesetz vom 24. März 1933, der nationalsozialistische Terror gegen die deutschen Juden beschrieben (S. 84ff.). Auch dieses Kapitel kommt ohne den Begriff Antisemitismus aus. Dieser findet sich erst, allerdings in adjektivischer Form, in einer Bemerkung zu den Olympischen Spielen 1936, wo es heißt, Hitler habe, um einen Boykott der Berliner Olympischen Spiele durch die USA zu vermeiden, zeitweilig „auf antisemitische Äußerungen" verzichtet (S. 90). Sehr ausführlich wird dann die „Verfolgung und Vernichtung der Juden" (S. 116ff.) thematisiert.

Zum ersten Mal wird der Begriff Antisemitismus allerdings erst im Kontext der Entstehungsgeschichte des Staates Israel benutzt (S. 138ff.).

Hier wird, weit ausholend, noch einmal auf die bedrängte Situation der Juden im zaristischen Russland des späten 19. Jahrhunderts hingewiesen – auf Theodor Herzl und sein Programm das er in seinem Buch „Der Judenstaat" veröffentlicht hat, auf die Balfour-Deklaration von 1917, auf die verschiedenen Siedlungsformen, die jüdische Einwanderer noch vor Gründung des Staates Israel in Palästina praktiziert hatten usw., um dann die Staatsgründung im Jahr 1948 darzulegen. Expressis verbis heißt es dort, dass mit dem wachsenden Nationalismus in Europa „ein starker Antisemitismus" einhergegangen sei (S. 138). Im Anhang dieses Bandes findet sich schließlich noch eine Art Lexikon-Artikel zum Stichwort „Antisemitismus" (S. 309), in dem dieser Begriff, allerdings stark eingeschränkt auf die Zeit des Nationalsozialismus, erläutert wird.[163]

Der Begriff „Antisemitismus" taucht also mit einer Ausnahme in diesem Lehrbuch nicht auf. Angesichts dieses überraschenden Befundes wird sich der Aufbau von begrifflich-kategorialem Transferwissen, also eines fortschreitend vertieften und modifizierten Verständnisses dessen, was man unter Judenhass, Judenfeindschaft und Antisemitismus versteht, auf der Basis dieses Buches kaum bewerkstelligen lassen. Will man dieses Ziel im Geschichtsunterricht erreichen, muss man es über mehrere Schuljahre hinweg im Auge behalten. Natürlich kann der Begriff Antisemitismus nicht bereits beim ersten Auftauchen von gewalsamen Aktionen gegen Juden eingeführt werden. Dies wäre ein Anachronismus, auch wenn wir heute nahezu alle Formen von Judenfeindschaft als Antisemitismus zu bezeichnen pflegen. Um den Schülern fortschreitende Klarheit über diesen Begriff zu verschaffen, müsste mit den Ausprägungen der Judenfeindschaft in der Antike begonnen werden. Im Geschichtsunterricht über die römische Antike ist aber wegen des geringen Stundendeputats, das dieser Epoche im Unterricht zur Verfügung steht, nicht garantiert, dass bereits hier schon die spezifische Ausformung der antiken Judenfeindschaft thematisiert wird. Man sollte daher im Mittelalterunterricht damit beginnen, die Charakteristika des damals aufkommenden Antijudaismus herauszuarbeiten und zu festigen. Diese Form der Judenfeindschaft wirkte bis ins 19. Jahrhundert fort und hatte auch dann noch Bestand, als sich mit dem Rassenantisemitismus in der zweiten Hälfte des 19. Jahrhunderts eine neue Form der Judenfeindschaft ausbildete. In unserer Gegenwart ist der Begriff Antisemitismus in Gebrauch, um alle Arten von Judenfeindschaft zu bezeichnen. Sensibilisiert durch die Erkenntnisse, die aus der NS-Zeit gewonnen

---

163 Im Index des 4. Bandes von ANNO verweist das dort aufgeführte Stichwort „Antisemitismus" auf mehrere Seiten, wo zwar die praktischen Auswirkungen des Antisemitismus beschrieben werden, der Begriff selbst aber nicht auftaucht.

wurden, reagieren offizielle Stellen und Privatpersonen schnell, wenn sich etwa in Reden und Veröffentlichungen von Politikern und Schriftstellern Anzeichen von Antisemitismus feststellen lassen. Der Begriff dient auch dazu, so unterschiedliche Aktionen wie das Umstürzen von Grabsteinen auf jüdischen Friedhöfen oder als antizionistisch deklarierte Demonstrationen gegen die Politik des Staates Israel zu charakterisieren. Und nach wie vor existiert eine Art Vulgär-Antisemitismus im Alltag und besonders an Stammtischen. Dabei zeigt sich, dass Antisemitismus auch dort verbreitet ist, wo es gar keine Juden gibt. Gerade um solchen Ausprägungen des Antisemitismus zu begegnen, wäre es wünschenswert, wenn Schüler über genaue Kenntnisse des Antisemitismus und seiner möglichen Folgen verfügten. Begrifflich-kategoriales Transferwissen geht hier über in die oben skizzierte vierte Form des Transfers (Transfer von Wissen und Fertigkeiten in die Lebenswelt der Schüler).

Schematisch betrachtet könnten für die jeweiligen Zeiten nachstehende Charakteristika der Judenfeindschaft festgehalten werden. Dabei versteht sich von selbst, dass die Möglichkeiten des Geschichtsunterrichts es nicht zulassen, all das, was skizziert wird, hier auch zu behandeln. Die Unterrichtenden müssen jeweils entscheiden, was sie in ihrem Unterricht ansprechen wollen. Dabei bleibt zu überlegen, ob nicht einige der genannten Aspekte in andere Unterrichtsfächer – etwa in Deutsch, Gemeinschaftskunde, Religion, Ethik – verlagert werden können.

MITTELALTER UND FRÜHE NEUZEIT

Antijudaismus als Folge ökonomischer Krisen und aufgrund des Aufkommens der Pest; Juden gelten als Nachkommen der „Mörder" Christi.
Vorwürfe gegen die Juden: „Wucherer", „Christusmörder", „Ritualmörder", „Brunnenvergifter"; Verstocktheit, weil sie weder ihre Sprache noch ihre Kultur und Religion aufzugeben bereit waren.
Folgen für die Juden: Verbot, Landbesitz zu erwerben und Ackerbau und Handwerke zu betreiben; daher Beschränkung auf wenige Erwerbszweige; Kennzeichnung der Juden; Zwangstaufen; Verbot der Religionsausübung; zeitweise Massentötungen; Ausgrenzung; Ghettoisierung; Verfolgung und Vertreibung.
Reaktion der Juden: Taufe; Abwanderung.

AB DEM 19. JAHRHUNDERT

Fortdauer des Antijudaismus trotz Aufklärung und Judenemanzipationsgesetzgebung; Antisemitismus als Folge pseudo-wissenschaftlicher Erkenntnisse und beschleunigter Umwälzungen im Modernisierungsprozess.

Vorwürfe gegen die Juden: „Parasiten", „Verschwörer und Zersetzer"; Juden seien eine minderwertig Rasse und vor allem der „arischen" Rasse körperlich, geistig und sittlich unterlegen.

Träger der antijüdischen Agitation: Teile des Bildungsbürgertums; zahlreiche Kleinbürger und Landwirte.

Folgen für die Juden: Forderung nach Assimilierung; Ausgrenzung; Behinderung bzw. Benachteiligung beim beruflichen Fortkommen; Rassismus.

Reaktion der Juden: Auswanderung; Forderung nach einem eigenen Staat; Zionismus, Austritt aus der jüdischen Religionsgemeinschaft, Konversion, aber auch Festhalten am alten Glauben.

IM 20. JAHRHUNDERT BIS 1945

Antisemitismus als Rassenantisemitismus wird zeitweise Staatsdoktrin; *Vorwurf:* „Verschwörung des Weltjudentums" zur Errichtung einer jüdischen Weltherrschaft

Folgen für die Juden: Ausgrenzung; Berufsverbote; Verfolgung, Deportation, systematische Vernichtung.

Reaktion der Juden: Auswanderung; zahlreiche Selbstmorde, gelegentlich Widerstand.

NACH 1945

Fortdauer von Antijudaismus, Rassenantisemitismus, Antizionismus.

Vorwürfe: Angeblich zu großer Einfluss von Juden auf Wirtschaft, Politik und Kultur; gewaltsame Politik des Staates Israel gegen seine arabischen Nachbarstaaten; unangemessene Forderung des Staates Israel/ der Juden nach Wiedergutmachung gegenüber Deutschland.

Folgen: Gelegentliche Gewaltakte gegen Synagogen und jüdische Friedhöfe; Leugnung des Holocaust („Geschichtsrevisionismus"); Agitation gegen die Politik des Staates Israel; allgemeine Fremdenfeindlichkeit; Forderung nach einem Schlussstrich unter das Thema Holocaust und die Entschädigungszahlungen.

Reaktion der Juden und anderer: Wachhalten der Erinnerung an den Holocaust; Intensivierung der Antisemitismusforschung.

ZIEL

Klärung des Begriffs Antisemitismus im Hinblick auf seine Entstehung, seine unterschiedlichen Ausprägungen in der Geschichte (Kontinuitäten, Ausweitung), seine Bedeutung als Agitationsbegriff und die Fortdauer dessen, was mit ihm bezeichnet wird. Allgemein soll das Wissen über den Antisemitismus in Geschichte und Gegenwart den Schülern auch

Aufschluss über die Entstehung von Vorurteilen und Feindbildern und deren Instrumentalisierung zu politischen Zwecken geben.

3.3. Baustile

Man ist immer wieder erstaunt, wie wenig Studierende des Faches Geschichte über historische Baustile wissen. Offensichtlich wird das Thema im Unterricht ziemlich vernachlässigt, obwohl in manchen neueren Geschichtslehrbüchern ausführliche Kapitel darüber enthalten sind.[164] Wann immer bei der Behandlung der mittelalterlichen Geschichte auf Baustile hingewiesen wird (etwa im Zusammenhang mit der Anlage von [Zisterzienser-]Klöstern, der Grablege der Salierkaiser im romanischen Dom zu Speyer, der Gotik als dem Baustil der mittelalterlichen Stadtkirchen), wird man es nicht versäumen, auf Bauten mit demselben Baustil am Schulort der Schüler selbst oder in dessen unmittelbarer Nachbarschaft hinzuweisen. Hier können die Schülerinnen und Schüler zeigen, dass sie die Stilmerkmale der Romanik und Gotik an den baulichen Überresten und Denkmäler in ihrer Nachbarschaft wieder erkennen. Es würde eine bedeutende Transferleistung darstellen, wenn es ihnen überdies gelänge, ihre an den Sakralbauten des Mittelalters gewonnenen Kenntnisse auf die neo-romanischen und neo-gotischen Kirchen anzuwenden, wie sie überall in Deutschland vor allem nach 1871 in großer Zahl errichtet wurden.

3.4. Arbeit[165]

Arbeit ist zu allen Zeiten ein wesentlicher Bestandteil menschlicher Existenz gewesen. Sie dient als Erwerbstätigkeit der Sicherstellung des Lebensunterhaltes und zugleich der Herstellung von Tausch- und Gebrauchswerten. Es gibt unterschiedliche Formen von Arbeit: Arbeit zur Subsistenzsicherung; freie Arbeit oder erzwungene, abhängige, anderen erbrachte Arbeit; wertvolle bzw. gut bezahlte oder gewürdigte Arbeit

---

164 Zum Beispiel: Das waren Zeiten. Sekundarstufe 1, Bamberg: Buchner 1997, S. 184-187 (Romanik und Gotik); ANNO 1, Ausgabe Niedersachsen, Braunschweig: Westermann 1997, S. 208-211 (Romanik und Gotik); Geschichte und Geschehen, Niedersachsen G 1, Stuttgart: Klett 1997, S. 278f. (Romanik), S. 280-285 (Gotik); Geschichte und Geschehen, Niedersachsen G 2, Stuttgart: Klett 1998, S. 23 (Renaissance), S. 90-91 (Barock).

165 Zur Geschichte der Arbeit s. etwa Helmuth Schneider (Hrsg.): Geschichte der Arbeit. Vom Alten Ägypten bis zur Gegenwart, Frankfurt/M. usw. 1983 (Taschenbuch-Ausgabe). Als frühe didaktische Thematisierung vgl. Ulrich Mayer/Hans-Jürgen Pandel: Kategorien der Geschichtsdidaktik und Praxis der Unterrichtsanalyse, Stuttgart 1976, S. 75ff.

und schlecht bezahlte, weniger angesehene, verachtete Arbeit; Arbeit von Kindern, Frauen und Männern; selbstbestimmte, befriedigende Arbeit und entfremdete Arbeit; Konflikte im Zusammenhang mit der Arbeit: Streik, Aussperrung, Recht auf Arbeit, Pflicht zur Arbeit, Zwangsarbeit; Arbeit, Feierabend, Freizeit, Fest und Spiel; Erziehung zur Arbeit usw. Die hier genannten Aspekte zielen in erster Linie auf die Arbeit im primären und sekundären Sektor (Landwirtschaft und Handwerk/Industrie). Daneben sind aber auch die geistige Arbeit und die Arbeit im Dienstleistungssektor zu berücksichtigen. Den Schülern sind Begriffe aus ihrer Lebenswelt wie Klassenarbeit, Hausarbeit, Stillarbeit, Gruppenarbeit durchaus geläufig.

Da Arbeit und die damit verbundene Entlohnung auch darauf abzielen, die eigenen Bedürfnisse befriedigen zu können bzw. den in der Gesellschaft erreichten Status abzusichern oder gar noch zu verbessern, hat Arbeit immer auch etwas mit Reichtum und Armut zu tun. Eigenartigerweise wird Reichtum im Geschichtsunterricht nur selten thematisiert, während Armut in verschiedenen Themenzusammenhängen eine Rolle spielt: Ein großer Teil der Sklaven in der Antike war, legt man unsere Maßstäbe an, arm; die Unterschichten, die in den spätmittelalterlichen Städten zeitweise mehr als die Hälfte der Bevölkerung ausmachten, waren arm, das gleiche gilt für einen Großteil der Landbevölkerung; die Industrielle Revolution brachte eine soziale Klasse hervor – die Industriearbeiterschaft –, die über einen langen Zeitraum in großer Armut lebte. All diese Themen spielen im Geschichtsunterricht zu Recht eine große Rolle.[166] „Der soziale Tatbestand Armut war stets auf Arbeit bezogen. Arbeit und Armut definierten sich von der Antike bis zum Mittelalter gegenseitig. Wer arbeiten musste, war arm, und wer arm war, musste arbeiten. Seit der Mitte des 14. Jahrhunderts wurde versucht, das Verhältnis von ‚Arbeit‘ und ‚Armut‘ neu zu definieren. Durch Einschränkung der Armenfürsorge und durch strengeres Vorgehen gegen Bettler sollte die generelle Arbeitspflicht aller Arbeitsfähigen durchgesetzt werden. Arbeit und Armut gerieten in Gegensatz zueinander. ‚Wer arbeitet, braucht nicht arm zu sein; wer aber arm ist, zeigt damit nur,

---

166 Demgegenüber erfährt der Schüler über reiche Menschen nur wenig: Wenn die Hanse überhaupt noch Gegenstand des Geschichtsunterrichts ist, dann wird gelegentlich auf den Reichtum einzelner Hansekaufleute hingewiesen. Auch der Reichtum der Fugger wird in manchen Geschichtslehrern noch erwähnt. Von den Monarchen und den Adligen, wohl auch von den mittelalterlichen Grundherren werden die Schüler annehmen, dass sie reich, jedenfalls reicher als ihre Untertanen sind.

daß er nicht arbeiten will.' Dieses Verständnis des Begriffs reicht von der Reformation bis in die Gegenwart."[167]

Es versteht sich von selbst, dass nicht alle Aspekte von Arbeit gleich umfangreich im Geschichtsunterricht behandelt werden können. Dies hängt auch damit zusammen, dass es ein systematisches Thema „Arbeit" im Geschichtsunterricht bislang nicht gibt.[168] Aber schon mit der beginnenden Arbeitsteilung in Folge der neolithischen Revolution und der damit verbundenen erhöhten Produktivität wird ein Aspekt von Arbeit angesprochen, der mit Fortgang des Unterrichts immer weitere Vertiefungen erfährt. Es handelt sich beim Thema „Arbeit" also um ein Strukturphänomen, dessen transferfähigen Gehalte sich von ersten bescheidenen Aspekten bei der genannten Behandlung der neolithischen Revolution an ausweiten und immer weiter differenzieren.

Die Hochkulturen des Altertums verachteten die körperliche Arbeit oder betrachteten sie als Fluch. Arbeit war Sache der unteren Schichten, vor allem der Unfreien und Sklaven. Diese Einstellung zur Arbeit änderte sich unter dem Einfluss christlicher Denker des Frühmittelalters. Wird im Geschichtsunterricht die Entstehung der Klöster im 6. Jahrhundert behandelt, so könnte hier gezeigt werden, wie sich dieser Bewusstseinswandel niederschlug: Die Klöster waren Zentren der Arbeit, die Arbeit selbst gottgefälliges Tun, wobei die körperliche Arbeit in den Klöstern meist von Laienbrüdern (sie haben zwar die Profess abgelegt, aber keine Weihe erhalten), die geistige und künstlerische Arbeit (Herstellen von Abschriften und Übersetzungen, Anlage von Annalen und Chroniken, Buchmalereien usw.) hingegen von Mönchen erbracht wurde. Aus der Beschäftigung mit der mittelalterlichen Grundherrschaft könnte als transferfähige Erkenntnis die Unterscheidung von „freier und unfreier Arbeit" gewonnen werden.

Systematisch gesehen geht es hier um die Organisation der Arbeit und um die Arbeitsbedingungen. Diese Gesichtspunkte werden auch bei der Beschäftigung mit später vermittelten Unterrichtsinhalten immer wieder angesprochen. Im Rahmen der Unterrichtseinheit „Stadt im

---

167 Hans-Jürgen Pandel, Armut in der Geschichte, in: Geschichte lernen, Heft 78, November 2000, S. 12. Das Zitat im Zitat stammt aus: Geschichtliche Grundbegriffe, Bd. 7, Stuttgart 1992, S. 549.

168 S. aber meinen Vorschlag in: Für's Leben lernen? Bemerkungen zum Geschichtsunterricht an Hauptschulen, in: Wie weiter? Zur Zukunft des Geschichtsunterrichts, hrsg. v. Hans-Jürgen Pandel und Gerhard Schneider, Schwalbach 2001, S. 68-97; ferner: Gerhard Schneider: Ein alternatives Curriculum für den Geschichtsunterricht in der Hauptschule, in: GWU 51 (2000), 406-417. Vgl. auch das Themenheft „Arbeit" (= Geschichte lernen, Heft 13/1990) und das Themenheft „Arbeit im Wandel" (Wochenschau Sek. I, 52. Jg. Nr. 6 [2001]).

Mittelalter" (und hier bei den Zünften) wird man den bereits transferierten Wissensbeständen den jetzt neuen Aspekt Arbeitsverständnis oder Arbeitsethos hinzufügen und darauf verweisen, dass bzw. wie Arbeit das Selbstverständnis des städtischen „ehrbaren" Handwerkers bestimmte. Ferner tritt hier der Gesichtspunkt „Absatz- und Profitorientierung" als Element und Ziel städtischen Arbeitens hinzu. Auch auf Arbeitskämpfe als ein immer wiederkehrendes Phänomen am Arbeitsplatz, charakterisiert als mehr oder weniger gewaltsame Auseinandersetzung zwischen „Arbeitgebern" (Meistern) und „Arbeitnehmern" (Gesellen), wird man hier hinweisen und diesen Gesichtspunkt als wichtiges Transferwissen festhalten. Wichtig für das spätere Verständnis von Arbeit ist die jetzt einsetzende Spezialisierung der Handwerker und die damit einhergehende Berufsteilung, d.h. die Herausbildung von Spezialisten aus einem ursprünglich von einer Person ausgeübten Gewerbe (z.B. in der Lederverarbeitung: Gerber, Walker, Sattler, Riemer, Schuhmacher usw.) und Arbeitszerlegung, d.h. die Aufteilung eines einzelnen Produktionsprozesses in verschiedene Teilprozesse. Mit der Reformation wird ein neuer Aspekt des komplexen Phänomens Arbeit sichtbar: (Körperliche) Arbeit sei den Menschen von Gott als Buße nach dem Sündenfall auferlegt worden. Indem die Menschen sie ergeben annehmen und sich als arbeitsam erweisen, haben sie die Möglichkeit, zu Gott zurückzukehren. Müßiggang sei der Anfang allen Übels. Luther bezeichnete es als Bedürfnis, dass die Bettelei in der ganzen Christenheit abgeschafft würde.[169] Ein besonderes Arbeitsethos entwickelte sich unter den Calvinisten: Der aus rastloser Arbeit resultierende Erfolg im Berufsleben gilt als Anzeichen dafür, dass Gott einen zur Seligkeit und nicht zur ewigen Verdammnis auserkoren habe. Um sich dieser Gunst des Erwählten auch weiterhin sicher zu sein, werden gewaltige Anstrengungen unternommen. Die Arbeit wird zum alles beherrschenden Inhalt, ja, zum Selbstzweck des Lebens. Das Ausruhen auf dem Besitz und der Genuss des Reichtums gelten als sittlich verwerflich.

Arbeit, ehedem verachtet, wandelte sich im 17./18. Jahrhundert jetzt zu einer beglückenden Tätigkeit der Menschen. Sie sei Quelle allen Reichtums und ermögliche die Befriedigung ständig wachsender Bedürfnisse. Arbeit ist nicht mehr nur die manuelle und körperliche Tätigkeit; alle Tätigkeiten, die erwerbsorientiert sind, versteht man jetzt als Arbeit. Mit dem Siegeszug der Industrialisierung und der Entwick-

---

169 S. hierzu die Quellen in dem Aufsatz von Asmut Brückmann: Die Reformation und die Anfänge der neuzeitlichen Sozialfürsorge. Armut und Bettelei, Almosen und Fürsorge zu Beginn der frühen Neuzeit, in: Praxis Geschichte 3/1990, S. 30.

lung der kapitalistischen Produktionsweise vollzieht sich die Trennung von Erwerbstätigkeiten, die im Allgemeinen außerhalb der Wohnung geleistet werden, und der nicht entlohnten Hausarbeit, die meist Frauen oblag. In den Fabriken musste sich der Arbeiter jetzt den oft lebenszerstörerischen Bedingungen der industriellen Produktion unterwerfen. Wie bereits zuvor, jetzt aber noch nachdrücklicher, wird Arbeit wesentlich bestimmt durch den technologischen Standard, also durch die Entwicklung der Arbeitsmittel. Dabei zeigt sich, dass der technische Fortschritt keineswegs zwangsläufig eine Verbesserung der Arbeitsbedingungen zur Folge hatte. Auch die Annahme, dass durch die Reduzierung der körperlichen Arbeit und nach Übernahme besonders schwerer Arbeiten durch Maschinen und Automaten die den Arbeitern abverlangte Arbeitsleistung geringer und leichter zu erbringen sei, erweist sich als nicht zutreffend. Die Anforderungen an die Konzentration und an die Leistungsfähigkeit der Menschen, überhaupt die besonderen nervlichen und organischen Belastungen durch oft monotone Arbeitsprozesse sind seit der Industriellen Revolution sogar angestiegen. Vielfach müssen die Menschen entfremdete Arbeit verrichten.

Man entdeckt also einen elementaren Unterschied zwischen vorindustrieller und industrieller Lebens- und Arbeitswelt, wird auf die Aspekte von Frauenarbeit und Kinderarbeit in der Industrie zu sprechen kommen, ferner auf die Entstehung der Arbeiterbewegung, auf die Forderungen der Arbeiter und ihre Kampfformen und auf die schließlich Platz greifenden sozialen Errungenschaften, die allmählich zu einer Humanisierung der Arbeitswelt führen. Heute scheint uns, wie dies schon Hannah Arendt vor Jahrzehnten prognostizierte, die Arbeit auszugehen, ohne dass wir uns der „höheren und sinnvolleren Tätigkeiten" erinnerten, „um derentwillen die Befreiung sich lohnen würde."[170]

3.5. Armut

Wir leben in einem der reichsten Industriestaaten der Welt, in dem Armut bis vor wenigen Jahren weitgehend unbekannt gewesen ist. Dies hat sich seitdem geändert. Schon Ende der 1970er Jahre hat der damalige rheinland-pfälzische Minister für Soziales, Gesundheit und Sport, Heiner Geißler, von der neuen „Sozialen Frage" gesprochen. Heute

---

170 Hannah Arendt: Vita activa oder Vom Tätigen Leben, Stuttgart 1960, S. 11f.; zit. nach Klaus Bergmann: Arbeit, in: Geschichte lernen, Heft 13/1990, S.16. „Was uns bevorsteht, ist die Aussicht auf eine Arbeitsgesellschaft, der die Arbeit ausgegangen ist, also die Tätigkeit, auf die sie sich noch versteht. Was könnte verhängnisvoller sein?" (Arendt a.a.O., S. 13).

wird in der Presse in oft drastischer Form über Armutsfälle berichtet;[171] von Armut ist nicht mehr nur eine verschwindend kleine Anzahl Menschen betroffen. Neue Begriffe tauchen auf: Man spricht von Kinderarmut und Altersarmut, und auch viele Menschen in den dazwischen liegenden Lebensjahren haben Angst vor sozialem Abstieg und Verarmung. Ein relativ junger Begriff ist „Prekariat". Zum Prekariat zählen einkommensschwache Selbständige, Arbeiter und Angestellte auf Zeit, Zeitarbeiter, Langzeitarbeitslose und solche, die nicht mehr in den Arbeitsprozess vermittelbar sind. Darunter sind nicht wenige, die hoch qualifiziert sind, aber dennoch keine ihrer Ausbildung entsprechende Arbeit finden können. Und neu ist auch, dass jetzt Armut nicht mehr ausschließlich die Folge von Arbeitslosigkeit ist, sondern Menschen auch dann unter die Armutsgrenze abrutschen können, wenn sie (noch) Arbeit haben. Hier ein aktueller Bericht aus Focus.online, der sich mit der Armut von Kindern befasst.

KINDERARMUT
Ohne Pausenbrot in die Schule
Der Kampf gegen die wachsende Kinderarmut ist schwierig, weil sich die Armut versteckt. Sie treibt immer mehr Familien in Isolation und Depression.

2,5 Millionen Kinder leben in Deutschland auf Sozialhilfeniveau
Kinderarmut ist ein Massenphänomen. „2,5 Millionen Kinder in Deutschland leben auf Sozialhilfeniveau", sagte der Armutsforscher Prof. Christoph Butterwegge am Mittwoch auf dem 6. Kinderschutzforum in Köln. Folge dieses sozialen Abstiegs seien Isolation, Resignation, Perspektivlosigkeit und häufig auch steigende Gewalt in den Familien. [...]

Es fehlt an Kraft und Ausstattung
„Wir wollen darauf aufmerksam machen, dass immer mehr Familien in die Armut abrutschen. Es fehlt in Deutschland an Kraft und Ausstattung, um Kontakt zu diesen Problemfamilien aufzunehmen. Dadurch kommt es immer häufiger zu Vernachlässigungssituationen in den Familien", erklärte der Bundesgeschäftsführer der Kinderschutz-Zentren, Arthur Kröhnert.

Kinderschutzzentren sind völlig überlastet
Die Kinderschutz-Zentren seien völlig überlastet. Die Zahl der Familien, die sozialpädagogische Hilfe in Anspruch nehmen, sei seit 1999 um 61 Prozent auf 27 500 Familien in 2005 angestiegen. Deshalb brauche man dringend mehr qualifiziertes Personal. Und das nicht nur in den pädagogischen Berufen, sondern auch bei den Ärzten und Hebammen, um Defizite bei Kindern frühzeitig zu erkennen. „All dies kann aber nur mit einer anderen Politik funktionieren", so Kröhnert.

---

171 S. etwa die Beispiele in dem Themenheft „Armut im Wohlstand" (=Wochenschau Sek. I 50. Jg. Nr. 2/1999).

Aus: *http://www.focus.de/schule/gesundheit/medizin/kinderarmut_aid_ 115483.html* (28.2.2008). Der Artikel ist nicht datiert; da in ihm auf das 6. Kinderschutzforum Bezug genommen wird, das im September 2006 stattfand, dürfte der Text aus dem Herbst 2006 stammen.

Seit Jahren sind bettelnde Menschen in den Großstädten ein fast schon vertrautes Bild. Haben manche Menschen diese bei ihrem Auftauchen in den späten siebziger Jahren des letzten Jahrhunderts oft als eine pittoreske Erscheinung im Ambiente unserer Großstädte belächelt, weiß man heute, dass sich dahinter auch damals schon oft menschliche Tragödien verbargen. Sicher, in Deutschland muss niemand verhungern, denn der Staat garantiert seinen Bewohnern ein bestimmtes Maß an sozialer Sicherheit.

Angesichts hoher Arbeitslosigkeit und leerer öffentlicher Kassen bei gleichzeitigem Abbau von Sozialleistungen wächst hier aber ein Problem heran, dessen ganzes Ausmaß noch nicht absehbar ist. Armut in ihrem ganzen Ausmaß zu erfassen, ist auch deshalb so schwer, weil viele Arme ihre schwierige soziale Lage oft verschämt verschweigen. Man spricht von „verdeckter Armut". Darunter fallen solche „Personen, die unterhalb des Existenzminimums leben und dennoch die ihnen zustehende Sozialhilfe oder Mietbeihilfe nicht in Anspruch nehmen. Auf vier Sozialhilfeempfänger kommen drei ‚verdeckt Arme'. Die Zahl der Sozialhilfeempfänger ist von 2,1 Millionen (1981) auf 4,9 Millionen (1993) angewachsen."[172] Es darf angenommen werden, dass diese Zahl seitdem nicht wesentlich geringer geworden ist.[173]

---

172 Pandel: Armut in der Geschichte (wie Anm. 167), S. 11-18; Zitat, S. 12. Bei diesem Text handelt es sich um den Basisartikel des Themenheftes „Armut". Ihm bzw. seinem Autor verdanke ich viele Anregungen.

173 Das Statistische Bundesamt meldet, dass Ende 2004, also unmittelbar vor Inkrafttreten von Hartz IV rund 2,9 Millionen Menschen Sozialhilfe bezogen.

Begleitet wird die wachsende Armut von – sicher noch zu wenigen – Zeichen erfreulicher Solidarität zwischen jenen, denen es besser geht, und jenen, die die Armut aus der Bahn geworfen hat: Spendenaktionen und Solidaraktionen aller Art wie z.b. die in vielen Städten bereits existierenden sog. Tafeln, die Bedürftige mit Nahrung und mit anderen notwendigen Dingen des täglichen Lebens versorgen, helfen mit, die größte Not zu lindern, wenn das oft beschworene staatliche soziale Netz die von Armut, Hunger, Wohnungslosigkeit usw. Betroffenen nicht mehr auffängt. Das Problem selbst können die karitativen Organisationen allerdings nicht aus der Welt schaffen. Immerhin sind Äußerungen wie jene, die man zu Zeiten der Vollbeschäftigung in den sechziger Jahren oft hören konnte, dass, wer gesund sei und arbeiten wolle, auch Arbeit finden würde, heute eher selten. Und auch das Wegschauen, das Sichgestört-Fühlen vom Anblick bettelnder Menschen, gar die Forderung, die Polizei möge „das bettelnde Pack" von der Straße jagen, sind zwar nicht ganz verschwunden, aber doch weniger geworden, vielleicht weil die Unsicherheit gewachsen ist, man könnte irgendwann einmal selbst von Armut betroffen sein.

Natürlich können im Geschichtsunterricht keine Strategien zur Bekämpfung der Armut oder Verhaltensmuster für die Begegnung mit Armen entwickelt werden. Das wird von ihm auch nicht erwartet. Im Geschichtsunterricht – aber nicht nur hier – kann die Basis dafür gelegt werden, dass Schüler auf dem Hintergrund ihres Wissens über Erscheinungsformen und Bedeutung von Armut in der Vergangenheit sich allzu platter und einseitiger Werturteile über Arme und Armut heute enthalten. Sie werden erkennen, dass Armut seit der Antike in ganz unterschiedlicher Form auftrat, dass Armut unterschiedliche Ursachen hatte, dass in der Vergangenheit unterschiedlich große Teile der Menschen unter ihr zu leiden hatten, dass nämlich Armut über viele Jahrhunderte hinweg für viele der „Normalfall" gewesen ist. Sie werden ferner erkennen, dass jene, die herrschten, Armut als gottgegeben ansahen und nur wenig zu ihrer Linderung taten, dass aber auch schon früher Menschen sich aus unterschiedlichen Gründen (so z.B. durch das biblische Gebot des Almosenspendens) aufgerufen fühlten, den verarmten und hungernden Mitmenschen zu helfen. Sie werden schließlich erkennen, dass wieder andere ihr Leben dem Armutsideal

---

Seitdem werden Hartz IV-Empfänger nicht mehr in die Statistik der Sozialhilfeempfänger aufgenommen. Am 31.7.2007 berichtet DER TAGESSPIEGEL (Berlin) in seiner online-Ausgabe, dass die Zahl der Hilfeempfänger nach Hartz IV im April 2007 auf rund 7,4 Millionen gestiegen sei.

verschrieben und dass sich die Einstellung der Gesellschaft zur Armut seit den archaischen Zeiten bis heute vielfach gewandelt hat.

Es erstaunt, dass ein verbreitetes neueres Geschichtslehrbuch[174] im Index der vier Einzelbände den Begriff „Armut" nicht aufführt. Das heißt natürlich nicht, dass das Phänomen als solches in diesem Lehrbuch nicht auftauchen würde. Man findet es z.B. unter Themen wie „Orden", wo auf das Armutsgelöbnis der Ordensmitglieder, auf deren Fürsorge für Arme und Kranke und auf die Bettelorden hingewiesen wird. Im Kapitel über die spätmittelalterlichen städtischen Unterschichten werden ebenfalls Armut und Bettelei erwähnt. Wenn in diesem Lehrbuch im 19. Jahrhundert über die Auswirkungen der Industrialisierung, über Kinderarbeit, Wohnungsnot, also über die soziale Frage oder im Kapitel über die Weimarer Republik über die Auswirkungen der Inflation oder über die hohen Arbeitslosenzahlen berichtet wird, ist das Thema Armut gegenwärtig. Allerdings werden sich wegen dieses vereinzelten Auftauchens des Phänomens Armut in den Geschichtslehrbüchern bei den Schülern kaum die Vorstellung entwickeln können, dass Armut bzw. soziale Ungleichheit neben Politik, Wirtschaft und Kultur eine zentrale strukturbildende Kategorie ist. Hans-Ulrich Wehler hat in der Einleitung zu seiner „Deutschen Gesellschaftgeschichte" erläutert, warum er „soziale Ungleichheit" als eine wichtige Achse betrachtet, die „das Gesellschaftsgefüge" durchziehe. Unter „Achse" versteht Wehler hierbei zweierlei: „sowohl einen – zumindest unterstellten – verdichteten realhistorischen Wirkungszusammenhang als auch ein heuristisches Hilfsmittel, das die genauere historische und systematische Untersuchung erleichtern soll." Eine solche „Achse" stelle „das System der sozialen Ungleichheit" dar, das „in jeder Gesellschaft eine so hervorragende Bedeutung (besitzt), daß es berechtigt erscheint, dieses System sogar [...] als eine der Zentralachsen zu behandeln."[175] Und tatsächlich enthält jedes Großkapitel in allen fünf Bänden der „Deutschen Gesellschaftsgeschichte" neben Abschnitten zu Politik, Wirtschaft und Kultur jeweils auch längere Abschnitte zum Thema „Strukturbedingungen und Entwicklungsprozesse sozialer Ungleichheit". Wenn also „soziale Ungleichheit", die ja das Phänomen Armut impliziert, eine durch die Jahrhunderte hindurch zu beobachtende Zentralkategorie ist, dann wäre es töricht, wenn das Thema Armut im Geschichtsunterricht in Form unverbundener Einzelbilder behandelt würde. Wie die Durchsicht des Geschichtslehrbuchs zeigt (s. oben), ist dies aber offensichtlich der Regelfall: Armut taucht

---

174 ANNO; Bände 1-4, Braunschweig (Westermann) 1997/1998.
175 Hans-Ulrich Wehler: Deutsche Gesellschaftsgeschichte, Bd. 1, München 1987, S. 9 und 11.

hier und da im Kontext der chronologischen Abfolge der Ereignisse auf, ohne dass Schüler sie als „historisches Dauerphänomen" (Hans-Jürgen Pandel) wahrnehmen können.

In Übereinstimmung mit Hans-Jürgen Pandel schlage ich daher vor, das Thema Armut im Geschichtsunterricht mit Schülern als Längsschnitt zu bearbeiten.[176] Hierzu hat Pandel eingehende didaktische Überlegungen angestellt und knappe Sachinformationen vom Frühmittelalter bis zur NS-Zeit geliefert.[177]

1) ARMUT UND CARITAS IM FRÜHEN MITTELALTER[178]

„Arm" wird im Mittelalter nicht nur durch die Opposition zu „reich" gekennzeichnet, sondern auch zu „stark". „Zu den pauperes in diesem umfassenden Sinne des Gegensatzes zu den potentes gehören alle Menschen, die ohne Schutz lebten und deren Recht fragwürdig war."[179] Armut ist zunächst einmal ein Problem von Nahrungsmangel. Es trat im Mittelalter bei der Landbevölkerung auf, die aufgrund geringer Produktivität, hoher Abgaben und zu kleiner Ackerflächen arm war. Das Problem verschob sich dann in die Städte. Verschärfend kamen Hungerkrisen hinzu, deren Ursachen Missernten, Seuchen und Krieg waren.

Die darstellende Kunst stellt das „persönlich dargebotene Almosen als allgemein üblichen Akt dar".[180] Das Almosenwesen war aber weitaus breiter gefächert. Es wurden Mitgifte [Güter, die die Braut mit in die Ehe bringt; „gift" ahdt. Gabe, in diesem Sinne im Engl. „gift" = Geschenk noch erhalten; G.S.] gespendet, Hospitäler bedacht, Armenmahlzeiten finanziert und bisweilen auch das kleine Häuschen eines Armen entschuldet. Testamentsvermächtnisse vergaben Almosen post mortem an möglichst viele Empfänger und erwarteten dafür Fürsprache durch Gebete.

---

176 Pandel, Armut in der Geschichte (wie Anm. 167), S. 16f.

177 Zur Didaktik, s. Pandel, Armut in der Geschichte (wie Anm. 167), S. 12-14; zu den Sachinformationen, s. ebd., S. 14-16. Wegen der engen Wechselbeziehung zwischen Armut und Arbeit s.a. die Vorschläge zum Thema „Arbeit" in diesem Band.

178 Die nachstehenden Sachinformationen zur Armut im Wandel der Zeiten hat mir freundlicherweise Hans-Jürgen Pandel zur Verfügung gestellt; sie sind Teil des bereits mehrfach zitierten Aufsatzes, der in der Zeitschrift „Geschichte lernen" (Pandel, wie Anm. 167), S. 14-16, erschienen ist.

179 Otto Gerhard Oexle: Armut, Armutsbegriff und Armenfürsorge im Mittelalter, in: Christoph Sachße/Florian Tennstedt,: Soziale Sicherheit und soziale Disziplinierung. Beiträge zu einer historischen Theorie der Sozialpolitik, Frankfurt/M. 1986, S. 82

180 Michel Mollat: Die Armen im Mittelalter, 2. Aufl., München 1987, S. 240.

2) Massenarmut im späten Mittelalter

Zwischen 1350 und 1500 stieg die Zahl der Armen stark an. Dabei verlagerte sich der Schwerpunkt der Armut vom Land auf die Stadt. Es gab starke Konjunkturschwankungen, die die strukturellen Ursachen der Armut überdeckten. Dabei lassen sich folgende Armengruppen unterscheiden.

An erster Stelle sind die *Bettler* zu nennen, die nicht nur arm, sondern auch bettelarm waren, wie eine zeitgenössische Quelle sie unterscheidet. Es waren Menschen, die vor dem Krieg geflohen oder in Zeiten wirtschaftlicher Rezension arbeitslos geworden waren. Sie waren oft krank, blind, hinkend, verkrüppelt und mit Geschwüren bedeckt.

Die zweite Gruppe bildeten die *Steuerarmen*. Es sind die „fleißigen Armen". Obwohl sie arbeiten, sind sie dennoch arm. Sie leben ständig am Rande des Existenzminimums und zahlen deshalb keine Steuern. In den Steuerlisten der Städte tauchen sie in der Regel gar nicht auf, obwohl sie zwischen 20 und 50 Prozent der Einwohner einer Stadt ausmachen konnten. Je nach Wirtschaftslage schwankte ihre Zahl zwischen 40 und 80 Prozent der erfassten städtischen Haushalte. Meist handelt es sich dabei um bestimmte Berufsgruppen wie Lederzurichter, Gerber oder Fassbinder.

Die dritte Gruppe bildeten die *Landflüchtigen*. Die Verarmung von Bauern zeigt sich in der „Aufgabe des Hofes, dem Abbruch aller Bindungen an den Boden". Bereits um 1000 n.Chr. sind 10 Prozent der Dorfbewohner landlose oder landarme Häusler. Sie arbeiten als Lohnarbeiter auf adligen Gütern, bei Klöstern oder bei reichen Bauern.[181] Ein großer Teil der Bauern besaß so wenig Land, daß sie sich durch Spinnen, Weben, Holz fällen und Wegebau etwas hinzuverdienen mußten. Diese breiten agrarischen Bevölkerungskreise lebten dauernd an der Hungergrenze. Das Verhältnis von ausgebrachtem Saatgut war 1:2 bis 1:3. Fiel eine Ernte aus, so wurde auch das Saatgut knapp.[182] Diese agrarkonjunkturelle Armut war bis zum Beginn der Neuzeit die Regel.

Die vierte Gruppe bildeten die *Vagabunden*. Mit diesem Begriff wurden arbeitsscheue, betrügerische Bettler verstanden. Sie wurden wegen des Tatbestandes der „Landstreicherei" verfolgt. Die Vagabunden waren nach Meinung der spätmittelalterlichen Gemeinden nicht arm durch äußere Umstände, die man ihnen nicht anlasten könne, sondern arm aus eigenem Verschulden.[183] Die Grenzen zwischen Armut und Verbrechen waren im Mittelalter und in der Neuzeit fließend. Durch

---

181 Wolfram Fischer: Armut in der Geschichte, Göttingen 1982, S. 12.
182 Ebd., S. 15
183 Robert Jütte: Arme, Bettler, Beutelschneider, Weimar 2000, S. 194.

Armutsdruck wurde die Grenze zum Diebes- und Räuberwesen flüssig (Hotzenwald, Schinderhannes, „Der plötzliche Reichtum der armen Leute von Kombach").[184]

3) ARMUT IM ZEITALTER DER KONFESSIONALISIERUNG

Am Ende des 16. Jahrhunderts waren „in ganz Europa Männer und Frauen nicht mehr bereit, sich dem Zwang zur Mildtätigkeit zu unterwerfen".[185] Die Gründe dafür waren vielfältig. Seit dem 14. Jahrhundert war die Zahl der Armen erheblich gestiegen. Es waren einfach zu viele. Die individuelle Mildtätigkeit Einzelner reichte nicht mehr aus. Die Reformation hatte zudem dem Einzelnen die Gewissheit genommen, durch gute Taten den Sündenstrafen des Fegefeuers zu entkommen. Wenn man allein durch die Gnade selig werden konnte, warum sollte man da noch milde Gaben geben? Der gelockerte Zusammenhang zwischen guten Taten und göttlicher Gnade spielte allerdings keine besonders ausschlaggebende Rolle. Die drängenden Probleme des Massenpauperismus waren in katholischen und protestantischen Territorien die gleichen. Anstelle der individuell gewährten milden Gabe entwickelte sich eine kollektiv organisierte und verwaltete Armenfürsorge. Diese „Gemeinen Kästen" – später „Armenkästen"– entstehen zuerst in protestantischen Territorien und konnten aus eingezogenen Kirchengütern gefüllt werden. Daß heute Sozialhilfe eine Aufgabe der Kommunen ist, hat hier seine Ursachen. Die Regierungen und Gemeinden gingen auf Grund des gestiegenen Problemdrucks aus Not, Krankheit, Krise und Verbrechen dazu über, nicht mehr zwischen Armen und Bettlern zu unterscheiden. Alle arbeitsfähigen Armen wurden als Müßiggänger angesehen.

4) FRÜHE NEUZEIT

In den spätmittelalterlichen Städten wurden dann aber vor allem die Armen und weniger die Armut bekämpft. Man teilte zwischen eigenen und fremden Armen ein, zwischen solchen Menschen, denen das Betteln erlaubt und solchen, denen das Almosensuchen verboten war. Die Bevölkerungszunahme seit dem 14. Jahrhundert war ein wesentlicher Grund, zu solchen Maßnahmen zu greifen. Aus diesen Formen entwickelte sich dann das System der Armenunterstützung.

Armenkassen und der reformatorische „Gemeine Kasten" versuchten, den eigenen Armen zu helfen. Im 16. Jahrhundert begann „Das Große Einsperren".[186] In seiner 1587 veröffentlichten „Schurkenzucht"

---

184 Vgl. Themenheft „Kriminalität" in: Geschichte lernen, 4 (1991), Heft 22.
185 Jütte (wie Anm. 183), S. 135
186 Vgl. Jütte (wie Anm. 183) S. 224 ff.

entwickelte der holländische Humanist Coornhert den Gedanken, daß Arme im wesentlichen arbeitsunwillig und deshalb Freiheitsentzug und Zwangsarbeit die richtigen Mittel der Armutsbekämpfung seien. Folgerichtig entstand dann 1589 in Amsterdam das erste „Zuchthaus" („tuchthuis"). Es wurde zum einflussreichsten Modell. Norddeutsche Städte folgten diesem Modell im 17. Jahrhundert (Bremen 1609, Lübeck 1613, Hamburg 1614 etc.). Das Zuchthaus war eine Universalanstalt. Es war Armen-, Arbeits-, Irren-, Waisen-, Krankenhaus und Strafanstalt in einem. Als Modell der „geschlossenen Armenfürsorge" war es allerdings in seiner Wirkung sehr eingeschränkt. Es gab im alten Reich ca. 115 Anstalten mit 8- bis 10 000 Züchtlingen. Die anfangs gehegte Hoffnung, daß eine solche Anstalt sich nicht nur selbst tragen, sondern auch noch Gewinn abwerfen würde, verflog sehr rasch. Zuchthäuser blieben finanzielle Zuschussbetriebe.

5) Pauperismus um die Wende zum 19. Jahrhundert

Der Pauperismus des späten 18. und des frühen 19. Jahrhunderts ist als Ausläufer der Armut der frühen Neuzeit anzusehen und ist nicht Ergebnis der Industrialisierung. Die vorindustrielle Arbeit wurde durch den Bevölkerungsanstieg noch verschärft. Der langsame Produktivitätszuwachs in der Landwirtschaft konnte das Problem nicht lösen. Dieser massenhafte Pauperismus wurde – auch in neueren Schulbüchern – als Folge der Industrialisierung dargestellt. Der Ursprung dieser Deutung liegt bei den sozialistischen und kommunistischen Gesellschaftskritikern, von denen Friedrich Engels neben Karl Marx der bekannteste ist. Das massenhafte Elend, das Engels in den englischen Industriezentren beobachten konnte, führte er fälschlicherweise auf den Industrialisierungsprozess als Ursache zurück. Er kehrte die tatsächliche „Kausalkette"[187] um. „Weder die ‚rationalen Landwirte' noch die Bergwerks- und Hüttenbesitzer noch die Fabrikindustriellen schufen die Armut; sie zogen sie nur an, weil sie in einer Welt der Unterbeschäftigung Arbeitsplätze anboten und weil sie Löhne zahlten, die meist höher lagen als die Löhne, die man in anderen Beschäftigungen, sei es als Heimarbeiter, Tagelöhner, Transportarbeiter oder Dienstbote, am gleichen Ort verdienen konnte."[188]

6) Neuzeit

Bis zum Beginn der Neuzeit konnte man das Problem Armut noch unter die Rubrik „arm trotz Arbeit" fassen. Wirtschaftliche Krisen und Kon-

---

187 Fischer (wie Anm. 181) S. 56.
188 Fischer (wie Anm. 181) S. 57.

junkturen entschieden hier über Armut. In der kapitalistischen Wirtschaftsweise der Neuzeit verschob sich Armut auf Erwerbsarbeit. Die krasseste Form ist hier Armut aufgrund von Arbeitslosigkeit. Ab jetzt waren und sind Strukturveränderungen (Bauernbefreiung, Weltwirtschaftskrise, Globalisierung etc.) und konjunkturelle Entwicklungen von Volkswirtschaften die Gründe (Inflation 1923). Die Strategien und Techniken der Armutsbekämpfung veränderten sich. Die Erfindung der Dampf- und Spinnmaschine setzte zweifelsohne viele Hand- und Heimarbeiter außer Brot. Volkswirtschaftlich gesehen nahm die industrielle Revolution aber mehr Menschen in Arbeit als sie freisetzte.

Dass Armut aber auch ein Problem von Herrschaft ist, zeigte das 19. Jahrhundert. Der Verzicht der Politik, Armut zu bekämpfen, ist hier ebenso zu nennen wie die Politik imperialistischer Staaten, Länder „unterentwickelt" zu halten, indem man ihnen eine Monokultur aufzwang oder der Bevölkerung Bildung und damit sozialen Aufstieg verweigerte. Bekämpfte Armut wird die Armut genannt, die von den Sozialpolitikern durch Sozialhilfe, Mietbeihilfe u.ä. abgesichert wird, sodass Menschen nicht in absolute Armut abgleiten. Als politische Maßnahme setzt Armutbekämpfung in Form von Sozialpolitik seit der Reformation ein. Ende des 19. Jahrhunderts erfolgte der Übergang zur staatlichen Sozialpolitik und zur Einrichtung konfessioneller Wohlfahrtsverbände. 1883/84 wurden Kranken- und Unfallversicherung, 1889 Invaliden- und Altersversicherung gegründet. Der weitere Ausbau des Sozialstaates erfolgte in der Weimarer Republik: 1924 Deutsches Fürsorgegesetz und 1927 Arbeitslosenversicherung.

Armut hat neben den ökonomischen Gesichtspunkten (Hunger versus Wohlgenährtheit), den politischen (ohnmächtig vs. mächtig), den moralischen (verachtet versus geachtet) auch eine topographische Dimension, die besonders im 19. Jahrhundert im Zuge der Urbanisierung offensichtlich wurde. Es gibt eine horizontale und eine vertikale Dimension von Armut, die sich auch in den Wohnverhältnissen ausdrückt. Für die Armen kamen nur die billigsten Wohnungen in Frage. Die Armutstopographie war sowohl vertikal (Keller- und Dachwohnungen) als auch horizontal angelegt (an Stadtmauern, Vorstadtquartieren etc.).

Innerhalb der Städte bildeten sich horizontale bzw. regionale Verteilung von Armut und Wohlhabenheit heraus. Im Mittelalter und der Frühen Neuzeit waren die Wohnbezirke innerhalb der Städte nicht nach sozialen Gesichtspunkten getrennt. Zu Beginn des 18. Jahrhunderts waren die Wohnungen der Armen noch über das gesamte Stadtgebiet verteilt. Aber bereits gegen Ende des 18. Jahrhunderts – wie beispielhafte Analysen zeigen – waren sie bereits an die Peripherie der Städte

gedrängt. Gleichzeitig hatten sich im Zentrum die Bezirke der Wohl-
habenden herausgebildet. „Dieses allmählich entstehende Muster der
Wohnsitzverteilung verweist bereits auf die räumliche Trennung zwischen
Arm und Reich, die für fast alle Industriestädte des 19. Jahrhunderts
charakteristisch werden sollte."[189] Dass diese Verteilung von Zentrum
und Vorstadt nicht stabil blieb, sondern sich auch umkehren konnte,
zeigte das 20. Jahrhundert mit seiner Kritik an der „Unwirtlichkeit der
Städte" und der Bewegung in die Gartenstädte, die dann wieder von
einer Umkehr in glitzernde Metropolen und verödete Plattenbausied-
lungen umschlagen kann.

Neben dieser horizontal-regionalen Verteilung von Armut trat auch
eine vertikale, wie die verschiedenen Stiche des 19. Jahrhunderts zeigen.
Die Sozialtopographie der Großstädte belegt die vertikale Verteilung
innerhalb der Häuser. Es galt der Grundsatz „Je höher der Stock, desto
niedriger die Schicht." Für manche Städte gilt die vertikale Verteilung
in anderer Reihenfolge. Die Armen wohnen im Keller und die Wohl-
habenden in der Beletage. Diese vertikalen und horizontalen Muster
entwickelten sich in verschiedenen europäischen Städten und zu verschiedenen Zeiten unterschiedlich. Sie sind aber unter sozialtopogra-
phischen Gesichtspunkten der Trennung vergleichbar.

7) Armut und Volksgemeinschaft

Im Nationalsozialismus wurde Armutsbekämpfung durch die Organisation der „NS-Volkswohlfahrt" und „Winterhilfswerk" betrieben. Diese
mit viel Propagandaaufwand in Szene gesetzten Maßnahmen nahmen
aber eine weitreichende Veränderung in den geltenden Kriterien vor.
Das bis dahin gültige Kriterium der „Bedürftigkeit" wurde zu Gunsten
der „Berechtigung" aufgehoben. Die NS-Volksgemeinschaft half nicht
dort, wo es Bedürftige gab, sondern nur dort, wo sie Berechtigte sah.
Juden und Kommunisten waren ausgeschlossen. Diese Gruppen bauten dagegen eigene Hilfsorganisationen auf.

***

Da das Thema Armut in der Zeit nach 1945 in der Regel Gegenstand
des Sozialkundeunterrichts ist, müssen hier keine weiteren Sachinformationen über das hinaus, was in der Einleitung zu diesem Kapitel gesagt
wurde, gegeben werden. Gezeigt werden sollte in erster Linie, wie sich
im Zuge eines Längsschnitts das Wissen um das Thema Armut nicht
nur zunehmend ausweitet, sondern auch differenziert und zu immer
komplexeren Einsichten verhilft. Auch dann, wenn „Armut" im chro-

---

189 Jütte (wie Anm. 183), S. 75.

nologischen „Normalunterricht" thematisiert wird, können die obigen Angaben zum Aufbau von Transferwissen herangezogen werden.

3.6. Krieg und Kriegserfahrung

Kriege sind bis auf unsere Tage ein beherrschendes Phänomen der Menschheitsgeschichte. Friedensforscher haben festgestellt, dass es auch nach dem Ende des Zweiten Weltkriegs, von dem ja die Parole „Nie wieder Krieg!" ausgegangen war, bereits wieder annähernd 200 bewaffnete Auseinandersetzungen in der Welt gegeben hat. Zur Zeit, da ich diese Zeilen schreibe, werden gerade zwei große Kriege geführt: im Nahen Osten zwischen Israel und den Palästinensern, ferner in Afghanistan. „Kleinere" Konflikte – sie erscheinen uns oft als „klein", weil sie in entfernten Gegenden stattfinden[190] – finden in Teilen Afrikas und in Asien statt.

Niemand wird heute die Geschichte im Geschichtsunterricht in erster Linie als Kriegsgeschichte vermitteln wollen. Dennoch: Eine Reihe von Kriegen hat die Weltgeschichte so sehr mitbestimmt, dass sie im Geschichtsunterricht behandelt, ja, teilweise sogar ausführlich behandelt werden müssen. Ein verbreitetes Geschichtslehrbuch[191] widmet folgenden Kriegen, von den Zeiten der Griechen bis in die Gegenwart vorwärtsschreitend, jeweils ein eigenes Kapitel:

Die Perserkriege, der Feldzug Alexanders des Großen gegen die Perser, die drei Punischen Kriege zwischen Römern und Karthagern, der Krieg um das Erbe Caesars, Kampf zwischen Römern und Juden im 1. und 2. Jh. n. Chr., Kriege der Völkerwanderungszeit (Goten, Hunnen, Römer, Franken usw.), Kriege im Zuge der Ausbreitung des Islam, die Kreuzzüge, innerstädtische Kämpfe zwischen Patriziern und Handwerkern im Mittelalter, Krieg der Türken gegen das oströmische Reich und die Eroberung Konstantinopels, Ketzerverfolgung durch die Kirche, die Eroberung Mittel- und Südamerika durch die Spanier, der Bauernkrieg, die französischen Religionskriege 1562-1598, Niederländischer Freiheitskrieg gegen Spanien, der Dreißigjährige Krieg, das Heerwesen zur Zeit

---

190 Das war auch früher schon so; s. etwa das Zitat aus Goethes „Faust I". In der Szene „Vor dem Tor" sagt ein Bürger: ‚Nichts Bessers weiß ich mir an Sonn- und Feiertagen,/ Als ein Gespräch von Krieg und Kriegsgeschrei,/ Wenn hinten, weit, in der Türkei, die Völker auf einander schlagen" (Goethes Sämtliche Werke. Jubiläums-Ausgabe, 13. Band, Stuttgart und Berlin o.J., S. 37).

191 Das Geschichtsbuch. Die Menschen und ihre Geschichte in Darstellungen und Dokumenten (Neue Ausgabe, 4 Bde., Berlin: Cornelsen 1997). Weitere Kapitel behandeln Heeresreformen, bürgerkriegsähnliche Auseinandersetzungen, Fehdewesen, militärische Erziehung etwa bei den Rittern u.ä., die hier nicht aufgeführt werden.

Ludwigs XIV., das preußische Heerwesen im 18. Jh., der Siebenjährige Krieg in Europa und in Nordamerika, der Unabhängigkeitskrieg in Nordamerika, die Revolutionskriege ab 1792, Napoleonischen Kriege und der Befreiungskrieg, die Revolution von 1848 und ihre militärische Niederlage 1849, der „Nationalkrieg" Italiens (Sardinien-Piemont im Bündnis mit Frankreich gegen Österreich), der Deutsch-Dänische Krieg 1864, der Preußisch-Österreichische Krieg 1866, der Deutsch-Französische Krieg 1870/71, Kriegerische Auseinandersetzung um die und in den Kolonien, Aufstand und Vernichtung der Hereros und Namas in Deutsch-Südwest-Afrika, Balkankriege 1912 und 1913, der Erste Weltkrieg, Bürgerkrieg in Russland 1919-1921, Putsche und bürgerkriegsähnliche Zustände in Deutschland 1918/19-1923, der Zweite Weltkrieg, der Kalte Krieg, Palästinakrieg 1948/49 und spätere Kriege im Rahmen des Nahost-Konflikts, der Korea-Krieg, Aufstand in Ungarn 1956, die Kuba-Krise 1962, Unterdrückung des Prager Frühlings 1968, Krieg in Jugoslawien ab 1991, der Golf-Krieg 1991, „Kriege und Spannungen in der Welt 1994/95".[192]

Weniger ausführlich, gelegentlich auch nur beiläufig werden in dem genannten Geschichtslehrbuch folgende weiteren Kriege erwähnt:

Der Peloponnesische Krieg, Krieg der Kelten gegen die Römer 387 v. Chr., Krieg in Nordafrika 111 v. Chr., Krieg der Römer gegen die Kimbern und Teutonen seit 113 v. Chr., Kriege Caesars in Gallien, Bürgerkrieg zur Zeit Caesars, Schlacht im Teutoburger Wald 9. n. Chr., Krieg zwischen Konstantin d. Gr. und Maxentius (312), Normannen- und Ungarneinfälle (9. und 10. Jh.), Kämpfe zwischen Staufern und Welfen, Krieg der Hanse gegen Dänemark, Zurückschlagung der Türken in der ersten Hälfte des 16. Jh., Französisch-Habsburgische Kriege in den Jahren zwischen 1521 und 1556, der Spanische Erbfolgekrieg 1701-1713/14, der Nordische Krieg 1700-1721, die beiden Schlesischen Kriege 1740-1742 und 1744-45, Bürgerkrieg in Polen 1768-1772, Krimkrieg 1853-56, „Boxer"-Aufstand in China 1900, Japans Krieg gegen China 1894/95 und gegen Russland 1904/05, Suez-Krieg 1956, Kriege im Kontext der Auflösung der Kolonialreiche, der Vietnam-Krieg.

Diese Auflistung mag auf den ersten Blick überraschen. Wahrscheinlich

---

192 Unter dieser Bezeichnung wird im Geschichtsbuch 4, Neue Ausgabe, Berlin 1997, S. 237, eine Weltkarte abgedruckt, auf der zehn Staaten gekennzeichnet sind, in denen aktuell Krieg geführt wird (Mexiko, Ecuador, Peru, Sierra Leone, Algerien, Ägypten, Sudan, Ruanda, Bosnien, Tschetschenien); ferner wird auf zahlreiche Spannungsgebiete hingewiesen. Grundlage der Karte ist der Jahresbericht des Internationalen Instituts für strategische Studien.

lässt sich in den Geschichtslehrbüchern kein anderes Phänomen finden, das ähnlich häufig erwähnt wird wie Kriege. Dass selbst in einem entschieden sozialgeschichtlich orientierten Schulbuch, das überdies umfangreiche Kapitel zur Alltagsgeschichte, zur Frauengeschichte, zur Kulturgeschichte enthält, fast 100 Kriege, kriegerische Auseinandersetzungen, dazu Kapitel zu Heeresreformen, zur Militarisierung des Bewusstsein u. ä. mehr oder weniger ausführlich dargestellt werden, macht deutlich, welches Gewicht Kriege im Verlauf der Menschheitsgeschichte gehabt haben. Die Unterschiedlichkeit der oben aufgeführten Kriege erklärt zugleich auch die Schwierigkeiten, brauchbares Transferwissen zu entwickeln: Krieg ist offensichtlich nicht gleich Krieg; Kriege haben unterschiedliche Ursachen, erfahren unterschiedliche Begründungen, nehmen einen unterschiedlichen Verlauf, sind von unterschiedlich langer Dauer und Intensität und haben unterschiedliche Konsequenzen – um nur einige Aspekte zu erwähnen, welche die Unterschiedlichkeit der Kriege deutlich machen. Kriege können Verteidigungs- bzw. Angriffskriege sein; man spricht von Raubkriegen, von Kriegen als Bestrafungsaktionen, von Revolutionskriegen, von Glaubenskriegen, Religionskriegen, Bürgerkriegen, Präventivkriegen als vorgeblich vorweggenommene Verteidigung usw. Wo liegen da jene Wissensbestände, die als transferfähig und -nötig angesehen werden können?

Die Häufigkeit, mit der das Thema Krieg im Unterricht verhandelt wird, lässt diesen Unterrichtsgegenstand geeignet erscheinen, um Transferwissen immer wieder aufs Neue anzuwenden und dieses mit jedem neuen Krieg, der im Unterricht Erwähnung findet, und unter zunehmend komplexeren Zusammenhängen um entsprechende Aspekte anzureichern. Die einmal gewonnenen Einsichten und Kenntnisse über „Krieg" sollen die Schülerinnen und Schüler dann auf andere Kriege anwenden können. Die ersten Kriege, welche die Schülerinnen und Schüler im Geschichtsunterricht ausführlicher kennen lernen, sind die Perserkriege. Hier lässt sich als transferfähiges Wissen festhalten:
Das Ziel des Perserkönigs Xerxes, ganz Griechenland zu unterwerfen, führt zu der transferfähigen Erkenntnis: Kriege werden geführt, um die Hegemonie über einen anderen Staat oder über mehrere Staaten zu erringen.
• Die Verteidigung der Thermopylen durch ein kleines griechisches Heer gegen eine persische Übermacht sowie der Sieg der attischen Flotte gegen die großen persischen Schiffe bei Salamis (480 v.Chr.) machen deutlich, dass bei geschickter Strategie und Taktik auch zahlenmäßig schwächere Heere und Flotten den Sieg über stärkere Kräfte des Feindes erringen können.

- Die besitzlosen, aber freien Theten, die zur sozialen Unterschicht in Athen zählten und politisch einflusslos waren, weil ihnen alle Ämter verschlossen blieben, hatten in der Seeschlacht bei Salamis die griechischen Schiffe gerudert und damit wesentlich zum Erfolg in der Schlacht beigetragen. Sie forderten im Bewusstsein ihres militärischen Verdienstes politische Mitsprache in Athen. Als Transferwissen sollte festgehalten werden, dass Kriege soziale und politische Veränderungen nicht nur bei den Verlierern, sondern auch bei den Gewinnern nach sich ziehen können und dass jene, die die Hauptlast des Krieges oder einen besonderen Beitrag zum Sieg leisteten, hierfür nach dem Krieg bzw. Sieg politische, wirtschaftliche oder soziale Kompensationen verlangten.
- Die ursprünglich erfolgreiche Verteidigung der Thermopylen durch das kleine Heer des Leonidas schlug nach einem Verrat in eine Niederlage mit fast vollständiger Vernichtung der Griechen um. Auch in späteren Kriegen konnte Verrat kriegsentscheidend sein.
- Bereits in den Perserkriegen kommt es zu einer Überhöhung des Soldatentodes. Herodot überliefert uns das Distichon des Simonides zu Ehren des bei den Thermopylen gefallenen Spartaners Leonidas, das Cicero über vier Jahrhunderte später in folgende Form brachte: „Dic, hospes, Spartae, nos te hic vidisse iacentes,/Dum sanctis patriae legibus obsequimur." Die verbreitetste deutsche Übertragung verdanken wir Friedrich Schiller: „Wanderer, kommst du nach Sparta, verkündige dorten, du habest/Uns hier liegen sehn, wie das Gesetz es befahl."[193]

Es ist an dieser Stelle nicht möglich, an den weiteren im Unterricht zu behandelnden Kriegen zu zeigen, wie sich das Transferwissen von Krieg zu Krieg erweitert und wie es immer differenzierter wird. Andere Kriegsziele und Kriegslegitimationen, Formen der Kriegspropaganda und der öffentlichen Meinungsbildung, Kriegsfinanzierung, Auswirkung von Kriegserziehung, Einbeziehung der Zivilbevölkerung in den Krieg, Veränderung der Kriegsstrategie und der Waffensysteme, Möglichkeit der Kriegsvermeidung, um nur einige Aspekte zu nennen, sind Gesichtspunkte, die bei der Betrachtung späterer Kriege zu der ursprünglichen Vorstellung vom Wesen des Krieges hinzukommen werden. Sie modifizieren und verfeinern in den Köpfen der Schülerinnen und Schüler nach und nach das Bild vom Krieg.

Mit einigen wenigen Hinweisen soll gezeigt werden, wo und wie

---

193 Aus Schillers Gedicht „Der Spaziergang", zuerst erschienen unter dem Titel „Elegie" in den Horen 1795; hier zitiert aus: Schillers sämmtliche Werke in zwölf Bänden, 1. Band, Stuttgart und Tübingen 1847, S. 324.

das am Beispiel der Perserkriege entwickelte Transferwissen später aktiviert werden kann. Dass Krieg einen gewaltsamen Einbruch in das friedliche Zusammenleben der Menschen darstellt, lässt sich jederzeit nachweisen. Nicht bei jedem Krieg lässt sich jedoch feststellen, wer der Angreifer ist, wer ihn möglicherweise provoziert hat und wer den Krieg zur Verteidigung der Freiheit, des Vaterlandes, bestimmter Ideale usw. aufnimmt. Nicht erst von dem Zeitpunkt an, da kriegskritische oder gar pazifistische Strömungen aufkamen, war es für die Kriegsparteien wichtig, der eigenen Bevölkerung gegenüber, gegenüber dem Feind oder der übrigen nicht am Krieg beteiligten Welt eine Rechtfertigung zu liefern. Auch die Tatsache, dass in einem Krieg Menschen von Menschen getötet werden und dieses Töten sogar erwünscht und legitimiert ist, bedarf einer Begründung, ist doch für die Dauer des Krieges das allgemeine Sittengesetz des „Du sollst nicht töten!" außer Kraft gesetzt. Hehre Ideale haben dies besorgt. Der Tod für's Vaterland wurde als der bessere Tod deklariert. Schon im Altertum hieß es: Dulce et decorum est pro patria mori (Horaz, Oden III., 2, 13). Im 19. und noch im 20. Jahrhundert galt das „Opfer auf dem Altar des Vaterlandes" als höchstes Gut. Im Mittelalter musste der Krieg mit den christlichen Geboten – dem Tötungsverbot, dem Gebot zur Nächstenliebe und zur Gewaltlosigkeit – in Einklang gebracht werden. Im Konstrukt des „bellum iustum", des gerechten Krieges, fand man den Schlüssel, dass auch die Gläubigen Kriege als ein Instrument der Politik betrachteten, dessen Einsatz in bestimmten Fällen gerechtfertigt ist.

So, wie die Überhöhung des Krieges bereits in den Perserkriegen anklingt, wenn von den heiligen Gesetzen des Vaterlandes gesprochen wird, denen Leonidas und seine Mitstreiter treu Folge geleistet haben, so finden wir damals in dem Anspruch der Theten nach politischen Rechten eine Forderung, die sich als politische Folge- bzw. Begleiterscheinung von Kriegen auch später immer wieder nachweisen lässt. Als bei Beginn des Ersten Weltkriegs die von der Regierung befürchtete Opposition der Sozialdemokratie gegen den Krieg ausblieb, deren Mitglieder und Anhänger in ihrer Mehrheit fast über die gesamte Kriegsdauer hinweg treu ihren Dienst taten, da war klar, dass eine weitere Benachteiligung der unteren Volksklassen etwa durch ein Dreiklassenwahlrecht nach dem Krieg nicht mehr möglich sein würde. Schon in seiner Osterbotschaft vom 7.4.1917 stellte Kaiser Wilhelm II. die Abschaffung des Dreiklassenwahlrechts in Aussicht. Oder: Nachdem Juden im Zweiten Weltkrieg nur knapp der vollständigen Ausrottung in Mittel- und Osteuropa entgangen waren, schien es nach Ende des Kriegs sittlich kaum noch zu rechtfertigen, den Juden das Recht zu verwehren, einen eigenen Staat bilden zu wollen, vor allem nachdem bereits die Balfour-Deklaration aus dem Jahr 1917 ihnen „eine nationale Heimstätte in Palästina" in Aussicht gestellt hatte.

Eine weitere Analogie: Was für die Perserkriege gilt, dass nämlich der Krieg bei den Griechen politische Veränderungen zur Folge hatte, gilt auch für die meisten Kriege bis in die Gegenwart. Dies ist ganz offensichtlich nach dem Ersten und dem Zweiten Weltkrieg der Fall gewesen und bedarf deshalb hier keiner näheren Erläuterung; aber auch schon kleinere Konflikte, einzelne Schlachten und Feldzüge konnten derartige Konsequenzen auf politischen und auch auf militärischem Gebiet haben – und zwar für Sieger wie für Verlierer: Die preußische Niederlage gegen die napoleonischen Truppen in der Doppelschlacht von Jena und Auerstedt am 14. Oktober 1806 stellte zwar einen Tiefpunkt der preußischen Geschichte dar; zugleich nahm Preußen von hier aus aber bedeutende Reformen in Politik, Wirtschaft, Gesellschaft und Militär in Angriff, die ihrerseits den Ausgangspunkt für Preußens Erneuerung darstellten (s.o. S. 105 ff.). Ein ähnliches Phänomen lässt sich an einem ganz aktuellen Beispiel zeigen: Der Krieg der Vereinigten Staaten von Amerika und der sog. Nordallianz gegen das in Afghanistan herrschende Taliban-Regime hat zu dessen (wie sich herausstellen sollte: nur vorübergehenden) Vertreibung und zur Einsetzung einer neuen Regierung geführt – mit noch nicht absehbaren, aber wohl unvermeidlichen politischen, wirtschaftlichen und sozialen Konsequenzen.

4. Transfers des Gelernten in die Lebenswelt der Schüler

4.1. Geschichtsunterricht und Tourismus

Dass Transferwissen auch im außerschulischen Bereich praktische Bedeutung haben kann, lässt sich leicht nachweisen. Angesichts der Tatsache, dass die Deutschen besonders gerne und in besonders großer Zahl in das nähere und fernere Ausland reisen, sind Überlegungen nahe liegend, ob nicht im Geschichtsunterricht mehr als bisher auch solches Wissen bereit gestellt werden sollte, das den Touristen das Verständnis der besuchten Länder erleichtert. Dabei kann es sicher nicht darum gehen, dass den Schülerinnen und Schülern schon während der Schulzeit gezielt Aufschluss über mögliche spätere Reiseziele wie – um ein paar Beispiele zu nennen – die ägyptischen Pyramiden, die Akropolis in Athen oder die Ruinen der Inka-Festungsstadt Machu Picchu in Peru gegeben wird. Vielmehr könnte das transferfähige Wissen um diese touristischen Ziele in folgenden Punkten bestehen:

- Alle drei Reiseziele stellen bauliche Relikte früher Hochkulturen dar. Unter Hochkultur versteht man unabhängig davon, auf welchem Kontinent und zu welcher Zeit sich diese Hochkultur etablierte, ein Staatswesen bzw. eine Gesellschaft mit entwickelter Verwaltung, Schrift, Rechtsprechung, Kunst und Wissenschaft.

- Beim Besichtigen der Pyramiden bzw. der Akropolis wird man entdecken oder doch leicht in Erfahrung bringen können, dass der „Inhalt" einiger Pyramiden nicht nur von Grabräubern früherer Jahrhunderte, sondern auch von europäischen Forschern des 19./20. Jahrhunderts geplündert wurden und die geraubten Objekte heute in Londoner, Pariser oder Berliner Museen zu sehen sind. Die Akropolis ist zwar seit alters her eine Ruine, aber Teile dieser Ruine (etwa der Skulpturen-Schmuck) wurden geraubt und zu Beginn des 19. Jahrhunderts an das British Museum in London verkauft.

4.2. Frühe Hochkulturen – Ägypten

Wer je in unteren Klassen Geschichte unterrichtet hat, wird festgestellt haben, dass es etwa bei der Behandlung des alten Ägyptens kaum großer Motivationskünste der Unterrichtenden bedarf, um Schüler für den Unterrichtsstoff zu interessieren. Was bei späteren Unterrichtsinhalten unabdingbar zu sein scheint, um ihnen den Wert des zu Lernenden zu verdeutlichen (und was oft nur unzureichend gelingt) – mit Hilfe eines Gegenwartsbezugs und eines Transfers soll dies erreicht werden –, ist beim frühen Geschichtsunterricht selten nötig. Warum dies so ist, haben weder die Geschichtsdidaktik noch die Lernpsychologie bislang schlüssig erklären können. Möglicherweise ist dafür ausschlaggebend, dass die den Schülern vermittelten Kenntnisse über die frühen Hochkulturen scheinbar einfacher und für Schüler überschaubarer sind als die komplexeren Verhältnisse späterer Epochen. Soviel ist sicher: Pyramiden gehen immer; Mumien oft fast noch besser! Der Unterricht sollte aber nicht dabei stehen bleiben, den Schülern das alte Ägypten mit seinen uns fremden Lebensformen zu erklären oder dem alten Ägypten durch das Lernen gar seinen Zauber des Fremden und Exotischen, des so ganz Anderen zu nehmen. Dabei bin ich mir bewusst, dass die nachstehende Transfermöglichkeit sehr anspruchsvoll ist und kaum geeignet sein dürfte, bereits schon in der 5. Klasse auf dem Niveau praktiziert zu werden, das durch die Materialien vorgegeben wird.

Seit Jahren gibt es Diskussionen um sog. Raubkunst und um die Frage, ob die Nachfolgestaaten jener frühen Hochkulturen einen (Rechts-) Anspruch darauf haben, dass archäologische Funde, die einst in ihren Ursprungsländern ausgegraben wurden und sich heute in europäischen Museen befinden, an diese Länder zurückgegeben werden müssten. Wie lang und kontrovers solche Fragen bereits diskutiert werden, zeigt der Streit um die Rückgabe der Nofretete-Büste an Ägypten. Die Büste befindet sich seit 1913 in Berlin. Schüler sollen in der Lage sein, sich einen eigenen Standpunkt zu verschaffen, um in solchen Kontroversen mit guten Argumenten Stellung beziehen zu können. Kenntnisse hierzu kann der Geschichtsunterricht vermitteln.

Nofretete ist kein Einzelfall: Auch viele Ausstellungsobjekte des 1895 gegründeten Freiburger Adelhauser-Museums, ein kommunales Museum zur Natur- und Völkerkunde, gehen auf „Erwerbungen" in den damaligen deutschen Kolonien in Afrika, Ozeanien und China zurück. Völkerkundemuseen in Deutschland und anderswo sind auf diese Weise zu einem Teil ihrer Sammlungen gekommen.

Abb. 19: Büste der Nofretete (um 1340 v.Chr.); heute im Alten Museum Berlin

Kairo – Berlin: Forderungen und Reaktionen

Diese Übersicht zeigt in zeitlicher Reihenfolge die konkreten Forderungen und die Reaktionen, die von Kairo und von Berlin zwischen 1924 und 2007 vorgebracht wurden.

Kairo	Berlin
1924	1924
Kairo erfährt von der Existenz der Büste, reagiert empört und fordert ihre sofortige Rückgabe.	11 Jahre nach Ankunft der Büste wird diese erstmals der Berliner Öffentlichkeit vorgestellt.
1925	1925
Kairo sucht das Gespräch und schlägt ein Schiedsgericht vor.	Berlin beharrt auf dem juristisch eindeutigen Besitztitel und lehnt das Schiedsgericht ab.
1928	1929
Kairo schlägt ein Tauschgeschäft vor.	In Berlin einigt man sich grundsätzlich auf ein Tauschgeschäft und stellt Forderungen nach drei wertvollen Objekten.
1929	1930
Kairo erklärt sich mit den Forderungen Berlins einverstanden.	Das Tauschgeschäft kommt doch nicht zustande. Berlin verweist auf die Bedeutung der Büste für die Hauptstadt.
1930er	1933
Kairo setzt seine Bemühungen fort und wendet sich an die deutsche Regierung.	Hermann Göring plant die Rückgabe für den Oktober 1933. Adolf Hitler widerspricht und beendet das Vorhaben mit einem Machtwort. Die Gespräche mit Kairo werden abgebrochen.
1946	
Der ägyptische Premierminister wendet sich an die amerikanische Regierung, unter deren Obhut sich die Büste nach dem Krieg befindet. Das State Department sieht sich nicht zuständig und lehnt eine Rückgabe ab.	
1950er	1950er
Kairo versucht wiederholt, in Berlin vorzusprechen.	Keine Gesprächsbereitschaft in Berlin. Die Regierung der BRD argumentiert, dass am rechtmäßigen Besitztitel keine Zweifel bestünden.
1959	1959
Kairo schlägt erneut ein Tauschgeschäft vor.	Berlin lehnt das Tauschangebot ab.

1975	1975
Kairo interveniert in den innerdeutschen Streit um Nofretete und fordert beide Parteien auf, sie in ihr Heimatland zurückzugeben.	Keine Reaktionen seitens BRD oder DDR.
1995	**1995**
Der ägyptische Kulturminister Farouk Hosny fordert die Rückgabe der Nofretete für das projektierte große neue Museum in Ägypten: „Wir wollen nur einige wenige Zeugen unserer großen Geschichte zurückhaben... Wirklich nur einige der allerwichtigsten Stücke. Es ist doch sicher nicht zuviel verlangt, wenn wir die Staaten, in denen ägyptische Altertümer ausgestellt werden, bitten, uns von jeweils tausend Ausstellungsstücken ein Exponat zu überlassen." (SPIEGEL, 20/1995).	Keine öffentliche Reaktion aus Berlin.
2002	
Die ägyptische Altertümerverwaltung (SCA) initiiert eine massive Kampagne für die Rückgabe von Antiken aus internationalen Sammlungen.	
02/2002	**2002**
Im Zusammenhang mit der Rückführung des restaurierten Echnaton-Sarges nach Ägypten fordert Hosny die Rückkehr der Büste nach Kairo.	Keine öffentliche Reaktion aus Berlin.
2003	**2003**
Als Reaktion auf die Kunstaktion, bei der die Büste auf einem nackten Frauenkörper dargestellt wird, fordern der Kulturminister Hosny und der Chef der SCA Hawass sofortige Rückgabe.	Das ägyptische Museum stellt die Büste zwei ungarischen Künstlern für eine Kunstaktion für die Biennale in Venedig zur Verfügung.
09/2003	**09/2003**
Kairo wendet sich an die UNESCO und bittet um Unterstützung.	Berlin beantwortet keinerlei Anfragen und nimmt kommentarlos die Ankündigung der Kunstaktion von der Website des Museums.
Hawass begründet eine erneute Rückgabeforderung u.a. mit einem Betrug bei der Fundteilung von deutscher Seite.	D. Wildung, Direktor des Ägyptischen Museums, bezeichnet Hawass als unkooperativ. Eine Rückgabe „stehe nicht einmal zur Diskussion" (EGYPT TODAY, 2003).

2004	2004
Wafaa el-Saddik, Direktorin des Nationalmuseums in Kairo, erbittet erstmals eine Ausleihe der Büste für eine zweimonatige Ausstellung.	Keine öffentliche Reaktion aus Berlin.
2005	**2005**
Hawass trägt die Rückgabeforderung dem zuständigen UNESCO-Komitee für strittige Restitutionsforderungen vor.	Berlin lehnt Verhandlung vor dem Komitee ab, sodass die UNESCO ihre vermittelnde Tätigkeit nicht aufnehmen kann. Im August zieht die Büste in das Alte Museum auf die Museumsinsel um. Auf der Tafel im Museum wird die Bedeutung des Fundes der Büste 1912 so beschrieben: „Altägypten hat eine neue Symbolfigur und die Berliner Museen gewinnen eine neue Identität."
02/2006	**2006**
El-Saddik schlägt eine gemeinsame Nofretete-Ausstellung in Kairo vor: „Alle Ägypter fordern die Rückgabe. ... Es wird natürlich sehr schwer werden. Ich weiß sehr gut, dass Nofretete für Berlin besonders wichtig ist. Doch sie ist Ägypterin. Vielleicht wird es möglich sein, zusammen eine Ausstellung zu machen. Ich dachte daran, sie gemeinsam mit unserer Nofretete zu zeigen. ... Die Angst, wir würden Nofretete in Ägypten behalten, ist unbegründet" (BERLINER ZEITUNG 18.02.06).	Keine öffentliche Reaktion aus Berlin.
05/2006	**05/2006**
Bei der Ausstellungseröffnung „Ägyptens versunkene Schätze" bittet Hawass in Anwesenheit von Staatspräsident Mubarak und Bundespräsident Köhler um „einen Besuch der Königin Nofretete" im Rahmen der Ausstellung zur Geschichte des DAI in Kairo im November 2007 und bietet alle internationalen Garantien, die eine ordnungsgemäße Rückgabe nach drei Monaten sicherstellen sowie „ein schönes Stück aus Ägypten" an (DIE WELT, 13.05.06).	Ein Sprecher der Staatlichen Museen in Berlin reagiert mit den Worten, „die Dame ist nach 3000 Jahren nicht mehr reisewillig" (DIE WELT, 13.05.06).

06/2006	06/2006
Hosny fordert auf einer Konferenz in Rom gegenüber Wildung die Rückgabe der Büste.	Wildung entgegnet Hosny mit dem Hinweis, er müsse im Fall der Rückgabe das Museum schließen: „You want to take Nefertiti's bust ... so what can we do? Shall we close the museum?" (Al-Ahram 797/2006)
09/2006	
Hawass äußert in einem Interview sein Bedauern über die Blockadehaltung in Berlin und kündigt erneute Rückgabeforderungen an: „In front of the president of Germany, I said, ‚I hope, Mr. President, that we can have the bust of Nefertiti as a loan for three month. In return, we will give Germany a masterpiece - perhaps even better than this one - for three months.' They refused! This is why next year I will make it an international mission with the support of the archaeological community. I was not asking for everything to come back- not at all. I was asking for the unique pieces to come back on loan, so that they can be seen by the Egyptian people who never travel. Because I was refused, my strategy now is not to have it for a loan but to have it back" (Egypt Today, 09/2006).	
12/2006	
El-Saddik trägt erneut den Wunsch nach einer Ausleihe der Büste vor: „Wir würden sie gern mit unserer Nofretete zeigen. Die Kollegen in Berlin behaupten, die Büste könne nicht transportiert werden. Doch die Transporttechniken sind heute sehr weit entwickelt. Was die Sorge betrifft, wir würden sie hier behalten, kann ich nur sagen: Sie ist unbegründet. Es gibt staatliche Verträge. Rückgabeforderungen stellen wir für jene Objekte, die illegal ausgeführt wurden" (Berliner Zeitung 22.12.2006).	

	03/2007
	Auf einer Podiumsdiskussion zitiert Wildung den ägyptischen Botschafter Al-Orabi: „Nofretete ist Ägyptens ständige Vertreterin in Deutschland." Zuvor hatte er sie immer als die „beste Botschafterin Ägyptens" bezeichnet.
4/2007	4/2007
Hawass kritisiert Neumanns Reaktion vor dem ägyptischen Parlament und kündigt Sanktionen an, sollte eine Ausleihe der Büste von deutscher Seite verhindert werden. Er werde In einem Brief an den Kulturstaatsminister die Ausleihe der Büste für die Eröffnung des neuen Museums bei den Pyramiden 2012 fordern. Kulturminister Hosny kommentiert: Deutschland begehe einen „Fehler", wenn es die Ausleihe ablehne. „Die Ägypter haben das Recht, die seltenen Stücke aus ihrer Antike, die sich im Ausland befinden, zu bewundern".	Kulturminister Bernd Neumann lehnt die Ausleihe der Büste „aus konservatorischen Gründen" ab. Sie sei nicht transportierbar.
	Eine parlamentarische Initiative im Bundestag stellt Fragen zum konservatorischen Status der Büste.

Aus: http::/www.nofretete-geht-auf-reisen.de/kairober.htm (2. Februar 2008)

Abb. 20: Im Zeitraum vom 11. April bis zum 30. Juni 2007 wurde die Kampagne „Nofretete geht auf Reisen" durchgeführt. Dabei war auch obiges Plakat „We'll bring U home: by any means [necessary] baby! zu sehen.

Aus: http://www.nofretete-geht-auf-reisen.de/willkomm.htm (2. Februar 2008)

4.3. Öffentliches Gedenken – Geschichtskultur

4.3.1. Karl der Große

Wenn in Aachen seit 1950 alljährlich „in Erinnerung an den großen Begründer abendländischer Kultur" der Internationale Karlspreis verliehen wird, um damit Persönlichkeiten zu ehren,[194] „die den Gedanken der abendländischen Einigung in politischer, wirtschaftlicher und geistiger Beziehung gefördert haben",[195] dann wird mit diesem in der Öffentlichkeit stark beachteten Preis weiter am Mythos Karls des Großen[196] gestrickt. Schon der Zusatz „der Große", den Karl bereits zu Lebzeiten erhielt, wie auch die zeitgenössische Bezeichnung „Vater Europas" sind Teil dieses Mythos. Im wohl um 800 entstandenen Paderborner Epos

194 Mit drei Ausnahmen – Simone Veil (1981), Gro Harlem Brundlandt (1984) und Königin Beatrix der Niederlande (1996) – immer Männer!

195 Die beiden Zitate stammen aus dem Wortlaut der Proklamation von 1949; diese Proklamation wurde 1990 aktualisiert.

196 S. hierzu jetzt auch Buck: Mittelalter und Moderne (wie Anm. 139), v. a. S. 345f., 347ff., 356ff., 364f., 367f.

wird geschildert, wie Karl Papst Leo empfängt. Dem geht eine Lobprei-
sung des Königs voraus. Karl wird darin als „Haupt der Welt", als „er-
habener Leuchtturm" und schließlich als „Vater Europas" bezeichnet.
„Rex, pater Europe, et summus Leo pastor in orbe congressi, inque vi-
cem vario sermone fruuntur" (Der König, der Vater Europas, und Leo,
der oberste Hirte auf Erden [=Papst], sind zusammengekommen und
führen Gespräche über verschiedene Dinge). Der Mythos, der – wie
erwähnt – bereits zu Lebzeiten entstand und sich um das schmückende
und auszeichnende Beiwort „der Große" wie um die Charakterisierung
als „Vater Europas" rankt, wird bis auf den heutigen Tag fortgeschrie-
ben. In einer im Jahr 2000 erschienenen Monographie heißt es: „Die
Geschichte Karls des Großen ist die Geschichte Europas".[197] Und auch
ein vor einigen Jahren im SPIEGEL publizierter Artikel,[198] in dem Karl
der Große durchaus kritisch gesehen wird, schreibt den Mythos fort.
In diesem Artikel (und auch in dem Buch, auf dem der Artikel basiert)
werden mehrere Quellen aus der Zeit Karls zitiert, in denen „Europa"
und Karl der Große als „Vater Europas" erwähnt wird. Dieses Europa
sei aber „keine herrschaftliche, geistige oder konzeptionelle Größe im
Denken Karls und seines Hofes" gewesen, sondern ein geographischer
Begriff. Einen „europäischen Gedanken" in unserem modernen Sinne
habe Karl nie gehegt und auch gar nicht hegen können. „Machtstre-
ben, Skrupellosigkeit und Verschlagenheit zeichneten ihn aus." Ein
vereintes Europa habe Karl nie im Sinn gehabt („…nicht der leiseste
Schemen einer Europa-Idee"). Fried beschreibt am Schluss seines Artikels, wie „sich der Franke in einen ‚Europäer'" verwandelte und wann
sich die „Idee ‚Europas' des großen Karl" bemächtigte. „Erst viel später
entdeckte man im Vielvölkerreich des Karolingers oder genauer: in seinem Verfall – gleichsam in nuce – die Wiege des multinationalen Europa." Wie, so fragt man sich heute, kann da ein bedeutender Preis nach
Karl dem Großen benannt werden, dem vorgeblichen „Vater Europas",
wenn doch am Anfang Europas Gewalt gestanden habe? „Gewalt, Gewalt, wohin man schaute." Eigentlich, so müsste man glauben, ist auf
das, was Johannes Fried über Karl den Großen berichtet, kein Preis zu
gründen, der dessen Namen trägt.

Die Vorstellung von Karl dem Großen als „Vater Europas" wird auch
in Geschichtslehrbüchern vermittelt. Einige willkürlich gewählte Beispiele: Im „Geschichtsbuch" (Cornelsen-Verlag) lautet eine Arbeitsaufgabe:

---

197 Dieter Hägermann: Karl der Große – Herrscher des Abendlandes, Berlin 2000.
198 Johannes Fried: Ein dunkler Leuchtturm, in: DER SPIEGEL 3/2002, S. 132-141
   (im Anschluss an sein Buch „Der Weg in die Geschichte – Die Ursprünge
   Deutschlands bis 1024", Berlin 1994), dort auch die nachstehenden Zitate.

„Erkläre, warum Karl der Große auch ‚Vater Europas' genannt wird."[199] In dem Hauptschulbuch „Entdecken und Verstehen" (Hirschgraben-Verlag) heißt es unter der Überschrift „Zum Nachdenken": „Karl wurde zu Lebzeiten ‚Vater Europas' genannt. Erklärt diese Bezeichnung."[200] In „Geschichte und Geschehen" (Klett-Verlag) lautet eine Frage: „Nach Karl dem Großen ist der Aachener Karlspreis benannt, der Politikern verliehen wird, die sich für Europa eingesetzt haben. Überlege, warum Karl als Vorbild gewählt wurde, und sage, wie du die Entscheidung findest."[201] In den Lehrbuchtexten steht nichts, was Schüler zur Beantwortung der zitierten Fragen heranziehen könnten, es sei denn, die territorialen Eroberungen Karls des Großen, die vergleichsweise ausführlich dargestellt werden und die dazu führten, dass das Karlsreich schließlich weite Bereiche Westeuropas umfasste, sollte die Basis für die Antwort auf die genannten Fragen abgeben. Aber trifft dies dann das, was gemeint ist, wenn man heute von Karl dem Großen als dem „Vater Europas" spricht?

Wenn oben die Ausführungen von Johannes Fried zu Karl dem Großen aus einem Magazin-Beitrag zitiert wurden und nicht etwa aus seinem Werk, in dem er auf hohem wissenschaftlichem Niveau und an ein Fachpublikum gerichtet dieselben Fragen erörtert hat, dann geschah dies mit voller Absicht. Es sollte damit gezeigt werden, dass „Karl der Große" durchaus eine öffentliche Bedeutung hat und es daher sinnvoll sein kann, hierüber Bescheid zu wissen. In der öffentlichen Diskussion um ein vereintes Europa ist „Karl der Große" stets gegenwärtig. Mit Blick auf eine Erweiterung Europas wird immer wieder die Frage gestellt, wie weit reicht Europa eigentlich? Gehören die Türkei oder auch andere Staaten wie etwa Georgien, Armenien oder Israel, die sich zu Europa bekennen bzw. kulturell und politisch stark mit Europa verbunden sind, noch dazu? Wenn „Europa" mehr ist als ein geografischer Begriff, was macht dann dieses Europa aus? Verhindert dieses Selbstverständnis eine Zugehörigkeit der Türkei und anderer Staaten zu Europa? Was wird eigentlich damit bezweckt, dass Karl der Große immer wieder als „Vater Europas" bezeichnet wird?

Der Geschichtsunterricht kann auf dem Weg des Transfers dazu verhelfen, dass Schüler bzw. sie als spätere Erwachsene sich zu diesen Fragen eine Meinung bilden können. Natürlich können die hier genann-

---

199 Geschichtsbuch 1. Neue Ausgabe, Berlin 1997, S.109.
200 Entdecken und Verstehen. Geschichte für Hauptschulen in Niedersachsen, Bd. 1, Frankfurt 1987, S. 63 (mit Hinweis auf den Aachener Karlspreis, ebd., S. 54).
201 Geschichte und Geschehen 1/2, Leipzig 2005, S. 218.

ten Aspekte im 5. oder 6. Schuljahr, wenn Karl der Große „dran" ist, nur in Ansätzen erörtert werden. Intensiver wird man darauf eingehen können, wenn im Gemeinschaftskundeunterricht die Entstehung der Europäischen Gemeinschaft behandelt wird und man dabei auch auf die Ursprünge des Europa-Gedankens zu sprechen kommt. Am Ende dieses Unterrichts wissen die Schüler, was damit zum Ausdruck gebracht werden soll, wenn in Europa-Diskussionen auf Karl den Großen Bezug genommen wird.

4.3.2. *Gedenkbriefmarken der Deutschen Post – Briefmarken zur Goldenen Bulle und zu Rosa Luxemburg als Beispiele*

In aller Welt erscheinen seit Jahrzehnten Gedenkbriefmarken, also Postwertzeichen, auf denen einer Person oder eines Ereignisses gedacht wird. Dies war nicht immer so. Es dauerte immerhin über ein halbes Jahrhundert, bis die deutsche Post im Jahr 1924 ihrem ehemaligen Generalpostdirektor Heinrich von Stephan (1831–1897) eine Gedenkbriefmarke widmete. Zwei Jahre später erschien ein Briefmarkensatz zur Erinnerung an berühmte Deutsche (Schiller, Goethe, Friedrich der Große, Bach usw.). Die Zahl der Gedenkbriefmarken nahm von Beginn der NS-Zeit an deutlich zu. Heute erscheinen jährlich zahlreiche solcher Briefmarken, und manchmal wundert man sich, was bzw. wer da alles erinnerungswürdig ist. Als die Geschichtslehrbücher ab Ende der fünfziger Jahre farbiger wurden, tauchten solche Briefmarken immer häufiger als Illustration meist der inneren Umschlagseiten der Schulbücher auf. Auch als Unterrichtsmedium wurden sie entdeckt.[202]

Zum 650-jährigen Jubiläum der Goldenen Bulle brachte die Deutsche Post am 2. Januar 2006 eine Gedenkbriefmarke im Wert von € 1,45 heraus.[203] Abbildung 21 zeigt den Umschlag des Markenheftchens mit einer kurzen Erläuterung dessen, was sich hinter dem eigenartigen Namen verbirgt.

Zu einer ersten Information der breiten Öffentlichkeit sind die knappen Angaben ausreichend. Die Bezeichnung „Deutsches Reich" ist allerdings ein Anachronismus (richtig: Heiliges Römisches Reich Deutscher Nation). Nicht erwähnt bleibt, dass zu den sieben Kurfürs-

---

202 Hans Döhn: Der Geschichtsunterricht in Volks- und Realschulen, Hannover 1967; Michael Sauer: Originalbilder im Geschichtsunterricht – Briefmarken als historische Quellen, in: Die visuelle Dimension des Historischen. Hans-Jürgen Pandel zum 60. Geburtstag, hrsg. v. Gerhard Schneider, Schwalbach/ Ts. 2002, S. 158-169.

203 Ein ähnliches Markenheftchen erschien 2007 zur Erinnerung an das Hambacher Fest von 1832 („175 Jahre Hambacher Fest"); s. hierzu oben, Anm. 91; dort ist auch der erläuternde Text auf dem Markenheftchen zitiert.

Abb. 21: Markenheftchen Goldene Bulle

ten, wie sie in der Goldenen Bulle bestimmt wurden (die Erzbischöfe von Mainz, Köln und Trier, der Pfalzgraf bei Rhein, der Herzog von Sachsen, der Markgraf von Brandenburg und der König von Böhmen), in den folgenden Jahrhunderten zunächst zwei weitere Kurfürsten hinzukamen: der Herzog von Bayern (1623/28; endgültig 1648) und im Jahr 1692 der Herzog von Braunschweig-Lüneburg. Der Reichsdeputationshauptschluss brachte im Jahr 1803 eine grundlegende Revision des Kurfürstenkollegiums: Die beiden geistlichen Kurfürstentümer Köln und Trier sowie die pfälzische Kur wurden abgeschafft, die Kurwürde des Mainzer Erzbischofs wurde auf das neu geschaffene Fürstentum Regensburg übertragen. Gänzlich neue Kuren erhielten der Herzog von Salzburg, der Herzog von Württemberg, der Markgraf von Baden sowie der Landgraf von Hessen-Kassel. Schon drei Jahre später, im Jahr 1806, verlor das Kurfürstentum seine Bedeutung: Kaiser Franz II. legte die Krone des Heiligen Römischen Reiches Deutscher Nation nieder, nachdem mehrere deutsche Fürsten, darunter die Kurfürsten von Bayern, Baden und Württemberg im Rheinbund ein Bündnis mit Napoleon eingegangen und aus dem Reich ausgeschieden waren.

Im Allgemeinen macht die Deutsche Post keine Angaben über die Gründe, die sie veranlasst hat, eines historischen Ereignisses oder einer historischen Persönlichkeit mit einer Briefmarke zu gedenken. Weshalb an die Goldene Bulle mit einer Briefmarke erinnert wird, ist möglicherweise dem Umstand geschuldet, dass im Jahr 2006, als diese Briefmarke herauskam, überall in Deutschland Ausstellungen zum „Ende des Alten Reiches" im Jahr 1806 zu sehen waren, mithin das Reichsgrundgesetz, das über so viele Jahrhunderte hinweg für die Königswahl bestimmend gewesen ist, seine Rechtskraft verloren hat. Ist dies ein historischer Sachverhalt, der eine Gedenkbriefmarke „verdient"? Wie bei solchen Fragen üblich, wird es Fürsprecher und Widerspruch geben. Ich schlage folgende – für die Entscheidungsfindung der Deutschen Post sicher unerhebliche – Regelung vor: Was immer – gleichgültig, ob Personen, Ereignisse oder Ideen – im Geschichtsunterricht als so wichtig erachtet wird, dass es zum dauerhaften Wissensbestand der Schülerinnen und Schüler gehören sollte, könnte bei gegebenem Anlass (Jubiläum, Geburts- oder Todestag, erstes Auftreten) auch mit einer Gedenkbriefmarke geehrt und in Erinnerung gerufen werden.

Im Zusammenhang mit meinen Überlegungen zur Bedeutung von Transfers im Geschichtsunterricht wäre es wichtig zu wissen, wie die Käufer diese Marke wahrnehmen. Wohl die meisten werden die Marke kaufen, so wie sie immer Briefmarken kaufen, ohne genauen Blick auf das, was auf der Marke dargestellt ist. Flüchtige Betrachter spricht die Marke vielleicht wegen ihrer Ästhetik an: Irgendetwas Altes, Ehrwürdiges ist zu sehen. Der Inhalt des lateinischen Textes auf der Marke und die Kopfzeile der Marke „650 Jahre Goldene Bulle" werden sich ihnen nicht erschließen. Nimmt der Käufer aber bewusst wahr, was auf der Marke abgebildet ist und liest er den Begleittext auf dem Markenheftchen – was sagt ihm das oder besser: Was gibt ihm das? Weder wird erläutert, welche Bewandtnis es mit dem lateinischen Text hat, noch was die Abbildung bedeutet. Dass es sich hier um das goldene Siegel des Königs Karl IV. (daher der Name „Goldene Bulle") handelt, bleibt unausgesprochen.

Zu sehen ist Karl mit den Insignien der Königsmacht: Krone, Zepter und Reichsapfel. Die Umschrift auf dem Siegel ist identisch mit dem Text, der auf der Briefmarke zu lesen ist. Dieser Text entspricht der Titulatur, wie sie von Karl IV. benutzt wurde. Auf dem Umschlag des Markenheftchens sind darüber hinaus zwei Reichskleinodien abgebildet: die Reichskrone, die wohl aus der zweiten Hälfte des 10. Jahrhunderts stammt und mit der die meisten römisch-deutschen Könige seit Konrad II. (1024–1039) gekrönt wurden; ferner der Reichsapfel, der wohl aus dem 12. Jahrhundert stammt und Sinnbild für die Weltherrschaft des Kaisers bzw. des römisch-deutschen Königs ist. Beide liegen heute in der Schatzkammer der Wiener Hofburg.

Sollten Schüler bzw. Erwachsene dies alles wissen? Sollte also im Geschichtsunterricht Transferwissen angeeignet werden, das dem Verständnis dieser Briefmarke dienen könnte? Wohl nicht. Sicher spielen Kenntnisse über die Zusammensetzung des Kurfürstenkollegiums als Gremium, das den römisch-deutschen König wählt, im Geschichtsunterricht eine gewisse Rolle. Aber als Transferwissen, um geschichtskulturelle Erscheinungen im Alltag der Schüler und Erwachsenen besser zu verstehen, sind diese Kenntnisse verzichtbar. Und wahrscheinlich geht es den Initiatoren dieser Briefmarke gar nicht um ein historisches Phänomen, das im kollektiven Gedächtnis der Bevölkerung verankert werden soll, sondern um ein ästhetisches Motiv, das die Gedenkaktionen des Jahres 2006, also die Erinnerung an das Alte Reich illustrieren soll.

Anders verhält es sich mit Briefmarken, die zum Gedenken an umstrittene historische Persönlichkeiten in Umlauf gebracht werden. Im Jahr 1974, als die Bundespost mit einer Briefmarke an Rosa Luxemburg erinnerte, wiesen viele Menschen diese Marke am Postschalter zurück und verlangten eine andere. Sie empfanden die Ehrung dieser Politikerin durch die Post als unangemessen und den empfohlenen Kauf einer Gedenkbriefmarke mit dem Konterfei der Politikerin als Zumutung. In solchen Fällen wäre es sinnvoll, wenn Schüler bzw. Erwachsene über entsprechendes Transferwissen verfügten, um diesen Streit zu verstehen und um darin Position beziehen zu können. Möglicherweise haben dieselben Menschen, die 1974 noch die Briefmarke mit Rosa Luxemburgs Konterfei zurückgewiesen haben, 1988/89 ihre Meinung geändert: Im Januar 1988 nämlich zitierten Demonstranten anlässlich der offiziellen Feierlichkeiten in Ost-Berlin an Rosa Luxemburgs Todestag auf einem Plakat ihren berühmten Satz von der Freiheit des Andersdenkenden[204]

---

204 „Freiheit nur für die Anhänger der Regierung, nur für Mitglieder einer Partei – mögen sie noch so zahlreich sein – ist keine Freiheit. Freiheit ist immer nur

Abb. 22: Gedenkbriefmarke der Deutschen Bundespost für Rosa Luxemburg (1974)

und kritisierten damit die politische Praxis in der DDR. Dass die Parteistiftung der aus der SED hervorgegangenen PDS den Namen Rosa Luxemburgs trägt, mag, falls dies überhaupt in der Öffentlichkeit in bemerkenswertem Umfange wahrgenommen wird, die Meinung vieler wieder in die ursprüngliche Haltung zurückfallen lassen.

An diesen beiden Beispielen sollte gezeigt werden, dass Transferwissen, das im Geschichtsunterricht erworben wird, bei der Wahrnehmung und Einschätzung geschichtskultureller Phänomene von Nutzen sein kann. Wenn Kompetenzen darauf abzielen, das Wahrnehmungs-, Erschließungs-, Interpretations- und Urteilsvermögen von Schülern zu befördern, dann kommt gelungenem Transfers eine außerordentlich wichtige Funktion zu. Denn sie können dazu verhelfen, die Grundlagen der genannten Kompetenzen zu legen, zu festigen und auszubauen. Gerade ein erfolgreicher Transfer des erworbenen Wissens und der erworbenen

Freiheit des anders Denkenden. Nicht wegen des Fanatismus der ‚Gerechtigkeit‘, sondern weil all das Belehrende, Heilsame und Reinigende der politischen Freiheit an diesem Wesen hängt und seine Wirkung versagt, wenn die ‚Freiheit‘ zum Privilegium wird" (aus: Rosa Luxemburg: Die russische Revolution [1922]; hier zitiert nach der Internet-Version der Politischen Schriften, Bd. 3, Frankfurt 1968; *http://www.mlwerke.de/lu/lu3_106.htm* (15.10.2008)

Fertigkeiten (Kompetenzen) auf Institutionen und Erscheinungen der Geschichtskultur (z.B. Museen, Ausstellungen usw.) machen dessen Sinn auch für Schüler augenfällig. Nur wenn es gelingt, Schüler auf dem Weg des Transfers mit brauchbarem Wissen und mit entsprechenden Fertigkeiten auszustatten, werden sie in der Lage sein, in ihrem späteren Alltag als Erwachsene am geschichtskulturellen Diskurs teilzunehmen; dann werden sie in der Lage sein, etwa

- in Stammtischdebatten die „richtigen" Argumente auf geeignete Art und Weise einzusetzen (z.B. gegen die „Auschwitzlüge"),
- in der Öffentlichkeit verbreitete Geschichtslegenden zu erkennen und ggf. zu widerlegen,
- Anspielungen auf historische Persönlichkeiten oder historische Ereignisse in (politischen) Reden zu verstehen (z.B. „Pyrrhussieg", „Rapallo-Politik", „Eiserner Kanzler", „Anschluss"…),
- Intentionen von historischen Ausstellungen jenseits von deren reinem Schaucharakter zu erkennen,
- historische Museen in ihrem Aussagewert voll zu erfassen,
- Partei zu ergreifen im Vorfeld von politischen Entscheidungen etwa über den Erhalt oder die Beseitigung historischer Gebäude usw.

Schlussbemerkung

Der Transfer erschöpft sich m.E. nicht darin, die bei der Beschäftigung mit einem Unterrichtsinhalt erworbenen Kenntnissen und Fertigkeiten auf andere, im Unterricht später verhandelte Gegenstände anzuwenden oder durch Wiederanwendung von bereits erworbenem Wissen und methodischen Fertigkeiten zu deren Festigung und ggf. Vertiefung beizutragen. Transfer wird nie um seiner selbst willen betrieben; vielmehr geht es darum, jedem Unterrichtsinhalt solche Wissensbestände und Fertigkeiten abzugewinnen, die für die Gegenwart der Schüler und für sie als spätere Erwachsene in weitestem Sinne nutzbringend sind. Wer Transfer ernst nimmt, hat also immer die Wirkung der Lerninhalte und des Lernprozesses im Auge. Wenn Lernen für Gegenwart und Zukunft also überhaupt als Transferleistung verstanden wird, dann müsste von der Gegenwart aus gefragt werden, welche Unterrichtsinhalte überhaupt Transferwissen vermitteln können. Und dies hätte dann weit reichende Konsequenzen für ein modernes Geschichtscurriculum, das den Schülerinnen und Schüler gegenwarts- und zukunftrelevantes Wissen verheißt.

Literatur

An spezieller geschichtsdidaktischer Literatur mangelt es; in Gesamtdarstellungen wird zwar meist das Stichwort Transfer erwähnt, ohne dass aber der Gegenstand systematisch erörtert würde. Die allgemeine pädagogische bzw. lernpsychologische Literatur ist oben im Eingangskapitel („Stand der Forschung und Definitionen") verzeichnet.

Deutscher, Guy: Du Jane, ich Goethe. Eine Geschichte der Sprache. München 2008

Krieger, Rainer: Transfer, in: Handbuch der Geschichtsdidaktik, hrsg. v. Klaus Bergmann u.a., 5. Aufl. Seelze-Velber 1997

Rohlfes, Joachim: Geschichte und ihre Didaktik, 3. Aufl. Göttingen 2005

Schneider, Gerhard: Transfer, in: Handbuch Methoden im Geschichtsunterricht, hrsg. v. Ulrich Mayer u.a., 2. Aufl. Schwalbach/Ts. 2007, S. 649-674 (dieser Aufsatz ist in modifizierter Form in dieses Buch eingegangen).

WOCHEN SCHAU VERLAG
... ein Begriff für politische Bildung

METHODEN
HISTORISCHEN
LERNENS

Gerhard Henke-Bockschatz

Oral History im Geschichtsunterricht

Im alltäglichen Leben neben und nach der Schule begegnen Jugendliche der Geschichte vorwiegend in Gestalt vieler kleiner und größerer episodischer Erzählungen über die Vergangenheit.

Dieses Buch zeigt auf, wie Formen der mündlichen Überlieferung stärker und bewusster als bisher in den Geschichtsunterricht einbezogen werden können. Im Mittelpunkt steht dabei die aktive und direkte Durchführung von Zeitzeugenbefragungen und -gesprächen durch Schülerinnen und Schüler, die sogenannte „Oral History". Darüber hinaus wird aber auch dargestellt, wie mit Zeitzeugenaussagen, die nicht von den Schülerinnen und Schülern selbst erfragt werden, im Unterricht umgegangen werden kann.

ISBN 978-3-89974889-5,
144 S., € 14,80